99 Schritte zum professionellen Lehrer

Erfahrungen – Impulse – Empfehlungen

Klett | Kallmeyer

Hinweis zur CD-ROM:
Auf der beiliegenden CD-ROM finden Sie Aufgaben und Übungen zu
einzelnen Schritten dieses Buchs. Das Symbol 💿 unten rechts auf
einer Doppelseite verweist auf das jeweilige Dokument der CD-ROM.

Bibliografische Information der Deutschen Bibliothek
Die Deutsche Bibliothek verzeichnet diese Publikation in der
Deutschen Nationalbibliothek; detaillierte bibliografische Daten sind
im Internet über http://dnb.ddb.de abrufbar

Impressum

Reinhold Miller: 99 Schritte zum professionellen Lehrer
Erfahrungen – Impulse – Empfehlungen

3. Auflage 2006
© 2004 Kallmeyer in Verbindung mit Klett
Erhard Friedrich Verlag GmbH, D-30926 Seelze
Layout: Beate Franck-Gabay, Friedrich Medien-Gestaltung
Realisation: Lars Pätsch, Friedrich Medien-Gestaltung
Druck: Aalexx Druck GmbH, Großburgwedel. Printed in Germany
ISBN 13: 978-3-7800-4938-4
ISBN 10: 3-7800-4938-4
Besuchen Sie uns im Internet unter: www.kallmeyer.de

DRITTE ETAPPE
Sachkompetenz: Erfolgreich unterrichten

Vorwort

55 Jahre Schulerfahrung: davon 13 Jahre als Schüler, sieben Jahre als Studierender (mit diversen Ausflügen als Werkstudent in außerschulische Bereiche), 20 Jahre als Lehrer und 15 Jahre als Lehrerfortbildner – das klingt fast so, als sollten jetzt meine „pädagogischen Memoiren" erscheinen. In gewissem Sinne, ja, denn: Je älter ich werde und je länger ich als Schulexperte und Autor tätig bin, desto mehr häufen sich die Fragen an mich und das Gefragtsein. Lehrerinnen und Lehrer wollen an meinen Erfahrungen und Erkenntnissen teilhaben, meine Sichtweisen kennen lernen, von meinem reflektierten Wissen und meinen Forschungsergebnissen profitieren, wünschen sich fundierte Empfehlungen und sind gespannt auf Änderungsvorschläge.

Deshalb gebe ich weiter, was ich bisher selbst getan und erfahren – und teilweise auch in meinen Büchern (u. a. Beziehungsdidaktik, Lern-Wanderung, Selbst-Coaching für Schulleitungen) publiziert habe: Aus dem Fundus von 35 Jahren Berufstätigkeit als Lehrer, Lehrerfortbildner (u. a. über 1500 Pädagogische Tage) und Schulberater, aus Vorträgen, Seminaren und vor allem aus meiner Supervisions- und Coachingarbeit ist dieses, sehr persönlich gehaltene, Buch – ohne Anspruch auf pädagogische und didaktische Vollständigkeit – entstanden: Ich zeige, was *ich* als wichtig erachte, was *mir* in der Schule begegnet ist und was *ich* unter einem professionellen Lehrer verstehe – und andere verstehen vielleicht etwas ganz anderes darunter.

Leitlinien *meines* Handelns sind
- ▶ die Ansicht, dass alles, was Menschen fühlen, denken und tun, Wurzeln in ihrer eigenen *Lebensgeschichte* hat und von der Umwelt beeinflusst ist;
- ▶ die Bemühungen, Ideen und Gedanken der Humanistischen Psychologie, des Konstruktivismus und der Systemtheorie in die Schulpraxis zu übertragen und sie dort zu realisieren;
- ▶ die Überzeugung, dass zwischenmenschliche Beziehungen nur dann förderlich sind, wenn sie von *Respekt und Wertschätzung* getragen sind und dass ohne sie kein erfolgreiches Lehren und Lernen möglich ist.
- ▶ die Meinung, dass Theorie und Praxis der Schule zwei Seiten einer Medaille sind und erst im *Zusammenspiel* für die Lehrenden und Lernenden fruchtbar werden.

Dabei habe ich, seitdem ich vorwiegend als Lehrerfortbildner tätig bin, immer auch versucht, Vermittler zwischen der Erziehungswissenschaft und der Schulwirklichkeit zu sein. Denn ich erlebte, dass manche Theoretiker in ihrem Elfenbeinturm blieben und manche Praktiker demonstrativ Theorieabstinenz bekundeten.

Ich halte es für enorm wichtig, Schulunerfahrenen und Schulunkundigen mitzuteilen, wie komplex und anstrengend der Lehrberuf (geworden) ist. Die Zeiten sind endgültig vorbei, zu glauben, Lehrerinnen und Lehrer würden in der Schule dozierend Stoff vermitteln und zu Hause – zwischen Tennisplatz und Schwimmbad – Arbeiten korrigieren. Aufklärung tut Not, um Bedeutung und Wert des Berufes „Lehrer/Lehrerin" in unserer Gesellschaft entsprechend ernstzunehmen und zu würdigen.

Wie umfangreich er ist, zeigt der nachfolgende „99-Schritte-Weg" in drei Etappen, zu dem ich Sie, liebe Leserin, lieber Leser, einlade:

Erste Etappe Selbstkompetenz: Mit sich beruflich klarkommen
Zweite Etappe Beziehungskompetenz: Mit anderen gut auskommen
Dritte Etappe Sachkompetenz: Erfolgreich unterrichten

Meine Absicht: in knapper Form mit Überblick zum Durchblick!

Dabei können Sie bei jedem Schritt

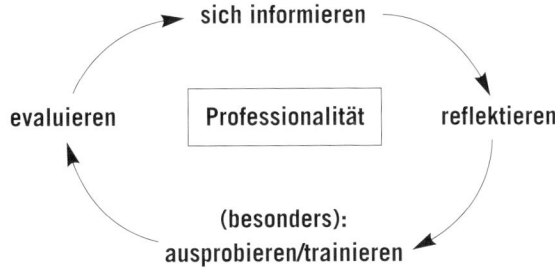

… und Ihre Erfahrungen mit den meinen vergleichen, gewichten und – nach „Gusto" – Ihre eigene schulische Wirklichkeit weiter entfalten. Und sollten Ihnen die 99 Schritte

a. zu viel sein, dann überspringen Sie einige einfach nach Belieben
b. zu wenig sein, dann können Sie sich – mit den Literaturempfehlungen im Gepäck (siehe S. 56, 146, 222) – gern auf eine pädagogische Marathonstrecke begeben.

Wie lange das dauert? – ein Lehrerleben lang!

Zwei Ziele strebte ich während meines Berufslebens besonders an (die deshalb auch in diesem Buch große Bedeutung haben), nämlich einen Beitrag zu leisten, dass

1. die Professionalisierung des Lehrberufs zunimmt,
2. Lehrerinnen und Lehrer möglichst effektiv unterrichten, Schülerinnen und Schüler erfolgreich lernen und dass beide nicht in einer die Lebendigkeit lähmenden und krankmachenden, sondern in einer die Gesundheit fördernden Schule leben können.

Ich wünsche Ihnen, liebe Kolleginnen und Kollegen, Gewinn beim Blättern und Lesen, Zunahme an Erkenntnissen, ein beträchtliches Maß an Eigeninitiativen, Erfolg bei Ihrer Arbeit in der Schule und Pflege/Erhaltung Ihrer Gesundheit.

Wiesloch, Sommer 2004   Reinhold Miller

Einleitung: „Gute" Schule – „gute" LehrerInnen

Ich komme in eine Grundschule und sehe Kinder vor dem noch geschlossenen Schultor. „Schon so früh da?", frage ich. „Klar doch", sagt ein Junge zu mir, „wir haben heute Projekttag. Da müssen wir dabei sein."

Was macht eine „gute" Schule aus? „Wir müssen dabei sein", sagt der Junge. Und Jürgen Baumert, der PISA-Experte, verstärkt diesen Satz:

> ▸▸ **Gute Schulen sind Schulen, in denen man das Gefühl hat,
> etwas versäumt zu haben, wenn man nicht dort war.**

Dort sein also in einer Schule, die *multifunktional* ist mit *Vielfachangeboten* für Hochbegabte und langsam Lernende, für Migrantenkinder, für SchülerInnen mit unterschiedlichen Neigungen und Fähigkeiten, für Menschen mit Behinderungen, für praktisch Orientierte, technisch Interessierte und intellektuell Begabte. Das Gemeinsame besteht darin, dass im Mittelpunkt *das Unterrichten* steht, und das heißt: gezieltes, geplantes und strukturiertes Vorgehen; klassen-, kurs- und projektorientiertes Lehren und Lernen; fachunterrichtlich bis fächerübergreifend; halbtags bis ganztags; mit oder ohne sozialpädagogischer Betreuung – je nach Bedarf und Gegebenheiten – und mit vielen Angeboten, um allein, als Tandem, in Gruppen und in Klassen lernen zu können.

Die Schule ist ein *spezifischer Lernort*, an dem die Kinder und Jugendlichen befähigt werden, sich in der *Gegenwart zurechtzufinden* und sich auf die *Zukunft vorzubereiten*. Zwei Probleme sehe ich für die SchülerInnen (und damit auch für die LehrerInnen) als *besondere Herausforderung*:

> ▸▸ **der Globalisierungswettbewerb und
> die Folgen der demografischen Entwicklung**

Die Frage nach der „guten" Schule bekommt auf *diesem Hintergrund* eine zentrale Bedeutung, wobei LehrerInnen in der Mitte (und im Spannungsfeld) stehen zwischen der *Förderung der SchülerInnen* (mit alle ihren *individuellen* Bedürfnissen, Neigungen, Fähigkeiten …) und der *Konfrontation* mit ihrer *Umwelt*, mit dem Ziel der Hilfe zur Bewältigung ihrer Lebenswirklichkeit:

Die SchülerInnen:	ADAPTION:	Die Umwelt:
ent-puppt	Anpassung als Eigenbewegung	Personen
ent-faltet		Situationen
ent-wickelt	der Lehrer als Ent-decker	Fakten
eigen-sinnig	Ent-Wicklungshelfer	Forderungen
neu-gierig	Ver-**Mitte**-ler	Prüfungen/Noten
be-geistert	**Ziel:**	Bedingungen
ent-fesselt	Hilfen zur Bewältigung der Lebenswirklichkeit	Ereignisse
↑		↑
Wahrnehmen		**Konfrontieren**

Befragungen kommen immer wieder zu dem Ergebnis, dass die beiden tragenden Säulen guter Schulen Arbeits*zufriedenheit* (Klima/Wohlfühlen) *und* Arbeits*effektivität* (erfolgreiches
Lernen) sind. Besondere Merkmale solcher Schulen sind u. a. (vgl. auch Schratz, 2003, S. 25):

- ▶ eine Schulleitung, die professionell arbeitet
- ▶ kontaktfähige und sach-/fachkundige LehrerInnen
- ▶ Entwicklung einer speziellen Schulkultur
- ▶ Bereitschaft zu schulpädagogischen Innovationen
- ▶ Stabilität und Kontinuität eines Kollegiums
- ▶ angenehmes Klima und anregende Lernumgebung
- ▶ Konzentration auf Lehren und Lernen: zielorientierter Unterricht
- ▶ auf Grund von Diagnosen entsprechende/angemessene Förderung
- ▶ breitgefächerte Lernangebote und spezifische Lernhilfen
- ▶ hohe Erwartungen und Herausforderungen an die Schüler
- ▶ positive Verstärkung und kontinuierliches Feedback
- ▶ laufende Überprüfung der Entwicklung der Schüler
- ▶ Übertragung von Rechten und Verantwortlichkeiten auf die Schüler
- ▶ Identifikation der Schüler mit ihrer Schule
- ▶ förderliche Beziehungen zwischen Elternhaus und Schule
- ▶ systematische Fortbildung der Lehrkräfte und Evaluation ihrer Arbeit
- ▶ Lebens-, Lern- und Erfahrungsraum
- → **insgesamt also eine lernende Organisation**

Nun hängen Qualität und Effektivität der einzelnen Schulen besonders davon ab, ob
- ▶ sie „Spielräume" haben, sich selbst zu erneuern und zu organisieren. Dafür sind *politische
  Entscheidungen* notwendig, damit aus einer von oben geregelten Schule eine von unten selbst-
  gestaltete werden kann;
- ▶ die Erneuerungsprozesse in den Schulen von den LehrerInnen selbst in Gang gesetzt und
  gestaltet werden können, und zwar durch kurz-, mittel- oder langfristige Maßnahmen, an-
  gefangen von schulinternen Fortbildungen bis hin zu umfassenden Schulentwicklungsprozessen;
- ▶ die betroffenen Personen in der Schule zu solch komplexen Prozessen in der Lage sind. Sie
  benötigen entsprechendes Wissen, kommunikative Kompetenzen und vor allem *Zeit* – vorausgesetzt, dass sie die Veränderungen auch *wollen*!

So geartete Schulen brauchen jedoch „gute" Lehrerinnen und Lehrer mit drei Kernkompe-
tenzen *(ausführlich siehe Nr. 3: Kompetenzen „guter" LehrerInnen, S. 18/19)*:
- ▶ *die Selbst-Kompetenz*: Wie gehe ich mit mir um?
  (u. a. Selbstwahrnehmungsfähigkeit, Stabilität, Belastbarkeit, Abgrenzungsfähigkeit)
- ▶ *die Beziehungs-Kompetenz*: Wie gehe ich mit anderen Menschen um?
  (u. a. Einfühlungsvermögen, Dialog- und Interaktionsfähigkeit, Rücksichtnahme)
- ▶ *die Sach-Kompetenz*: Was muss ich wissen, können, tun?
  (u. a. Fachwissen, pädagogische und psychologische Kenntnisse, Lehrfähigkeit und Lernbereitschaft, Methodenkompetenz, Handlungssicherheit, Flexibilität) …
  ein lebenslanger Prozess! (Übrigens die gleichen Kompetenzen, die Ihre SchülerInnen im
  Laufe der Zeit erreichen können.)

Diese drei Kompetenzen werden unter *professionellen Gesichtspunkten* in der Lehreraus- und -fortbildung im Hinblick auf die *Berufsfähigkeit* sehr unterschiedlich vermittelt und erreicht:

▶ Die *Selbst-Kompetenz* wird sträflich vernachlässigt. Zahlreiche Untersuchungen bestätigen die Annahme, dass extreme Belastungen, Burnout und Frühpensionierung u. a. daher kommen, weil die Lehrkräfte den Blick auf die eigene Person in ihren beruflichen Aktivitäten außer Acht lassen. Schon aus diesem Grund (neben anderen) halte ich deshalb Seminare während der Ausbildung zum Thema „Selbsterfahrung im beruflichen Kontext" für unabdingbar.
Themen, die im Schulalltag die eigene Person betreffen:
– Belastungen, Überforderungen, Abgrenzungsprobleme
– Unsicherheiten, Versagen, Ängste
– Resignation, Rückzug, Fluchttendenzen
– Enttäuschungen, Kränkungen, Verletzungen, Schuld
– Spontaneität, Kreativität,
– der „Lehrer im Glashaus"

▶ Die *Beziehungs-Kompetenz* nimmt einen zu geringen Stellenwert ein; lediglich etwa 8–10 % der Lehr- und Lernangebote in der 1. und 2. Phase der Lehrerausbildung befassen sich mit Phänomenen zwischenmenschlicher Beziehungen und Sozialem Lernen – und davon wiederum ein Großteil nur auf der Informations- und Reflexionsebene und nicht als Training von Verhaltensweisen mit dem *Ziel der Handlungssicherheit*. (Das ist so, als ob man Autofahren durch Vorträge des Fahrlehrers oder Dirigieren vor allem durch Partiturstudium lernen würde! – siehe auch Miller, 1999, S. 45 ff.)
Themen, die im Schulalltag die zwischenmenschlichen Beziehungen betreffen:
– Einflussnahme, Macht, Hass, Verliebtsein, Liebe
– Sexualität, Erotik, Abhängigkeit
– Aggressionen, Gewalt, Vergebung, Versöhnung
– Rankingprobleme, Neid, Missgunst
– Ironie, Sarkasmus, Abwertungen
– Übertragungen, Projektion, „Widerstand"

▶ Die *Sach-/Fach-Kompetenz* nimmt den weitaus größten Raum ein, wobei der Blick immer noch zu sehr auf Wissensvermittlung und zu wenig auf Methodenvielfalt und Prozesse des Lehrens und Lernens gerichtet ist.

⯈ **Das größte Defizit in der derzeitigen Lehrerausbildung ist die Theorielastigkeit und das Fehlen breit gefächerter Handlungsangebote.**
Das Umdenken muss bereits in den Universitäten und Hochschulen beginnen!

Das Lehramts*studium* in der ersten Phase der Lehrerbildung und die ein- bis maximal zweijährige Referendariatszeit in der zweiten Phase reichen bei weitem nicht aus, um eine *Berufs*fähigkeit zu erlangen. Die derzeit praktizierte chronologische Ausbildung (zuerst Studium – mit wenig Praktikum, dann Seminar, dann Schule) muss durch eine Vernetzung der drei Phasen abgelöst werden, mit einer *Ausgewogenheit* von Theorie und Praxis und einer Mischung aus Aneignung von Wissen, Übung/Training und Reflexion dieser Bereiche.

Als Pädagogikstudent in Tübingen hatte ich die Gelegenheit, an einem *Trainings*seminar zum Thema „Unterrichten" teilzunehmen. Im Mittelpunkt standen einzelne Lehr-Sequenzen. Videoaufnahmen mit anschließender kritischer Reflexion waren selbstverständlich. Dieses Intensivtraining (in einer Gruppe von acht(!) Personen) über eine Dauer von vier Monaten war ein wesentlicher Bestandteil meiner *Berufs*ausbildung.

Eine „gute" Schule ist schließlich diejenige, die immer besser wird. *„Lehrerbildung ist ein ständiges Entwicklungsprojekt"* (Oelkers). Sie braucht aber auch Schülerinnen und Schüler, die in die Schule kommen *wollen* und fähig sind, mit *angemessenem Verhalten und Leistungsbereitschaft* am Unterricht teilzunehmen. Dies bedeutet, sowohl die *Schulpflicht* als auch die *Schulfähigkeit* zu überdenken bzw. neu zu definieren:
Die Lebensgeschichten und Erfahrungen unserer Kinder und Jugendlichen sind besonders gekennzeichnet durch *Heterogenität, Mobilität* und *Flexibilität*. Die derzeitige Schule sieht diese Variablen noch viel zu wenig als Chance für alle Beteiligten. Sie ist immer noch zu sehr von Homogenität, Unbeweglichkeit und Starrheit geprägt. Es wird in Zukunft notwendig sein, die Einschulung, was das Alter der Kinder betrifft, flexibler zu gestalten, je nach intellektueller Begabung *und* sozialer Kompetenz. Genauso muss die Schulfähigkeit weitaus differenzierter betrachtet werden als bisher. Es kann nicht angehen, dass Lehrkräfte *zusätzlich* noch *Sozialpädagogen, Therapeuten und Polizisten* in einer Person sein müssen, nur weil die ihnen anvertrauten Kinder und Jugendlichen Verhaltensweisen an den Tag legen, die diese „drei Berufe" zu ihrer Förderung *ergänzend* notwendig machen. Schule ist definiert als Ort des Lehrens und Lernens in der Form von *Unterricht* – und nicht als Ort der Lebenshilfe (Sozialpädagogik), der Heilung (Therapie) oder von Schutzmaßnahmen (Polizei).

Derzeit kommt es häufig zu Notlösungen: In extremen Fällen bekommen ADS-Kinder Ritalin und andere Verhaltensauffällige müssen durch Unterrichts- und Schulausschluss vom Schulbetrieb ferngehalten werden. Beide Gruppen bekommen dadurch weder Hilfen zur Veränderungen noch Förderung ihrer Entwicklung, da den Schulen Personal fehlt, das in der Lage ist, sowohl zu lehren (Beruf Lehrer) als auch sozialpädagogisch tätig zu sein (Beruf Sozialpädagoge). LehrerInnen mit u. U. 30 und mehr Kindern/Jugendlichen in einer Klasse sind *beruflich* überfordert – und letztlich leiden beide Seiten: SchülerInnen, die lernen *wollen* und LehrerInnen, die kaum zu *qualifiziertem* Unterrichten kommen.

Und schließlich: Es grenzt fast an Beschämung und Erniedrigung, was sich Lehrerinnen und Lehrer bisweilen bieten lassen müssen: seitens der Öffentlichkeit an Respektlosigkeit, Abwertung, Unterstellungen und Diffamierung – seitens der SchülerInnen an Beschimpfungen, Missachtung und Gewalttätigkeiten. Es ist kein Wunder, dass unter *diesen Umständen* eine beträchtliche Zahl von Lehrerinnen und Lehrern mit gemischten Gefühlen bis hin zu extremen Ängsten Tag für Tag ihren Schulalltag zu bewältigen versuchen.
Dieser Schulalltag kann allerdings nur so gut sein, wie das gesamte Umfeld es zulässt:
Eltern und die Art ihrer Mitarbeit, Migration, Arbeitslosenquote, Wirtschaftskraft, Urbanität, Bevölkerungsdichte sind Faktoren, die *Einfluss auf die Qualität von Schulen* haben. Hinzu kommt: „Die Mobilitätsprozesse der letzten Jahre, vor allem bei der jungen Bevölkerung, haben zu einer *deutlichen Reduktion des Humankapitals und des Sozialkapitals* ... geführt, mit der möglichen Konsequenz, dass bei den nationalen Vergleichen auf der Basis von Bildungsstandards bestimmte Regionen tendenziell eher schlecht abschneiden, selbst dann, wenn *die Schulen optimal entwickelt sind"* (Bertram, 2003, S. 14, Hervorh. R. M.).

► Beispiele (Übergang 4. Klasse Grundschule – Gymnasium, 2003) belegen dies hinlänglich:
  ► ländliches Gebiet (Hohenlohekreis BW): ca 35 %,
  ► Heidelberg, Universitätsstadt: ca 55 %,
  ► Tübingen, Universitätsstadt: ca. 65 %

Eine *Vernetzung* von Schule, Jugendhilfe, anderen Institutionen, Behörden, Wirtschaft, Industrie ist deshalb unumgänglich, um mögliche Nachteile zu kompensieren und die Qualität von Schulen zu erhöhen.

Eine Schule braucht, wenn sie gut sein soll,

► die Achtung und den Respekt einer breiten Öffentlichkeit,

► angemessene materielle und personelle Ressourcen,

► Schüler, die – mit Hilfe und Begleitung der Eltern – gern zu ihr kommen, die neugierig, interessiert und leistungsbereit sind,

► LehrerInnen, die in der Lage sind, die SchülerInnen genau zu beobachten, deren Lernpotenziale zu entdecken und zu fördern; die entsprechend sachkundig und methodenreich unterrichten und die schulische Welt mit der Lebenswelt der Kinder und Jugendlichen in hohem Maß in Einklang bringen,

► das Zusammenwirken von schulischen und außerschulischen Personen, Institutionen und Organisationen.

ERSTE ETAPPE

Erste Etappe
Selbstkompetenz: Mit sich beruflich klarkommen

In der Aus- und Fortbildung von Lehrerinnen und Lehrern liegen nach wie vor die Schwerpunkte auf dem Fächerkanon, der Didaktik/Methodik und (in sehr reduziertem Maße) auf den Beziehungen zu den Schülerinnen und Schülern (gängige Seminarthemen: Entwicklungspsychologie, Disziplinschwierigkeiten, Störungen). Die Lehrenden und ihr eigenes Verhalten sind bis dato kaum Gegenstand beruflicher Betrachtung und Reflexion. Diese Vernachlässigung hat bisher einen hohen Preis gekostet, der nur dann erheblich gesenkt werden kann, wenn die Wahrnehmung ebenso auf die Lehrerpersönlichkeit gerichtet wird wie auf die anderen beruflichen Bereiche, zumal die Beziehungen zu und die Arbeit mit anderen immer beim ICH, beim SELBST beginnen.

In diesem Zusammenhang stelle ich vier Fragen:

1. Wie verstehen LehrerInnen ihre Berufsrolle?

Der Beruf „Lehrer" ist sehr weit interpretierbar und das „Bild vom Lehrer" weist eine breite Palette von Möglichkeiten auf. Die Vielfalt des Rollenverständnisses beispielsweise in einem 60-köpfigen Kollegium kann sich fruchtbar auswirken, aber auch Störungen hervorbringen, wenn nicht von Zeit zu Zeit Diskussionen und Vereinbarungen über die berufliche Arbeit stattfinden. Das Spektrum reicht beispielsweise von „Ich unterrichte *Kinder*" bis hin zu „Ich unterrichte das *Fach A oder B*".

2. Welche Rollen*erwartungen* haben andere an LehrerInnen?

Am stärksten sind wohl die Erwartungen seitens der Eltern, die vor allem geprägt sind von Erfahrungen aus der eigenen Schulzeit und dem Wunsch nach guten Noten und qualifizierten Schulabschlüssen für ihre Kinder. Man kann die Vielfalt von Erwartungen anderer nicht verhindern, aber man kann durch Informationen und Aufklärung unrealistische Erwartungen in realistische Vorstellungen „umpolen" (was manchmal allerdings auch Enttäuschungen nach sich zieht).

3. In welche Rolle werden LehrerInnen *gedrängt*, bzw. *lassen* sich drängen?

Aus den Erwartungen können sich Bedrängung, ja sogar Nötigung ergeben, wenn es nicht gelingt, den (unrealistischen) Erwartungen anderer Grenzen zu setzen: „Sie müssen unbedingt härter durchgreifen; Sie sind zu wenig streng; Sie geben zu viele/zu wenig Hausaufgaben auf; Sie gehen zu langsam/zu schnell vor; Sie geben zu gute/zu schlechte Noten …" u. a. m. Hier sind klare Mitteilungen darüber notwendig, wozu man in der Lage ist und wozu nicht. Denn die *Fantasien der Erwartungen* sind (fast) grenzenlos.

4. Welche *Selbst-Kompetenzen* haben/brauchen LehrerInnen?

Das heißt (nach R. Cohn): Was mache ich *mit mir*, wenn die *Personen* nicht so sind, wie ich sie haben möchte – wenn die *Dinge* nicht so sind, wie ich sie mir vorstelle und wenn die *Umstände* nicht so sind, wie ich sie mir wünsche?

Eine starke (Lehrer-)Persönlichkeit ist zu förderlichen Beziehungen fähig, um erfolgreich Lehren zu können. Deshalb geht es im ersten Teil um Phänomene der Selbst-Kompetenz und der Fähigkeit, mit sich klarzukommen.

▸▸ **Die Beziehung zum DU beginnt beim ICH.**

1. „So! – Lehrer sind Sie!?"

… sagt jemand zu Ihnen. Was in dieser Aussage/Frage wohl alles stecken mag? Skepsis, Kopfschütteln, Neid, Enttäuschung, Respekt, Vorurteile, Wertschätzung, Häme, Bedauern, Assoziationen an die eigene Schulzeit (mit welchen Erfahrungen auch immer!). Jedenfalls ein schillernder Begriff mit einer Fülle von Vorstellungen …

Überlegungen

Wie war das damals, als *Sie* Ihren Beruf wählten? Mit welchen Erwartungen? Mit Idealismus und schönen Aussichten? Oder ganz pragmatisch: relativ kurzes Studium, sichere Lebensstellung …? Und heute? Ob Sie noch in der Ausbildung sind oder bereits Lehrer/in: Welche Beweggründe treffen auf Sie zu?

Warum ich Lehrerin/Lehrer werden möchte, bzw. geworden bin:

- ▶ möchte/wollte ich schon immer werden, einfach so …
- ▶ hat sich so ergeben – keine andere Wahl
- ▶ Der Beruf ist gut vereinbar mit Familie und Freizeit.
- ▶ aus pragmatischen Gründen
- ▶ Ich habe großes fachliches Interesse.
- ▶ aus Freude an der Arbeit mit Kindern und Jugendlichen
- ▶ wegen Verbeamtung, freier Arbeitseinteilung, Ferien …
- ▶ **Ergänzungen?**

Blicken Sie zurück: nach ____ Berufsjahren sieht meine Bilanz folgendermaßen aus:

- ▶ Ich habe den gleichen Berufswunsch wie früher.
- ▶ Ich würde alles wieder so machen.
- ▶ Im Prinzip: ja – aber doch *manches* anders.
- ▶ Lehrer/in bleiben, aber *ganz anders* unterrichten
- ▶ Auf keinen Fall mehr Lehrerin/Lehrer.
- ▶ und …

Meine derzeitige „Stimmungslage" als Lehrerin/Lehrer:

– berufliche Befriedigung	– Skepsis	– Resignation
– Freude, Erfüllung	– Unzufriedenheit	– Kapitulation
– Dankbarkeit	– Enttäuschung	– Abschiedsgedanken
Oder … Konsequenzen?		

Befragungsergebnisse

Kernaussagen von LehrerInnen und SchülerInnen, die ich aus vielen Gesprächen mit ihnen während der letzten Jahre zum Thema „Berufszufriedenheit" hörte:

Kernaussagen von LehrerInnen

- ▶ Nach wie vor große Befriedigung und Erfüllung.
- ▶ Ich freue mich (fast) jeden Tag auf die Schule.
- ▶ Was täte ich ohne meinen Beruf? Er gibt mir Sinn.

Zitate von SchülerInnen über ihn/sie:

- ▶ „Man sieht es ihm/ihr an, dass er/sie gern Lehrerin/Lehrer ist."
- ▶ „Bei dem/der macht der Unterricht richtig Spaß."
- ▶ „Der/die hängt sich voll rein." „Wir lernen viel bei ihm/ihr."

- Trotz der Belastungen: Ein Ja zur Schule
- Ich ziehe meinen Unterricht durch; was soll's.
- Ich bin müde geworden. Mir fehlt der Schwung.
- Ich habe überhaupt keinen Draht mehr zu den Schülern.
- Ich komme nicht mehr klar und habe resigniert.
- Ich bin ausgestiegen; ich werde aussteigen.

- „Der/die … ist schon o.k., trotz der Schwierigkeiten mit uns."
- „Der/die zieht den Stoff durch und denkt viel zu wenig an uns."
- „Manchmal tut er/sie uns leid." „Dann soll er/sie doch gehen."
- „Wir fragen uns, warum der/die Lehrer/Lehrerin geworden ist."
- „Man merkt's ihm/ihr an: gereizt, lustlos; meckert ständig …"
- Von „Schade" bis „Gott sei Dank!"

⏩ **Berufszeit ist *Lebens*zeit!**

Sinnvoll – sinnlos?

Das Wort „Sinn" geht zurück auf die Bedeutung von „Reise, Weg", eine „Richtung nehmen", „eine Fährte suchen" (ahd./mhd.); lat. *sentire* (fühlen, wahrnehmen); später dann Sinn als etwas Wertvolles und Unsinn als Torheit.

Was „Sinn" für eine Person ist bzw. macht, deutet und bewertet diese selbst. Nur sie kann für sich entscheiden, ob „die Richtung stimmt", die sie einschlägt. Subjektiv kann somit dasselbe Tun als sinnvoll oder als sinnlos betrachtet bzw. erlebt werden.

Ergibt es für Sie Sinn, folgende *zentrale* Aufgaben des Lehrberufs auszuführen?

- den geforderten Erziehungs- und Bildungsauftrag erfüllen
- die Bildungs- und Lehrpläne umsetzen
- mit *Personen* kommunizieren und arbeiten
- *Leistungen* (ein-)fordern und Entwicklungen fördern
- auf die Bedürfnisse der Lernenden eingehen
- sie begleiten, sie ermutigen, ihnen helfen
- den vielfältigen Erfordernissen des Schulalltags gerecht werden
- Tag für Tag, trotz Routine, erfolgreich Lehrer/Lehrerin sein

Wenn *ich* zurückblicke, hat es für mich immer Sinn gemacht

- Kinder und Jugendliche zu mögen
- Experte für bestimmte Fächer/Wissensbereiche zu sein
- didaktisch und methodisch kompetent zu unterrichten
- den SchülerInnen einen Teil der Welt zu eröffnen, zu zeigen
- sie ein Stück ihres Weges zu begleiten.

Manchmal fiel es mir aber auch schwer

- mich zurückzuhalten und die SchülerInnen „loszulassen"
- sie (auch) in schwierigen Situationen zu akzeptieren
- die Spannung auszuhalten zwischen ihrem und meinem Wollen, ihrem und meinem Müssen
- Bürokratisches zu ertragen und eigene Wünsche zurückzustellen.

⏩ **„So! – Lehrer sind Sie!?" – „JA!"**

2. LehrerIn: ein „Drei-Sparten-Beruf"

Es ist wie in einem guten Städtetheater, das drei Sparten enthält: Oper, Schaupiel und Ballett. So auch der Lehrerberuf (was ihn so interessant, spannend, aber auch schwer macht): *Gleichzeitig* in drei „Sparten" zu Hause zu sein, nämlich: **a.** bei sich selbst, **b.** bei anderen und **c.** bei den Sachen – und dies möglichst in einer ausgeglichenen Weise und „dynamischen Balance" *(Details: siehe Nr. 3: Kompetenzen „guter" LehrerInnen, S. 20/21)*:

Achtsamkeit für sich selbst   **Achtsamkeit für andere**   **Beherrschung der Sache**

Ich halte für den Lehrberuf ungeeignet, wer nur eine oder zwei der folgenden drei „Typen" verkörpert:

Der Selbsttyp   *Der Beziehungstyp*   *Der Sachtyp*

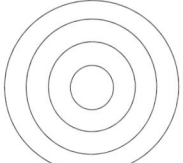

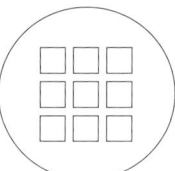

Der „ideale" Lehrer
zeigt eine Ausgewogenheit
der drei „Sparten":

Zum Ausprobieren: Wie schätzen Sie sich ein?

Sie nehmen ein Blatt Papier, zeichnen einen Kreis und teilen ihn in drei Segmente ein, deren Flächengröße sich je nach Selbsteinschätzung und Gewichtung Ihrer drei „Sparten" ergibt. Je mehr sich die Flächen in der Größe angleichen, desto mehr nähern *Sie* sich dem „idealen Lehrer": Fit in allen drei Bereichen!

Im Schulalltag zeigt sich die „Verbindung" der drei Grundkompetenzen von LehrerInnen:

▸ Wer mit sich selbst zurechtkommt, kann sehr gut auch auf die SchülerInnen eingehen.

▸ Wer auf sie eingehen kann, erfährt etwas über sie als Lernende.

▸ Wer über Lernende Bescheid weiß, kann alle Register seiner sachlich-/fachlichen Kompetenz ziehen:

▸▸ Die ideale Lehrerin/der ideale Lehrer: ein Selbst-Beziehungs-Sachtyp

Die drei Bereiche bilden eine Einheit, wobei noch folgende Aspekte im Lehrerberuf von Bedeutung sind:

1. **Die Arbeitsmotivation:** An Veränderungen interessiert sein; gern Kontakt zu Kindern und Jugendlichen haben; mit Kolleginnen und Kollegen kooperieren; Wissen und Fähigkeiten vermitteln; sich selbst permanent fortbilden.

2. **Die Persönlichkeitsmerkmale:** Vertrauen und Echtheit ausstrahlen; Verlässlichkeit garantieren; belastbar sein und Grenzen erkennen; mit den eigenen „Ecken und Kanten", „Stärken" und „Schwächen" zurechtkommen.

3. **Die Machtfrage:** Sich bewusst sein, Macht auszuüben a) im Sinne des Könnens und der Machbarkeit oder b) der Durchsetzung und des (Be-)Herrschens.

4. **Die Ziele und Visionen:** Ein humanes Menschenbild haben und die Leitgedanken einer „guten" Schule verwirklichen; Schulprogramme/pädagogische Konzepte entwickeln; geeignete Wege der Umsetzung finden.

5. **Die Verantwortung:** Die Verantwortungsbereiche kennen und für das eigene Tun die Verantwortung tragen; Verantwortung abgeben und delegieren; selbstverantwortliches Handeln anderer zulassen; sie auf ihre Rechte und Pflichten hinweisen.

6. **Die Prozessorientierung:** Die Schule als lernende Organisation und sich und die anderen als Lernende verstehen; ergebnisoffen und risikobereit sein; akzeptieren, dass die „einzige Konstante die Veränderung" ist.

7. **Die Spannungsfelder:** Andere Meinungen und „Welten" respektieren; „Gegenwind", Unbehagen, Kritik anderer aushalten; Interessenverschiedenheit und Konflikte bejahen; nach Lösungen suchen; zwischen verschiedenen Positionen vermitteln.

8. **Die Belastungen:** Belastungen wahrnehmen und nach deren Ursachen suchen; Möglichkeiten der Entlastung finden; ggf. Berufseinstellungen und bestimmte Verhaltensweisen ändern.

9. **Die Grenzen:** Sie erkennen und darauf achten, was Grenzüberschreitungen bewirken; Forderungen wahrnehmen und *Über*forderungen (verantwortlich und nicht willkürlich) zurückweisen (ohne Schuldgefühle!); Grenzen erweitern, Spielräume eröffnen und Grenzen akzeptieren.

10. **Die Infragestellung:** Nach vielen Berufsjahren vielleicht vor der Erkenntnis stehen (müssen), die bisherige berufliche Tätigkeit infrage zu stellen; den Mut haben, entsprechende Konsequenzen zu ziehen; anderen (vor allem Kindern und Jugendlichen) Resignation ersparen.

Aber bitte keine Überforderungen: Der „Idealtyp" in Reinkultur wäre nur schwer zu ertragen: Fehler sind erlaubt!

20

3. Kompetenzen „guter" LehrerInnen

Was macht einen „guten" Schulprofi aus? Welche Kompetenzen muss er haben, um seinen Beitrag für eine „gute" Schule zu leisten? Ich halte fünf Kompetenzbereiche für wichtig:

I. Selbstkompetenz

- Ichstärke
- Stabilität
- Realitätssinn
- Belastbarkeit

- Selbstwahrnehmung
- Selbstbewusstsein
- Selbstakzeptanz
- Selbstbehauptung

- Entscheidungsfähigkeit
- Zivilcourage
- Abgrenzungsfähigkeit

Dazu: Ausstrahlung und selbstbewusstes Auftreten (incl. äußeres Erscheinungsbild). Diese Fähigkeiten sind nicht abgeschlossen und „fertig", sondern dynamisch und entwickeln sich weiter, eingebunden in einen *lebenslangen Prozess* innerhalb und außerhalb der Schule.

II. Beziehungskompetenz

Es hat sich inzwischen herumgesprochen, dass der Lehrberuf zu den *Beziehungs*berufen gehört:

- Wahrnehmungsfähigkeit
- Einfühlungsvermögen
- Toleranz/Akzeptanz
- Offenheit für Feedback
- Vertrauenswürdigkeit

- Echtheit
- Verlässlichkeit
- Flexibilität
- Solidarität
- Wertschätzung

- Führungskompetenz
- Verantwortungsbewusstsein
- Prozessorientierung
- Transparenz
- Konfliktfähigkeit

III. Gesprächskompetenz

„Gespräche führen" ist eine der Hauptaufgaben von Lehrerinnen und Lehrern. Deshalb brauchen sie

- Kommunikationsfähigkeit
- Klarheit, sprachliche Präsenz
- Rhetorik

- Deutungsvermögen
- Vermittlungsfähigkeit
- Strukturfähigkeit

- Verhandlungsgeschick
- Vereinbarungsfähigkeit
- Konferenztechniken

IV. Fach-/Sachkompetenz

Fach- und Methodenkompetenz sind die beiden wichtigsten Säulen der unterrichtlichen Arbeit von LehrerInnen:

- Grundlagenwissen
- wissenschaftliche Denk- und Arbeitsweisen
- Fach-, Gesetzeswissen
- Reflexionsfähigkeit
- Produktorientierung
- systemisches Denken
- fachübergreifendes Wissen

- Realisierung von Fort-/Weiterbildung
- Diagnosefähigkeit
- Lern- und Lehrfähigkeit
- Evaluationsfähigkeit
- Problemlösefähigkeit
- Medienkompetenz: von OHP bis PC

Dazu die Anwendung vielfältiger Methoden

▶ *verbale Methoden* (Gesprächsformen wie Vortrag, Lehr- und Rundgespräch, Diskussion, Pro und Contra)

▶ *visuelle Methoden* (Tafelzeichnung, Bilder, Grafiken, Meta-Plan-Technik)

▶ *kinästhetische Methoden* (Bewegungsformen und Bewegungsspiele, Simulations- und Rollenspiele, Psychodrama)

▶ *haptische Methoden* (Zeichnen, Schreiben, Malen, Basteln, Handwerken)

V. Organisationskompetenz

Sie beinhaltet

- planen, koordinieren, kontrollieren
- Strukturen aufbauen/entwickeln
- Übersicht/Weitblick haben
- lokale Gegebenheiten berücksichtigen
- Aufgaben sinnvoll verteilen
- Prozesse initiieren
- Grenzen setzen
- Klarheit vermitteln
- Entscheidungen umsetzen
- „Spielräume" ermöglichen

So viele Kompetenzen?

Bitte nicht alle auf einmal erreichen wollen. Dann wären Sie ja perfekt (= vollendet!).
Und dann? Deshalb: Kompetenzen erwerben und step by step die *Berufsfähigkeit* erweitern.
Übrigens, zum Vergleich: Die Personalberatung Kienbaum hält für Führungskräfte folgende
zehn persönliche Eigenschaften für besonders wichtig (in der Reihenfolge der Bedeutung):

1. Eigenmotivation
2. Teamfähigkeit
3. Lernbereitschaft
4. Kommunikationsstärke
5. Zielorientierung
6. Belastbarkeit
7. Kontaktfähigkeit
8. Flexibilität
9. Mobilität
10. Selbstkritik

Stärken der Persönlichkeit

Amerikanische Wissenschaftler haben bei Menschen, die in *Beziehungsberufen* arbeiten,
fünf bedeutsame Persönlichkeitseigenschaften festgestellt:

Emotionale Stabilität

- zufrieden, selbstsicher
- ruhig, entspannt
- gelassen, kaum aufgeregt
- gefühlsstark
- ausgeglichen

Gewissenhaftigkeit

- verlässlich
- diszipliniert
- exakt, sorgfältig
- ausdauernd
- ordnungsliebend

Extraversion

- entgegenkommend, kontaktfreudig
- risikobereit, wagemutig
- führungsfähig
- direkt, klar
- entscheidungsfähig

Offenheit für Erfahrungen

- neugierig, wissbegierig
- originell, ideenreich
- flexibel, vielfältig
- tolerant, großzügig
- interessiert

Verträglichkeit

- angenehm, warmherzig
- mitfühlend, hilfsbereit
- offen, vermittelnd
- anteilnehmend
- kooperativ

▸▸ **Die Kompetenzen machen uns stark, die (kleinen) Schwächen liebenswert.** 11

4. Stärken und Schwächen

Vielleicht sind Sie groß geworden mit bestimmten „Schwäche-Austreiber-Sätzen": „Komm' ja immer pünktlich nach Hause!" – „Räum' dein Zimmer auf!" – „Was auf den Teller kommt, wird gegessen!" – „Ich treib' dir deine Flausen schon noch aus!" – „Sei höflich und bescheiden!" u. Ä.

Hoffentlich haben Sie aber auch Anerkennung (bei „Stärkenachweis") bekommen: „Mama freut sich, weil du dein Spielzeug aufgeräumt hast." – „Auf dich ist halt Verlass." – „Ich bin stolz auf dich, weil ..." – „Deine Leistungen sind einwandfrei. Weiter so!" ...

Von Kindheit an wird uns gesagt, wie wichtig es ist, erwachsen zu werden – vor allem mit dem Ziel, möglichst perfekt zu sein. Auf diesem Erziehungsweg hören wir dann häufig: Stärken sind gut, Schwächen sind schlecht und müssen ausgemerzt werden – und wenn sie sich auch im Erwachsenenalter noch zeigen, so sollen sie möglichst versteckt, verdeckt oder übertüncht werden. Als *Schwächling* wird dann beispielsweise jemand bezeichnet, der/die

- ▶ Irrtümer zugibt (denn stark ist, wer das Gesicht wahrt)
- ▶ Gefühle zeigt (denn stark ist, wer cool und beherrscht bleibt)
- ▶ etwas nicht kann (denn stark ist, wer nicht als Versager dasteht)
- ▶ nicht kontert (denn stark ist, wer schlagfertig reagiert).

▶▶ Wir *bewerten*, was *Stärken* und *Schwächen* sind.

Was für die einen Stärken sind ...,	sind für die anderen Schwächen ...
– Vielseitigkeit	– Verzettelung
– Gelassenheit	– Trägheit
– Impulsivität	– Übertriebenheit
– Aktivität	– Dominanz
– Selbstbewusstsein	– Egoismus
– Kompromissfähigkeit	– Nachgiebigkeit
– Vertrauen	– Leutseligkeit/Naivität

... und umgekehrt!

Bei diesen Bewertungen von Verhaltensweisen und Tätigkeiten sagt allerdings der Bewertende auch immer etwas über sich selbst aus; z. B., wenn er/sie das Verhalten eines Menschen als ruhig, hektisch, souverän ... beurteilt, im Gegensatz zu anderen, die dasselbe Verhalten als langweilig, aktiv, dominant ... beurteilen:

Für jemanden, der Durchsetzungsvermögen als seine Maxime ansieht, sind Verhaltensweisen wie Ellenbogenmentalität, Verschleierungstaktik, Überredungskunst und Eloquenz „Stärken", während er Einfühlungsvermögen, Geduld, Kompromissfähigkeit und Rücksichtnahme als „Schwächen" ansieht. Für jemanden, der Dialogfähigkeit als seine Maxime betrachtet, mag es genau umgekehrt sein.

Ich höre oft von LehrerInnen: Was denken denn die *anderen*, wenn ich mich so und so verhalte? Eigentlich möchte ich dies und jenes tun, vermeide es aber, um von ihnen positiv bewertet zu werden.

Meine Antwort: Da es der Wirklichkeit entspricht, dass andere mich bewerten, kann ich (sozialverträglich) sagen und tun, was ich will, d. h. zu mir und meinen Verhaltensweisen (Stärken und Schwächen) stehen – und dann sehen, was sie bewirken/auslösen und wie sie von wem bewertet werden.

⇒ **Wer sein Verhalten nach den Bewertungen anderer richtet, gerät in Abhängigkeit und verliert Autonomie.**

Stärken und Schwächen können sehr schnell „kippen"; z. B.:

Aus „Stärken"	werden „Schwächen":
– Aktivität wird zur	Überaktivität
– Dynamik wird zur	Hektik
– Gelassenheit wird zur	Gleichgültigkeit
– Genauigkeit wird zum	Kontrollzwang

Und umgekehrt:

Aus „Schwächen"	werden „Stärken":
– Unruhe	bringt etwas in Gang
– Gleichgültigkeit	löst Erleichterung aus
– Neugierde	verrät Interesse
– Bequemlichkeit	vermindert Hektik

Stärken können wechseln:

früher	heute
– war ich vielfältig aktiv	– unternehme ich weniger, aber intensiver
– hatte ich Vieles im Griff	– kann ich besser loslassen
– hatte ich schier unbegrenzte Kräfte	– teile ich meine Kräfte besser ein
– waren meine Lebensäste ausladender	– schlagen meine Wurzeln tiefer

▸ Die Bewertungen eigener Stärken und Schwächen können natürlich andere Menschen ganz anders sehen und bewerten:

Meine Stärke „Klarheit in der Mitteilung" bewertet meine Frau manchmal als „knallhart", meine Tochter hingegen als „völlig o. k.".

Ein Mensch kam mit seinen Stärken und Schwächen nicht so recht klar und klagte einem Freund sein Leid. Dieser riet ihm, doch in sich zu gehen, worauf er antwortete: „Das ist mir zu weit."

▸ Der manchmal weite Weg lohnt sich!

Stärken und Schwächen bei sich selbst und anderen zu akzeptieren bedeutet:
- ▸ mehr Gelassenheit: Ich kann loslassen und sein lassen.
- ▸ mehr Entspannung: Ich darf auch Fehler machen.
- ▸ weniger Druck: Ich muss nicht perfekt sein.
- ▸ weniger Enttäuschungen: Ich habe weniger Erwartungen.
- ▸ mehr Zufriedenheit: Ich kann dies und das, muss aber nicht alles können.
- ▸ mehr Ausgewogenheit: Ich bin ein Mensch mit Stärken *und* Schwächen.
- ▸ mehr Qualität: Ich konzentiere mich auf das Wesentliche.

▸ Gehen wir auf die Suche nach unseren Stärken und Schwächen.

 11

5. Macht und Ohnmacht

Machterfahrungen

Im Internat: Als 11-Jähriger kam ich in ein Internat. Im Studiersaal (60 Kinder) gab es sog. „Aufpasser", nicht älter als 13 oder 14 Jahre. Wenn man schwätzte oder sich anderweitig „fehlverhielt", bekam man von ihnen Strafen: Schreibaufgaben, Ohrfeigen, auf den Boden knien, Arrest ... Ich spürte die geballte Macht dieser Mitschüler – im wahrsten Sinne des Wortes – am eigenen Leib! Drei Jahre später wurde ich selbst so ein „Aufpasser", war stolz darauf über den „Aufstieg" und verfuhr ähnlich. (Woher sollte ich auch andere Verhaltensmuster gelernt haben?) Als ein Mitschüler nach einer Ohrfeige von mir in Tränen ausbrach – und sich an mir einige Zeit später rächte, kam ich zur Besinnung und gab mein „Amt" auf.

▶ Macht als Machtmissbrauch: Was ich erfuhr (erlitt), gab ich weiter ...

Ich beobachte auf Wunsch einer Grundschulrektorin eine Unterrichtsstunde von ihr und stelle fest, dass sie häufig die Kinder gängelt, an sie appelliert und relativ rasch zu Sanktionen greift. In der anschließenden Besprechung sagt sie u. a.: „Aber die müssen doch tun, was ich will. Schließlich habe ich die Verantwortung für sie." – Und etwas später: „Das gilt übrigens auch für mein Kollegium."

▶ Bestimmt „gut" gemeint, aber trotzdem Macht ausgeübt.

Ohnmachtserfahrungen

In meinem ersten Jahr als junger Lehrer gab ich einem Schüler, der mich permanent anlog, eine Ohrfeige (zum Glück die einzige in meinem Lehrerleben – und wie gut, dass es eine Aussprache und Versöhnung mit ihm gab). Trotzdem war ich so schockiert über mein Verhalten, dass ich mich einer Supervisionsgruppe anschloss, um zu Klärungen und Verhaltensänderungen zu gelangen.

▶ Die beiden Beweggründe meines Verhaltens: Zum einen Rückgriff auf alte, erfahrene Muster (siehe o. g. Beispiel), sowohl als Opfer als auch als Täter, zum anderen Hilflosigkeit, Ohnmacht und Kränkung (= weil ich angelogen wurde).

Ein Lehrer: Wenn Schüler stören, dann komme ich ziemlich rasch an die Grenzen meines Verhaltensrepertoires: ermahnen, gut zureden, bestrafen ... Im Grunde genommen bin ich ohnmächtig, wirklich angemessen und wirksam zu handeln. Meistens werde ich dann wütend, ausfällig oder resigniere.

▶ Ohnmacht mit oft schlimmen Folgen.

Auf Grund erfahrenen Machtmissbrauchs und der dadurch erlittenen Kränkungen greifen wir in der Folge oft selbst zu Machtmissbrauch. Ein verheerender Teufelskreis!
Deshalb:

> ⇒ Keine *Lehrerausbildung* ohne das lebensgeschichtliche Thema:
> – Klärung der eigenen Anteile von Macht – Ohnmacht – Machtmissbrauch
> – Bewusstwerden der beruflichen Ziele und Motive

Reflexion

a. Wie viel an Verletzungen könnten in der Schule minimiert werden oder erst gar nicht geschehen, wenn LehrerInnen ihre eigenen „Macht-Ohmacht-Beziehungen" klären würden, um dadurch zu sozialverträglichen und „stimmigen" Verhaltensweisen zu kommen:

- ▸ Wie habe ich Macht/Einfluss durch andere erlebt? (als Hilfe oder Unterdrückung?)
- ▸ Welche Narben spüre ich heute immer noch – und in der Folge Rachegedanken oder Frieden?
- ▸ Wie habe ich selbst Macht (aus-)gelebt und was habe ich bisher bewirkt?

b. Und mit Blick auf mein gegenwärtiges Verhalten:

- ▸ Wie sieht meine eigene Machtausübung in der Schule aus?
- ▸ Bevorzuge ich: „Macht-Spiele"; Durchsetzung (gegen den Willen derer, die nicht wollen); Unterwerfung (mit welchen Mitteln?); Erziehung als Ziehvorgänge …; Hilfsangebote, Begleitung, Unterstützung, Freiräume, Vergebung, Loslassen …?

c. Machtmissbrauch:

- ▸ nach außen gerichtet: Beschimpfungen, Ironie, Sarkasmus, Zynismus, Abwertungen, Unterdrückung …
- ▸ nach innen gerichtet: Kränkungen, Suchtverhalten, psychosomatische Beschwerden, Krankheiten …

d. Ich unterscheide:

Macht als Vermögen/Hilfe	**Macht als Missbrauch**
– leiten, führen, begleiten	– dominieren, erpressen
– unterstützen, helfen	– zwingen, nötigen
– Entfaltung ermöglichen	– Entfaltung verhindern
– ermutigen, aufbauen	– entmutigen, unterdrücken
– begrenzen, schützen	– einengen, vernichten

- ▸ Der wirklich Mächtige beweist Stärke für sich und andere. Sein Motiv ist Liebe.
  Der nicht wirklich Mächtige unterdrückt. Seine Motive sind Hilflosigkeit und Angst.

Was zu tun ist:

- ▸ mächtig sein statt ohnmächtig agieren
- ▸ anbieten statt überreden und aufdrängen
- ▸ sich selbst behaupten statt sich durchsetzen
- ▸ selbst „machen" statt andere zum „Machen" zwingen
- ▸ machen lassen und loslassen statt festhalten und einengen
- ▸ Grenzen setzen statt andere begrenzen

▸▸ **Systeme, die auf Liebe beruhen, sind sozial, die auf Macht/Gehorsam-Beziehungen beruhen sind parasozial.** (Maturana)

▸▸ **Macht ist der Glaube an das Machbare.
Autonome Beziehungen verzichten auf Macht, weil sie
auf freier Entscheidung basieren.**

 11

6. (K)ein Platz für Gefühle

Haben in einer Kopfschule auch Gefühle Platz?
Für mich stellt sich diese Frage so nicht, sondern: Ob Platz oder nicht: Sie sind vorhanden. Die Frage lautet deshalb: Wie gehen wir mit ihnen um?

> Ein Mädchen weint. Der Lehrer: „Hör auf zu weinen. S'rentier't sich eh' nicht."
▸ Gefühlsäußerung durch Argumentation unterbunden.

Versteckspiele vs. Offenheit

Gefühle sind der „Motor" unseres Handelns. Deshalb ist es von großer Bedeutung, die Gefühle wahrzunehmen und sie – wenn es der Kontext ermöglicht – mitzuteilen (statt sie zu verstecken): Psychohygiene im Schulalltag!

BEISPIEL: Sie haben eine Wut auf den Schüler (Gefühl) und schreien ihn deshalb an (Handlung/Verhaltensweise). Im Nachhinein reflektiern Sie Ihr Verhalten und kommen zum Ergebnis, den Schüler ungerecht behandelt zu haben. Sie ändern ihm gegenüber Ihre Einstellung, geraten deshalb nicht mehr so rasch in Wut (Gefühl) und sprechen mit mehr Ruhe mit ihm, usw. …

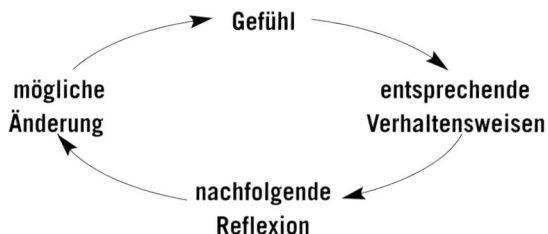

Eine Schule, die sich dem Primat des Denkens, der Sachbezogenheit (*Stoff*-Vermittlung) und der Wissenschaftlichkeit verschrieben hat, tut sich schwer mit dem Fühlen und der Akzeptanz von (belastenden) Gefühlen wie Angst, Wut, Zorn, Enttäuschung, Trauer … (Lachen in der Öffentlichkeit wird akzeptiert, Weinen als Gefühlsausdruck wirkt peinlich und sollte tunlichst vermieden werden!) Die Schule muss sich fragen, welchen Beitrag sie zur *ganzheitlichen* Entwicklung des Menschen leistet, wenn sie nach wie vor den Gefühlen zu wenig Beachtung schenkt, obwohl sie sich (von LehrerInnen und SchülerInnen) im Schulalltag zeigen:

Ich habe eine *Wut* auf dich; ich könnte dich … – Ich bin ganz *außer mir*. – Am liebsten würde ich *um mich schlagen*. – Ich könnte schreien *vor Zorn*. – Ich bin ganz *gelähmt* und zu nichts mehr fähig.

Aber auch: Ich könnte *jauchzen vor Freude* – Ich möchte *tanzen vor Glück* – Am liebsten würde ich *Purzelbäume* schlagen. – Ich bin *ganz happy*!

Wer keine Emotionen mehr zeigt, also seine Gefühle nicht mehr „aus sich herausbewegt" (= ex-movere), der wirkt leblos. Gefühlsausdruck vermittelt Lebendigkeit, die sehr unterschiedlich wahrgenommen und bewertet wird: Als Kinder haben wir gelernt, dass die Äußerung von Freude und Heiterkeit (Lachen), dass Freundlich- und Liebsein für die Erwachsenen angenehm, jedoch Wut (Brüllen), Zorn (Stampfen), Aggresssion (Schimpfwörter sagen) und Trauer (Weinen) unangenehm für sie sind. Also haben wir gelernt zu sortierern: die „guten" gesagt, die „schlechten" vertagt (= geschluckt, verdrängt!).

Menschen, die Gefühle spüren, sind meistens auch in der Lage, mit ihnen angemessen umzugehen und sie im entsprechenden Kontext zu äußern; einen angemessenen Zeitpunkt der Mitteilung abzuwarten; sich ihrer nicht zu schämen; die Vielfalt der Reaktionen in Kauf zu nehmen bzw. auszuhalten.

Mit Gefühlen umgehen

gesundheitsschädlich

– sich der Gefühle schämen
– sie abwürgen
– sie verdrängen
– sie in Alkohol ertränken
– ironisch sein

gesundheitsförderlich

– Gefühle, wie sie sind, annehmen
– sie zulassen
– sie wahrnehmen
– sie zur „Sprache" bringen
– zu ihnen stehen

Je mehr ich meinen Schülern zugestand, ihre Gefühle zu äußern (= nach außen zu bringen), desto weniger neigten sie zu Agggresionen:

Gefühlsäußerungen ...

– plötzlich schallend lachen
– mit dem Fuß stampfen
– mit den Fäusten auf die Bank trommeln
– das Gesicht verziehen
– grinsen, blödeln
– weinen

statt Aggressionen

– auslachen und hänseln
– mit den Füßen treten
– mit den Fäusten zuschlagen
– anderen Grimassen schneiden
– andere verächtlich machen
– um sich schlagen, verspotten

Wir sagen nicht „Ich *denke* mich wohl/unwohl", sondern „Ich *fühle* mich wohl/unwohl". Deshalb ist es wichtig, das Augenmerk auf unsere *Befindlichkeit* zu richten, die wir mit unseren Sinnen über körperliche Symptome wahrnehmen. Was ist beispielsweise die „Botschaft" unserer Magenschmerzen, Einschlafschwierigkeiten oder permanenter Müdigkeit? Sich selbst beachten und wichtig nehmen ist nicht Egoismus, sondern der Ausdruck einer Achtung sich selbst gegenüber und Voraussetzung dafür, auch andere zu beachten und zu achten.

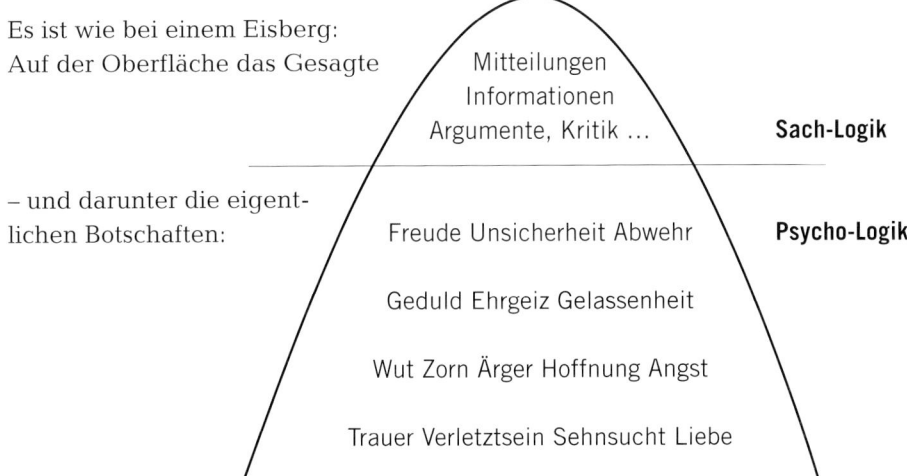

Es ist wie bei einem Eisberg:
Auf der Oberfläche das Gesagte

Mitteilungen
Informationen
Argumente, Kritik ...   **Sach-Logik**

– und darunter die eigentlichen Botschaften:

Freude Unsicherheit Abwehr   **Psycho-Logik**

Geduld Ehrgeiz Gelassenheit

Wut Zorn Ärger Hoffnung Angst

Trauer Verletztsein Sehnsucht Liebe

Die *Psycho-Logik* (mit ihren Emotionen) dominiert die *Sach-Logik* (mit ihren Gedanken und Argumenten). Die „eigentlichen Beweggründe" etwas zu tun, sind somit nicht die Argumente, sondern die darunterliegenden Gefühle (die übrigens genetisch älter sind!). Deshalb:

➧ **Ein Schulprofi lässt Gedanken und Gefühle zu, ist kompetent auf der emotionalen wie rationalen Ebene und kann sich auf beiden sicher bewegen.**

 13

7. Weniger Ärger!

Ärgerliches

Lehrer: Die Leistungen der Schüler waren für ihn so katastrophal, dass er vor lauter Ärger aus dem Klassenzimmer stürmte und fluchtartig die Schule verließ ...

Ortswechsel:

Praxis: Der Arzt ärgerte sich, weil der Patient die Medikamente missachtete, die er ihm empfohlen hatte.

Kaufhaus: Die Verkäuferin ärgerte sich, weil die Kundin jetzt schon zum x-ten mal fragte, wo denn Essig zu finden sei.

Bank: Der Mann am Schalter ärgerte sich, weil der Kunde noch immer „blöde Fragen" zur Euroumstellung hatte.

Autobahn: Der Mann ärgerte sich, weil er in einen Stau geraten war.

Haushalt: Die Frau ärgerte sich, weil der Mann schon wieder den Einkaufszettel zuhause liegen ließ – und verkehrte Dinge einkaufte.

> ▸▸ **Es gibt *immer* etwas, worüber wir uns ärgern könnten.**

Zahlen

Angenommen, Sie ärgern sich in der Schule pro Stunde nur ein- bis zweimal (über das Zuspätkommen, über fehlende Hausaufgaben, mangelnde Disziplin ...). Das sind in der Woche ca. 25 bis 50 Ärgernisse und auf 35 bis 40 Dienstjahre verteilt etwa 40.000 bis 80.000 mal ÄRGER! Wenn davon etwa 10 % tiefer gehen und zu 4000 bis 8000 Kränkungen führen, dann ist dies wirklich zum Krankwerden *(siehe auch Nr. 10: Kränkungen als Krankmacher, S. 34/35)*. Wer also als LehrerIn längerfristig in der Schule (gesund) bleiben will, hat vor allem eines zu lernen: sich nicht mehr (so viel!) zu ärgern.

> ▸▸ **Schülerinnen und Schüler können nicht immer einhalten, was sie sollen!**
> **Deshalb: Geduld mit sich und ihnen haben!**

In vielen Fällen ist Enttäuschung die Ursache unseres Ärgers *(Ausführlich siehe Nr. 38: Enttäuschungen und Enttäuschte, S. 94/95)*.

Dabei ist zu unterscheiden:

a. Sie selbst *sind* enttäuscht, wenn Ihre Erwartungen/Wünsche an andere von diesen nicht erfüllt werden. Die anderen jedoch tragen nicht die Verantwortung für Ihre Erwartungen und (Gefühls-)Reaktionen. Wenn Sie enttäuscht sind, dann ist es Ihre Entscheidung. In diesem Fall *fühlen* Sie sich enttäuscht und lassen daraus Ihren Ärger entstehen.

b. Ebenso können Sie andere nicht enttäuschen, wenn diese Erwartungen an Sie haben, vorausgesetzt, Sie haben nichts versprochen oder keine Verpflichtungen. Sie sind nicht verantwortlich für die (Gefühls-)Reaktionen der anderen.

c. Wenn Ihnen allerdings etwas versprochen worden ist oder wenn Sie berechtigte Ansprüche an andere haben, die nicht erfüllt worden sind, dann *sind* Sie *von anderen* enttäuscht worden und ärgern sich über sie. Die anderen tragen dann die Verantwortung für ihr Versprechen, für ihr eigenes Tun – aber nicht für Ihre Reaktion!

> ▸▸ **Sich weniger ärgern bedeutet: Erwartungen entsprechend einschätzen,**
> **weniger enttäuscht sein, gelassener sein und loslassen können.**

Der Ärger zeigt allerdings auch auf die eigene Person. Aus dem: „Ich ärgere mich über DICH" wird dann ein: „Ich ärgere mich, weil ICH ..." (z. B.) ohnmächtig bin; mich ausgeliefert fühle; mir wie ein Verlierer vorkomme; meine Ziele verfehlt habe ...

▸▸ **Wer sich über *jemanden* ärgert, sagt sehr viel über sich selbst aus.**

Ärgerminimierung

Stress meiden: Er ist einer der größten Ärgerauslöser! Es braucht nur eine Kleinigkeit: und schon geht man hoch wie ein HB-Männchen!

Im Jetzt leben: Wer die Altlasten der Vergangenheit und die Fantasielasten der Zukunft mit sich herumschleppt, hat kaum noch die Kraft für die Reallasten der Gegenwart und ärgert sich womöglich über jede (Belastungs-) Kleinigkeit.

Für Neues offen sein: Wer nicht bereit ist, sich für Neues zu öffnen, ärgert sich über jede Veränderung und bleibt hoffnungslos auf dem „Schulweg" alleine zurück. Veränderungen, auch wenn sie des Öfteren verunsichern oder schmerzen, sind Ausdruck von Lebensfluss und Lebendigkeit.

Den Ärger bei sich suchen: Was ist es, was *Sie* ärgert (= Was ärgert mich an MIR ...?) z. B. die eigene Unzulänglichkeit; das eigene Versagen, die eigenen Fehler ...

Realitäten annehmen: Mit klarem Blick sehen, was „Beziehung und Sache" ist, und dass Störungen und Konflikte, Unebenheiten und Reibungen, Gewünschtes und Ersehntes im Zusammenleben mit so vielen und unterschiedlichen Menschen in der Schule normal sind und zu unserem Alltag gehören.

Einstellungen ändern: Erfüllbare Erwartungen haben – und in der Folge weniger enttäuscht und verärgert sein; auch hier wieder gilt: Ich entscheide, was mich ärgert.

Stärkung suchen: Herausfinden, was einem gut tut und stärkt: Ich achte auf das mir Mögliche und akzeptiere das Unvermeidliche. Es ist wie bei einem Kind: Lernen, mit Wünschen zu leben.

Anforderungen reduzieren: Anforderungen, die wir an uns selbst haben, übertragen wir des Öfteren an andere – und sind dann verärgert, wenn sie von den anderen nicht erfüllt werden. Ärger minimieren heißt in diesem Zusammenhang, die Anforderungen überdenken und ggf. reduzieren.

Gerade in der Schule ist der *Ärgerpegel* von LehrerInnen eminent hoch, weil die *Erwartungen an die SchülerInnen* „berufsmäßig" (fälschlicherweise!) so hoch sind; deshalb:

▸▸ **Gesunder Umgang mit Erwartungen bedeutet, sie unter dem Aspekt des Machbaren zu relativieren.**

 13

8. Von der Unsicherheit zur Sicherheit

Die Lebensgeschichte von Menschen weist leider häufiger Spuren der Minderung des Selbstwertgefühls auf als dessen Stärkung.

Selbstwertgefühl: stark – oder schwach?

Was an unserem Selbstwertgefühl – von früher Kindheit bis ins Jetzt – kratzt, nagt:

- ► ELTERNHAUS: *„Du stellst dich aber wieder an. Mit dir muss man sich ja schämen."*
- ► SCHULE: *„Das kannst du ja doch nicht. Und du wirst es auch nie lernen!"*
- ► GRUPPE: *„Hau ab, dich können wir hier nicht brauchen!"*
- ► STUDIUM: *„Die Unterrichtsstunde war eine einzige Katastrophe."*
- ► BERUF: *„Was, das können Sie immer noch nicht?"*
- ► PARTNERSCHAFT: *„Mein größter Fehler: Ich hätte dich nie heiraten sollen."*

- ► Auch wenn es „Mutmacher" gab: Die Abwertungen bleiben stärker haften!
- ► Fragen Sie sich selbst oder KollegInnen nach ihrem Selbstwertgefühl.
- ► Wie viele Menschen kennen Sie, die selbstbewusst – aber nicht arrogant – auftreten?

Gerade Kinder und Jugendlichen brauchen selbstsichere Lehrerinnen und Lehrer, da sie noch unsicher und Suchende sind. Erwachsene müssen es aushalten können (ohne auszurasten), wenn sie sich an ihnen „reiben" – um dadurch selbst stark zu werden, auch wenn sie alle und alles in Frage stellen. Kinder und Jugendlichen sind in ihren Äußerungen häufig sehr wechselhaft. Da braucht es als Gegenpol Standfestigkeit.

Selbstsicherheit von Lehrerinnen und Lehrern ist also ein wesentliches Merkmal ihres Berufes. Fehlt sie, kann es zu Fehlverhalten (Provokation statt Verständnis; Ironie/Zynismus statt Akzeptanz; Racheakten statt Grenzziehung …) und zu Kränkungen und Krankheiten (Depressionen, Suchtverhalten, psychosomatische Beschwerden …) kommen.

Es ist erschütternd, wenn man Berichte von Lehrerinnen und Lehrern liest, deren Wochenenden geprägt sind von Ängsten vor der Schule; die am Sonntagabend in Panik geraten vor dem folgenden Montag; die Tag für Tag mit Ängsten in die Schule gehen – bar jeglichen Sebstbewusstseins, jeglicher Selbstsicherheit – von Gott und der Welt verlassen, schon seit der Ausbildungszeit im Stich gelassen und völlig ungenügend auf den „Beziehungsberuf Lehrer" vorbereitet.

Lehrerinnen und Lehrer, die vor und inmitten der Klasse stehen, sich im Kollegenkreis bewegen, mit Eltern Kontakt haben, von der Öffentlichkeit begutachtet werden, befinden sich in einer typischen „Glashaussituation"! Und das heißt: Tagtäglich von anderen wahrgenommen werden: beobachtet und taxiert, eingeschätzt und bewertet, be- und verurteilt, be- und geachtet, geliebt und gehasst, akzeptiert und abgelehnt, gelobt und kritisiert, angegriffen und in Schutz genommen, beschimpft und belächelt, freundlich erwartet und herzlich verabschiedet, in Frage gestellt und links liegen gelassen … Und dies alles wird im Rahmen der Lehreraus- und -fortbildung meist stillschweigend zur Kenntnis genommen, kaum thematisiert, auf vielerlei Weise verdrängt, hilflos betrachtet oder bagatellisiert.

Gewinn von Selbstsicherheit

Wenn Sie in Situationen kommen, in denen Ihre Selbst-Sicherheit ins Wanken gerät, dann können Sie (je nach Persönlichkeit und Kontext unterschiedlich) z. B.

- ▶ erst mal tief Luft holen
- ▶ sich einen Zeitpuffer geben (= nicht sofort reagieren)
- ▶ zurückfragen, nach Klärungen suchen
- ▶ über sich selbst lächeln (Humor entspannt!)
- ▶ Provokationen vermeiden
- ▶ die Unsicherheit mitteilen
- ▶ ein Gespräch anbieten
- ▶ um eine Pause bitten
- ▶ „aus dem Feld gehen"
- ▶ ggf. eine Nacht überschlafen
- ▶ über die Bedenken, Unsicherheiten reden (Mitteilen erleichtert)
- ▶ sich fachlich kompetent machen (Wissen ist Stärke)
- ▶ gut vorbereitet sein (ein guter „Boden" gibt Sicherheit)
- ▶ die Arbeitsweisen offenlegen (Transparenz)
- ▶ sich Fehler zugestehen (Irren ist menschlich)
- ▶ großzügig mit sich (und anderen) umgehen
- ▶ andere zu Rate ziehen (Hilfe annehmen)

Was uns die Unsicherheiten nehmen kann:

- ▶ Ich habe Kontakt zu Menschen, die mich unterstützen, die mich ermutigen, die mich akzeptieren; die offen zu mir sind; die ihre Kritik mit Wohlwollen äußern.
- ▶ Ich überlege, was ich mir zutrauen kann und wem ich mich nicht gewachsen fühle.
- ▶ Ich meide Situationen, die mich überfordern; in denen ich mich unsicher fühle.
- ▶ Ich wage mich mit *kleinen* Schritten in „unbekanntes Land".
- ▶ Ich suche mir Partner/innen, die mir helfen, mich begleiten …
- ▶ Ich entziehe mich Menschen, die abwerten statt aufbauen, die destruktiv statt konstruktiv handeln, die „müde lächeln" statt herzhaft lachen, die überfordern statt fördern.
- ▶ Ich brauche keine Kritikaster, aber kritische Freunde.

Merkenswertes

- ▶ Was du – Abfälliges – über mich sagst, hat mehr mit dir als mit mir zu tun.
- ▶ Ich „ziehe mir nicht jeden Schuh" an (aber ich sehe ihn mir an.).
- ▶ Ich bestimme, von wem ich mich verunsichern lasse.
- ▶ Zur Unsicherheit stehen erleichtert, Überspielen ist so anstrengend.
- ▶ Die Unsicherheit gut behandeln tut der Sicherheit gut.
- ▶ Unsicherheit schafft bei Unsicheren Solidarität und Nähe.
- ▶ Unsicherheit fördert die Kreativität (= Suche nach Sicherheit).
- ▶ Unsicherheit ist Bewertung.
- ▶ Wer nur noch Sicherheit will, verpasst das halbe Leben.
- ▶ Unsicher sein ist keine Schande.

 14

9. Die Angst des Lehrers vor ...

Es ist zu unterscheiden:

a. die Angst als „Normalerscheinung" (vor Prüfungen, vor dem Zahnarzt, vor Spinnen ...)
Schulisch gesehen: die Angst vor unerwarteten Schülerreaktionen, vor Prüfungen, vor Elternbriefen, vor Gesprächen mit Vorgesetzten, vor Auseinandersetzungen ...
b. die Angst als Lähmung
Schulisch gesehen: die Angst zu versagen; ausgelacht zu werden und sich zu blamieren; das Gesicht zu verlieren; andere zu enttäuschen ...
c. die Angst als „natürliche" Grundform der menschlichen Existenz *(siehe auch S. 102 f.)*.
Schulisch gesehen: die Angst, Nähe zu verlieren; zu wenig geliebt zu werden; allein zu bleiben; übergangen bzw. vereinnahmt zu werden ...

Fragen von Lehrerinnen und Lehrern, *hinter denen Ängste verschiedener Art stehen:*

- ▶ Was kommt (alles) auf mich zu, wenn ich die Klasse X übernehme?
- ▶ Auf was lasse ich mich ein, wenn ich mit (kritischen) Eltern ins Gespräch komme?
- ▶ Mit welchen Erwartungen werde ich von Schüler-/Elternseite konfrontiert?
- ▶ Wie schätzen mich die anderen KollegInnen ein?
- ▶ Kann ich den vielfältigen Anforderungen gerecht werden?
- ▶ Was muss ich alles wissen, können, leisten?
- ▶ Mit welchen Widrigkeiten und „Widerständen" werde ich es zu tun haben?
- ▶ Woher und von wem kommt der „Gegenwind"?

Daraus lassen sich vier Grundängste ableiten (mit Spuren aus der Vergangenheit):

Grundängste	Spuren aus der Vergangenheit
1. Die Angst, den *eigenen* Ansprüchen nicht zu genügen	„O Gott, schon wieder versagt." „Da hab' ich mich aber blamiert." Hohe Ziele – und dann gescheitert
2. Die Angst, Erwartungen *anderer* nicht entsprechend zu erfüllen	„Streng dich an. – Reiß dich zusammen!" „Du taugst ja doch nichts!" „Was, das kannst du nicht?"
3. Die Angst, *zu wenig* zu leisten und zu versagen	„Schon wieder ungenügend!" „Sitzen geblieben – welche Schande!" „Mit dir muss man sich ja schämen!" „Mama mag dich nicht mehr, wenn du ..."
4. Die Angst, *zu wenig* Zuwendung zu bekommen bzw. sie zu verlieren	Den anderen „zu lieb" etwas tun, nur um selbst geliebt zu werden ...

In meinen Seminaren bitte ich u. a. Teilnehmende, Rollen zu übernehmen. Es dauert oft sehr lange, bis sich jemand meldet ... Ich frage nach Gründen der „Zurückhaltung". Genannt werden die Angst

- – sich zu blamieren, Fehler zu machen und zu versagen
- – blöd dazustehen und ausgelacht zu werden
- – den eigenen Ansprüchen nicht zu genügen
- – den Blicken der anderen nicht standzuhalten
- – durchschaut zu werden und sich zu entblößen

Einhellige Meinung der Teilnehmenden: Es sind vor allem *Fantasien* (erinnert aus der Vergangenheit) und nicht die Erfahrungen in der Gegenwart, die die Ängste produzieren! (Ich habe in meinen Seminaren nie *real* erlebt, dass jemand ausgelacht, abgelehnt ... worden ist!)

▸▸ **Der Lehrer als Fehlersuchespezialist bei anderen hat Angst, bei sich selbst Fehler zu entdecken!**

Minimierung von Ängsten

Der Angstabbau beginnt „im Kopf", d. h. durch Veränderungen der Einstellungen.

1. **Von idealistischen zu realistischen Erwartungen gelangen:**
   Den Blick auf das richten, was ist und nicht darauf, was „man" wünscht oder was unbedingt sein soll.

   > Ein Kollege hatte seit Jahren einen hohen Anspruch an sein eigenes Tun, den er in dem Satz ausdrückte: Ich muss es doch schaffen, dass alle meine SchülerInnen das Abitur machen.

2. **Erwartungen anderer als Erwartungen sehen (und sonst nichts!):**
   Wir koppeln die „Erwartungen anderer an uns" mit „Erfüllung der Erwartungen" – statt zu trennen: Erwartung an uns ist das eine, Erfüllung das andere. Der Leitsatz lautet: Ich nehme die Erwartungen anderer auf, überdenke sie und entscheide, wozu ich in der Lage bin und was ich tun kann.

   > Ein Vater (Akademiker) zu einer Grundschullehrerin: Sie müssen unbedingt erreichen, dass mein Sohn die Empfehlung für das Gymnasium bekommt. – In der Beratung sagte die Lehrerin zu mir, sie fühle sich total unter Druck gesetzt und empfinde die Erwartungen sogar als Bedrohung, was bei ihr große Ängste auslöste.

3. **Die eigene Professionalität festigen bzw. erweitern:**
   Wissen, Können geben Sicherheit und minimieren dadurch Ängste.

   > „Mir kann man nicht so schnell an den Karren fahren", sagte mir, sehr selbstbewusst, ein Kollege. „In der Schule bin ich der Fachmann."

4. **Respekt (aber nicht Geliebtwerden) erwarten:**
   Wir können Respekt erwarten und einfordern, nicht jedoch Geliebtwerden, auch wenn der Wunsch sehr verständlich ist:

   > Eine Kollegin teilte jede Woche am Montag in der ersten Stunde ihren SchülerInnen (= „Kindern") Bonbons aus. Als ich sie einmal vor Unterrichtsbeginn dabei beobachtete und sie nach dem Grund fragte, sagte sie: „Ach, wissen Sie, das sorgt für gutes Klima und (etwas errötend) die Kinder mögen mich dann mehr."

▸▸ **Wer Angst davor hat, von anderen nicht mehr geliebt zu werden, tut (fast) alles, um die Liebe aufrecht zu erhalten und begibt sich damit in Abhängigkeiten.**

Die Schule ist nicht der Ort, um vom Schulleiter, von den KollegInnen, den SchülerInnen, den Eltern geliebt zu werden. Die Unabhägigkeit von ihnen ist schlechthin *die* Voraussetzung, als Lehrerin/Lehrer frei und (fast) ohne diese Grundangst zu leben.

▸▸ **Es gibt kein Leben ohne Ängste, ohne Spannungen, ohne Hin- und Hergerissensein.**

 15

10. Kränkungen als Krankmacher

In einer Supervisionsgruppe sagt eine Lehrerin: „Ich fühle mich oft persönlich gekränkt, wenn meine Schüler nicht das leisten, was ich von ihnen erwarte. Mir ist dann, als ob ich als Lehrerin versagt hätte."

▶ Abhängigkeit vom Tun anderer – und in der Folge Selbstkränkung

„Kränkungen haben etwas mit Macht zu tun", sagte mir einmal ein Lehrer. „Ich merke das immer dann, wenn ich von meinen Schülern unbedingt etwas haben will. Wenn ich mein Ziel erreicht habe oder wenn meine Wünsche in Erfüllung gegangen sind, dann ist es o. k. Wenn aber nicht, dann fühle ich mich hilflos und bin gekränkt, weil ich mich nicht durchsetzen konnte und weil meine Macht wirkungslos blieb."

▶ Gekränktsein als Folge des Machtverlustes

Was mich am meisten kränkt (nichtrepräsentative Befragung von Lehrerinnen und Lehrern):
  ▶ wenn ich nicht ge-/beachtet werde
  ▶ die Abwertung und Missachtung in der Öffentlichkeit/Gesellschaft
  ▶ die Gleichgültigkeit der Schüler mir gegenüber
  ▶ dass mein Fach nicht ernstgenommen wird
  ▶ dass ich für viele einfach Luft bin
  ▶ dass ich so wenig Erfolg habe

Kränkungen können entstehen, wenn von anderen Menschen Wünsche und Erwartungen nicht erfüllt werden oder wenn man keine oder zu wenig Beachtung findet.

Die Wurzeln der Kränkungen gehen bis in die früheste Kindheit zurück: Kinder sind noch nicht in der Lage, für sich selbst zu sorgen und sind von der Zuwendung und Hilfe der Eltern (i. w. S. der Erwachsenen) abhängig. Wenn diese entzogen werden und ausbleiben (z. B. Beachtung, Hilfe, Begleitung, Betreuung, Anerkennung, Liebe …), dann sind/fühlen sich die Kinder gekränkt und können – physisch und psychisch – krank werden mit u. U. folgenden Reaktionen:

  ▶ „eingeschnappt" und beleidigt sein (= sie verweigern den Kontakt)
  ▶ aggressiv sein (= sie greifen an, um sich zu holen, was sie brauchen)
  ▶ psychosomatische Symptome zeigen (= sie machen auf sich aufmerksam)

Erst im Laufe der Zeit erfahren Kinder, dass nicht alle Bedürfnisse und Wünsche erfüllbar sind/erfüllt werden, und sie erlernen eine gewisse Frustrationstoleranz, ein wichtiger Prozess auf dem Weg zum Erwachsensein.

„Normalerweise" sind Erwachsene in der Lage, ihre Bedürfnisse realistisch zu betrachten, nach Erfüllung zu suchen oder mit unerfüllten Wünschen zu leben. Es gibt allerdings auch (Krisen-)Situationen, die für Menschen so belastend sind oder in denen die Bedürfnisse und Wünsche so groß sind, dass sie sie sofort und unbedingt befriedigt/erfüllt haben wollen. Geschieht das nicht, greifen Menschen u. U. auf ihre ihnen vertrauten *Kindheitsmuster* zurück und reagieren enttäuscht und in der Folge gekränkt – anstatt realitätsgerecht, angemessen und vernünftig.

▸▸ **Es gibt *immer* etwas, was uns enttäuschen, was uns kränken könnte.**

Was Sie alles kränken *könnte* (Blick in den Schulalltag):

Die Situation:	Die Kränkung:
In Ihrem Fach liegt ein Zettel: „Bitte kommen Sie zu mir ins Rektorat."	Warum sagt er mir das nicht persönlich? Ich bin doch keine Nummer.

▸ *Erfahrung: Ich bin oft nicht „gefragt" worden.*

Die Schüler haben partout kein Interesse an Ihrem Lieblingsfach.	Es gibt mir einen Stich – mir ist, als ob sie mich dadurch persönlich treffen.

▸ *Erfahrung: Ablehnung von Sachen habe ich als persönliche Ablehnung erlebt.*

Eine Kollegin/ein Kollege ist Ihnen bei einer Bewerbung vorgezogen worden.	Ich hab mir so Mühe gegeben, bin erfolgreich, aber dennoch nicht gut genug.

▸ *Erfahrung: Andere sind mir vorgezogen worden. Dies traf mich in meinem Selbstwertgefühl.*

Die Eltern lehnen Sie ab, weil Sie zu strenge fachliche Maßstäbe anlegen.	Ich fordere angemessen Leistung von den SchülerInnen und ernte Undank.

▸ *Erfahrung: Ich handle „stimmig" und gerecht und werde sogar noch dafür bestraft.*

➠ **Viele Einzelerfahrungen im täglichen Leben ergeben die Grundkränkung: Ich werde zu wenig wahrgenommen, beachtet, anerkannt, geliebt.**

Zahlen

Angenommen, Sie erleben pro Schulwoche zweimal eine Kränkung: Das sind in einem Lehrerleben ca. 3000 Kränkungen. (Da soll man nicht krank werden!?) Deshalb: Es ist gesundheitsförderlich, die Kränkungen zu minimieren, möglichst zu vermeiden bzw. zu verarbeiten.

Verarbeitung

Kränkungen können minimiert bzw. vermieden werden, indem man

- ▸ einen Blick auf die kränkenden Erfahrungen der eigenen Lebensgeschichte wirft, sie reflektiert, klärt und ggf. mit Hilfe Dritter aufarbeitet
- ▸ die Situationen und kränkenden Personen genau betrachtet und realitätsnah bewertet
- ▸ sich nicht in Abhängigkeiten begibt bzw. sich aus ihnen löst
- ▸ sich von anderen abgrenzt und auf Distanz geht (= sich innerlich verabschiedet)
- ▸ zu den eigenen Empfindlichkeiten, Verletzlichkeiten und „Eitelkeiten" steht
- ▸ die eigenen Stärken wahrnimmt, die eigene Mitte findet und sich stabilisiert
- ▸ sich seiner eigenen Werte bewusst wird (Selbstbewusstsein)
- ▸ mit der Person, von der man gekränkt wurde, ins Gespräch kommt
- ▸ weniger Erwartungen und unrealistische Wünsche hat
- ▸ bemüht ist, die Motive des Gegenübers zu verstehen und deren „eigentliche" Botschaften entschlüsselt
- ▸ sich nicht den „Schuh anderer anzieht" (= nicht immer alles persönlich nimmt)
- ▸ Personen meidet, die sich abwertend verhalten und sich Menschen zuwendet, die das eigene Selbstbewusstsein stärken
- ▸ das eigene Tun beobachtet und die Stärken herausfiltert.

 12

11. Nur kein Stress!

Als Warnsystem ist Stress eine wichtige Bedingung für unser Überleben, was besonders deutlich wird, wenn wir die Veränderungen der Systeme des Körpers beobachten (Herz, Blutgefäße, Immunsystem, Lunge, Verdauungssystem, Sinnesorgane, Hirn). Es findet eine Mobilisierung von Kräften statt, um der möglichen Gefahr erfolgreich begegnen zu können:

- ▶ hormonale Prozesse im Gehirn (u. a. Cortisol = Stresshormon)
- ▶ kämpfen/angreifen oder fliehen statt komplexe Gedankenvorgänge (In der Akutsituation ist kein komplexes/intellektuelles/soziales Lernen möglich.).
- ▶ körperlich: trockener Mund, feuchte Hände, bleiches Gesicht,
- ▶ Stressoren (die wir allerdings sehr subjektiv erleben): Schmerz, Hitze/Kälte, Lärm, Menschenmassen, Isolation, Hunger …

Zu massiven Störungen kommt es erst dann, wenn aus dem normalen Stress der negative Disstress (= Dauerstress) wird.

Stressfallen: Die berühmten 5 G
Wir tun etwas **g**erne und **g**ut.
Wir sind **g**efragt und **g**efordert.
Wir bekommen auch noch **G**eld.
(Wer könnte/will da schon NEIN sagen!)

Die Erfahrung zeigt uns:

Je mehr wir gestresst sind, desto größer ist die Wahrscheinlichkeit, dass uns ziemlich schnell „der Kragen platzt", dass wir uns missverstehen, dass wir rascher „ausrasten" und zu Beschimpfungen neigen. Gute Kommmunikation gelingt umso besser, je weniger wir unter Zeitdruck stehen und je mehr wir Stresssituationen meiden:

> Immer und immer wieder ermahnt der Lehrer seine SchülerInnen und bittet um Ruhe. Kein Erfolg; die Unruhe, der Lärm … nehmen zu. Plötzlich brüllt er: „Ihr Saubande, haltet endlich mal die Fresse!"

Im Gespräch sagt der Lehrer, dass er selbst über seine Beschimpfung erschrocken war: „Das wollte ich gar nicht, aber ich war so genervt. Ich konnte nicht anders."

> Der Schulleiter bittet seine Sekretärin, einen Text zu schreiben: „S'ist dringend und wichtig!" Als es ihm zu lange dauert, faucht er Sie an: „Sie haben heute aber ein Tempo drauf. Gegen Sie ist ja eine Schnecke ein Ferrari!"

„Ich hatte es selbst so eilig und stand unter Stress.", entschuldigt er sich am anderen Tag.

> In einer Schulkonferenz werfen Eltern der Schulleitung vor, sie würde für zu wenig Innovationen in der Schule sorgen; daraufhin spaltet sich die Lehrerschaft in drei Teile: der eine schlägt sich auf die Seite der Schulleitung, der zweite auf die der Eltern und der dritte, kleinste Teil, versucht zu vermitteln. Vergebens. Die Konferenz wird abgebrochen und vertagt … Nach einer Beruhigungsphase und mittels eines Schlichters gelangen die Parteien zu einer Einigung.

Allgemeiner Tenor: Wir waren durch die gegenseitigen Vorwürfe alle ziemlich gestresst und standen unter Druck. Die „Auszeit" sowie die anschließende ruhige Art des Vermittlers tat uns allen gut, so dass wir dann doch noch zu befriedigenden Lösungen kamen.

Die Beispiele zeigen sehr plastisch und drastisch, wie verbales und körperliches „Ausrasten" von bestimmten Erfahrungen, Situationen und Befindlichkeiten abhängig ist:

die Erfahrungen	die Reaktionen
– nicht mehr ein noch aus wissen	– verbal ausrasten
– sich bedrängt fühlen	– jemanden anschreien
– ständig beleidigt werden	– um sich schlagen
– unter Druck stehen	– beschimpfen
– sich gestresst fühlen	– ungerecht handeln
– in Not sein	– zynische Bemerkungen machen
– große Probleme haben	– anderen die Schuld dafür geben
– bedroht werden	– sich zurückziehen, flüchten
– verletzt werden	– den „Stinkefinger" zeigen
– sich in die Enge getrieben fühlen	– abhauen, davonlaufen
– die Übersicht verlieren	– jemanden zusammenschlagen

Disstress hat also zwei schädigende Komponenten:
a. zum einen eigene körperliche und seelische Belastungen
b. zum anderen Belastungen in unseren zwischenmenschlichen Beziehungen

Unser Handeln, unsere Selbstmitteilungs- und Beziehungsfähigkeit, unterliegen nicht nur unserem bewussten Wollen und Bemühen, sondern auch biologischen Komponenten. Deshalb ist vor allem *biologische* Herkunft zu beachten, sonst besteht die Gefahr, dass wir uns überschätzen, übernehmen, überfordern, Schuldgefühle bekommen ... – und dann enttäuscht sind, wenn wir nicht so handeln, wie wir es eigentlich gern hätten.

Nun ist es aber nicht so, dass wir unseren älteren Hirnanteilen, unseren Emotionen, gänzlich ausgeliefert wären. Zu unserer emotionalen Spontaneität haben wir nämlich „Aufpasser und Kontrolleure" bekommen, die uns sozial kompetent machen: Moralisches Bewusstsein, ethische Normen, Wissen um Gesetze und Vorschriften ... Sie wahrnehmen, mit unseren Gefühlen angemessen umgehen und sozialverträglich handeln, ist *lernbar*! Das heißt konkret:

Wir müssen uns selbst „sozialverträglich managen", z. B. indem wir

- ▶ innere „Stopp-Schilder" errichten
- ▶ Entspannungsübungen machen
- ▶ tief Luft holen und sich Zeit lassen
- ▶ eine Nacht überschlafen
- ▶ Stresssituationen (ver-)meiden
- ▶ Humor haben, humorvoll reagieren
- ▶ sinnvolle Vorbereitungen treffen
- ▶ planen und strukturieren
- ▶ überlegen, nachdenken
- ▶ die Sicht wechseln
- ▶ Situationen „umdeuten"
- ▶ Reaktionsverhalten trainieren

▶▶ **Merke:**
Schaffe Bedingungen, die es dir ermöglichen, erst gar nicht in Rage zu geraten, sondern bei dir zu bleiben!

12. Zeit und Zeittypen

Zeitdruck

Gerade das Berufsfeld Schule hat, vor allem durch den *Stunden*-Plan, ein sehr enges Zeitkorsett. Da wir davon ausgehen können, dass es in einem Kollegium, in einer Klasse, in der ganzen Schule verschiedene „Zeittypen" gibt, sind Konflikte zum Thema „Zeit" vorprogrammiert: Die einen ärgern sich über die (ständige) Unpünktlichkeit der anderen, während diese wiederum sich über die „Pingeligkeit und fehlende Großzügigkeit" jener aufregen. Alle zusammen leben sie im Spannungsfeld der unterschiedlichen „Zeitstrukturtypen" und den damit verbundenen gegenseitigen Erwartungen.

Der „gute" Umgang mit der Zeit hat letzten Endes damit etwas zu tun, wie respektvoll wir mit uns selbst und mit den anderen umgehen. „Zeitmanagement" in diesem Sinn ist dann der Ausdruck wertschätzender Haltung – und nicht nur formaler Erfüllung.

⇥ **Wem die Zeit davonläuft, der ist ohne Zeit.**

Die Fülle der Vorhaben auf der einen Seite – und der Zeitmangel auf der anderen bringen uns immer wieder in Bedrängnis, die uns von Kindheit an bekannt ist:

- ► „Komm, beeil dich! Ich kann nicht so lange warten."
- ► „Auf, auf, die Zeit drängt."
- ► „Komm, mach schnell, trödle nicht herum!"
- ► „Sag mal, bist du denn noch nicht fertig?"
- ► „Dauernd bist du die Letzte. Jetzt beeil dich mal!"
- ► „Sei nicht so langsam! Beweg deinen Hintern!"
- ► „Du Langweiler, du Kriechtier, du Schnecke!"
- ► „Bleib doch nicht immer stehen!"
- ► „Stehl mir nicht die Zeit!" usw.

Diese „Druckerfahrungen" prägen uns und wir schleppen sie bis in die Gegenwart mit uns herum. Haben Sie auch andere Sätze gehört? Zum Beispiel:

- ► „O. k., ich habe Zeit."
- ► „Du kannst dir ruhig (!) Zeit lassen."
- ► „Ich habe jetzt Zeit für dich."
- ► „Nur keine Hektik."
- ► „Es eilt nicht; ich kann warten."
- ► „Sag mir, wann du fertig bist."
- ► … und solche Erfahrungen: Er blieb noch ein Weilchen sitzen. – Sie war nicht aus der Ruhe zu bringen. – Stundenlang konnte er einfach zusehen …

Wir haben häufig keine Zeit und lassen uns unter Druck setzen durch

- ► die „inneren Antreiber": Auf, auf, mach doch! Du *musst* doch noch …
- ► die Erwartungen anderer: Bitte machen Sie das noch *schnell* fertig …
- ► die eigenen Wünsche und Sehnsüchte: Ich hätte so gern …
- ► die Gewohnheiten: Schlechtes Gewissen, wenn man mal „nichts" tut …
- ► die Notwendigkeiten: Es *muss* einfach gemacht werden.
- ► die persönlichen Wichtigkeiten: Es geht doch *nicht ohne mich*!

Nun gibt es drei Möglichkeiten, mit der Fülle unserer Vorhaben umzugehen:

1. Wir lassen uns täuschen, indem wir der Meinung sind, uns stünden pro Tag mehr als 24 Stunden unserer Lebenszeit zur Verfügung.
2. Wir stopfen und pressen mehr in einen Tag hinein als „eigentlich" möglich ist.
3. Wir verzichten auf die Täuschung, lassen das Stopfen und Pressen und nehmen uns weniger vor.

➤➤ „Ich kann nur unter Zeitdruck produktiv sein.", sagte Herr S.
„Zeitdruck lähmt mich", meinte daraufhin Frau M.

Ein Zeit-Profil:

keine Zeit haben	4	3	2	1	2	3	4	Zeit haben
Ich habe kaum Zeit	4	3	2	1	2	3	4	Ich habe viel Zeit
Ich bin ziemlich ungeduldig	4	3	2	1	2	3	4	Ich bin geduldig
Ich fühle mich häufig gedrängt	4	3	2	1	2	3	4	Ich fühle mich frei
Ich spreche sehr schnell	4	3	2	1	2	3	4	Ich spreche langsam
Ich fühle mich gehetzt	4	3	2	1	2	3	4	Ich fühle mich entspannt/locker
Mein Wahlspruch: Tempo, Tempo	4	3	2	1	2	3	4	Mein Wahlspruch: Ruhe, Gelassenheit
Ich schaue oft auf die Uhr	4	3	2	1	2	3	4	Ich blicke selten auf die Uhr
Ich esse sehr rasch	4	3	2	1	2	3	4	Ich esse langsam
Ich kann schlecht zuhören	4	3	2	1	2	3	4	Ich kann gut zuhören
Ich stehe unter Druck	4	3	2	1	2	3	4	Ich lasse mich treiben
Ich darf nichts verpassen	4	3	2	1	2	3	4	Es geht auch ohne mich
Mir pressiert's immer	4	3	2	1	2	3	4	Eile mit Weile
Und:_____	4	3	2	1	2	3	4	_____
Und:_____	4	3	2	1	2	3	4	_____

Kreuzen Sie an, was für Sie zutrifft und verbinden Sie die Ziffer jeder Zeile vertikal miteinander. Sie erhalten so ein Zeitprofil. Tendiert die Gesamtlinie mehr nach links, so haben Sie eher Probleme mit der Zeit. Wenn sie mehr nach rechts tendiert, so bedeutet das, dass Sie mit der Zeit angemessener umgehen können.

▶ Ergebnis? Konsequenzen?

Befragen Sie Ihre Kolleg/innen, Bekannten: Wie schätzen sie Sie hinsichtlich Ihres Zeitverhaltens ein?

➤➤ **Die Muße ist ein Teil unserer Arbeitszeit.**

➤➤ **Wie wir mit unserer Lebens-*Zeit* umgehen,**
so gehen wir auch mit unserem Leben um.

17

13. Ich und meine Zeit

Ob wir mit der Zeit angemessen umgehen oder nicht, hat mit unserer Haltung und Einstellung zu tun, denn wir selbst sind es, die die Zeit und die Zeiträume bewerten:

– Die Zeit ist kostbar und etwas Wert.   – Carpe diem! (Nütze den Tag)
– Nütze die Zeit!   – Zeit ist Geld.
– Die Zeit muss man einteilen.   – Zeit haben und sich Zeit nehmen
– „dem Herrgott die Zeit stehlen"   – ein Tagedieb sein
– Ich will ja nichts verpassen.   – Ohne mich geht es nicht.
– Zuerst die Arbeit, dann das Spiel.   – zeitlos glücklich …

„Spiel was Vernünftiges" – habe ich als Kind von Erwachsenen gehört.

Der „gute" Umgang mit der Zeit kann angenehme Folgen haben: Weil ich Zeit *habe* … bleibe ich gelassen; fühle mich nicht gedrängt; stehe ich nicht unter „Starkstrom"; werde ich nicht ungeduldig …

Die Fülle der Informationen nimmt im Computerzeitalter und durch die Globalisierung zu. Es wird *die* Leistung der kommenden Generationen sein, aus der Fülle *auszuwählen*, Abschied zu nehmen vom Gedanken, über *„alles"* informiert sein zu müssen; wir werden *Prioritäten setzen* (müssen) und uns mit weniger begnügen, sonst wird uns die Fülle der Angebote überrollen. Es ist allerdings realistisch, auch zu akzeptieren, dass wir

   ▶ manchmal unter Zeitdruck kommen/stehen
   ▶ nur relativ autonom sind
   ▶ manchmal Zwängen unterliegen
   ▶ nicht immer über unsere Zeit verfügen können
   ▶ Kompromisse eingehen müssen
   ▶ immer wieder auch in Engpässe geraten

Terminkalender-Tipps

– vollen Terminkalender „lichten"   – Lücken lassen für Unvorhergesehenes
– mehr Zeit einplanen als erforderlich   – mit anderen den Zeitrahmen absprechen
– nichts verschieben (Bugwelle!)   – sich und anderen Zeitgrenzen setzen
– sich von Zwängen lösen   – sich vom Druck durch andere befreien
– nicht alles haben/machen wollen   – eine Wochen-/Monatsseite herausreißen

---

Mithilfe dieses „Entscheidungsquadrats" können Sie mehr Klarheit für Ihr Entscheidungshandeln gewinnen und die Gewichtung Ihrer Arbeit bestimmen:

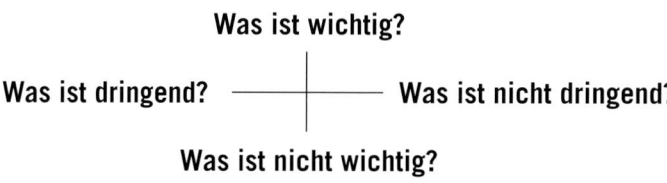

Entscheidungshilfen
- ▶ unnütz/hat sich erledigt: sofort in den Papierkorb
- ▶ jetzt nicht wichtig/später: in das Regal
- ▶ nicht dringend/nachher: auf die Ablage (Blicknähe)
- ▶ wichtig/heute noch: auf den Schreibtisch (Seite)
- ▶ drigend/sofort: auf den Schreibtisch (Mitte)
- ▶ Notfall vor Normalfall
- ▶ Befehle vor Wünsche
- ▶ Naheliegendes vor Entferntem
- ▶ Ärgerliches vor Zufriedenem
- ▶ Schweres vor Leichtem
- ▶ Emotionales vor Sachlichem
- ▶ Gravierendes vor Banalem
- ▶ Problematisches vor Routine

Klärung

Planung/Ordnung: Ich	Spontaneität/Kreativität: Ich
☐ plane, koordiniere	☐ lasse „es" auf mich zukommen
☐ baue Strukturen auf	☐ lockere Strukturen
☐ führe straff	☐ führe „an der langen Leine"
☐ verwalte gern	☐ gestalte gern
☐ vermittle Klarheit	☐ lege mich nicht fest
☐ bin sachorientiert	☐ bin personenorientiert
☐ bin leistungsorientiert	☐ bin schöpferisch-kreativ
☐ bin produktorientiert	☐ bin prozessorientiert
☐ bin sehr genau	☐ bin großzügig
☐ bin sehr pünktlich	☐ bin relativ unpünktlich
☐ bin ordnungsliebend	☐ bin „chaotisch"
☐ verteile die Aufgaben	☐ überlasse die Verteilung anderen
☐ kontrolliere	☐ scheue mich, zu kontrollieren
☐ bin sehr rechtskundig	☐ weiß über das Nötigste Bescheid
☐ habe den Überblick	☐ blicke nicht immer durch
☐ habe Weitsicht	☐ vertraue dem Augenblick
☐ setze Entscheidungen um	☐ zögere bei Entscheidungen
☐ ziehe klare Grenzen	☐ ermögliche Spielräume
☐ bin Experte in der Datenverarbeitung	☐ bin Laie in der Datenverarbeitung
☐ bin ein Soforterlediger	☐ bin ein Hinausschieber
☐ bin ein „Behalter"	☐ bin ein „Wegwerfer"
☐ bin ein Kopfmensch	☐ bin ein Bauchmensch
☐ handle sehr kontrolliert	☐ handle spontan

Hinweis: Sie können pro Zeile entweder *eine* Ankreuzung machen oder ggf. zwei. Je häufiger Sie Doppelankreuzungen haben und je mehr diese auseinander driften, desto polarer sind Sie = Ich bin auf beiden Seiten zuhause.

17

14. Selbstansprüche und Überforderungen

Vielleicht haben Sie folgende Erfahrungen gemacht:
Früher (und bis jetzt) habe ich ohne gravierende Probleme in großen Klassen unterrichtet, einen hohen Lärmpegel ertragen, viele Korrekturen erledigt, alle paar Jahre mehrtägige Klassenfahrten unternommen, lernunwillige Kinder motiviert, alle Erwartungen, die ich an mich stellte und von anderen gestellt bekam, erfüllt …

Heute sieht dies anderes aus: Ich bin älter geworden, meine Kräfte haben nachgelassen, die Kinder und Jugendlichen, die Familien, die Gesellschaft, die Umwelt … haben sich verändert. Ich erreiche viel weniger, als ich mir vorgenommen habe – und merke oft zu spät, wie es mich schafft! – Ich bin unzufrieden, weil ich meinen Ansprüchen von früher heute kaum mehr gerecht werde.

Unsere Lebensgeschichte besteht zu einem (meist großen) Teil aus der (unseligen) Koppelung von „Leistung erbringen" und „anerkannt werden", von „perfekt sein" und „geliebt werden" und zu einem (viel geringeren) Teil der Erfahrung des Geliebtwerdens an sich. Eine „Entkoppelung" ist dringend erforderlich: Die Ansprüche müssen in erster Linie mit dem *eigenen Wollen* und der *eigenen Leistungsfähigkeit* übereinstimmen. Dies bedeutet, sich auszuloten und zu erspüren, was machbar ist. Die Einfühlung in das eigene Ich und die Wahrnehmung körperlicher und seelischer Befindlichkeit sind die besten Gradmesser für das Erspüren von Niveau und Qualität der Ansprüche und schädigender Überforderungen, seien sie von innen oder von außen.

Von *Fritz Perls*, einem der Begründer der Gestalttherapie, gibt es den Satz: „Ich bin da, um deine Erwartungen anzuhören – und dann schaue ich und entscheide, was ich erfüllen mag und kann und was nicht."

Es ist also wichtig, Grenzen und Überforderungen klar zu erkennen, um angemessen, realitätsnah und gesundheitsförderlich zu handeln. Von klein auf ist allerdings auch anderes gelernt worden, z. B.:

- ▶ sich schicksalhaft und geduldig fügen (= brav sein),
- ▶ aufbegehren, aber schließlich doch nachgeben (= folgsam sein),
- ▶ zustimmen, sich aber bei Dritten beschweren (= „scheinheilig" sein),
- ▶ so tun als ob (= sich verstellen)

Ansprüche relativieren und Überforderungen zurückweisen, ist nicht gleichzusetzen mit Verweigerung oder Streik, sondern heißt, mit sich (innerer Dialog) und anderen (äußerer Dialog) ins Gespräch zu kommen, um zu klären, warum aus den Erwartungen und Forderungen Überforderungen werden können und was erfüllbar ist und was nicht.

Zu hohe Ansprüche und Überforderungen zurückweisen heißt auch, Nein sagen können: Es geht dabei um ein verantwortliches und berechtigtes Nein-Sagen nicht aufgrund von Beliebigkeit, Willkür oder Bequemlichkeit, sondern aufgrund *subjektiv erlebter* Überforderung. Wie beim Grenzziehen so ist es auch beim Nein-Sagen: Wer Ja-Sagen als gehorsames und folgsames Verhalten internalisiert hat (und nicht als Möglichkeit einer selbstbestimmten und selbstverantworteten Entscheidung), für den mag Nein-Sagen ungewohnt, renitent oder sogar lieblos erscheinen.

▸▸ **Das NEIN zum DU ist das JA zum ICH.**

Das einseitige „Nur für dich" ist genauso schädlich wie das einseitige „Nur für mich": Bei dem einen Verhalten herrscht die Angst, abgelehnt zu werden, bei dem anderen Verhalten die Angst, zu wenig an sich zu denken und zu kurz zu kommen. Nächsten- und Selbstliebe sind aus dem Gleichgewicht gekommen.

Ansprüche uns selbst gegenüber können

„stimmig" sein	oder uns überfordern:
– Ich probiere es mal aus.	– Das schaffe ich auf jeden Fall.
– Ich traue es mir zu.	– Ich darf mir doch keine Blöße geben.
– Ich mache das.	– Die anderen können es doch auch.
– Ich achte auf meine Grenzen.	– Wäre ja gelacht, wenn ich das nicht auch schaffen würde (wie die anderen).

Ansprüche den Schülern gegenüber können

„stimmig" sein	oder sie überfordern
– Probiers mal.	– Die anderen können das schon lange.
– Ich traue dir das zu.	– Wenn du das nicht kannst, dann …
– Ich erwarte von dir …	– Du musst unbedingt …
– Ich begleite dich …	– Das musst du schon allein fertigbringen …

SchülerInnen erleben sich häufig als Personen, über die man verfügt, bestimmt und die man als Lernobjekte behandelt, die vorgegebene Pensen zu erfüllen haben. Ihre eigene Lebensgeschichte und ihre Bedürfnisse kommen in der Schule zu kurz bzw. werden übergangen; die Schule wird als Paukschule und nicht als Lebensort erfahren. Von LehrerInnen werden sie bisweilen beschimpft und verächtlich gemacht und von Klassenkameraden ausgelacht, verletzt und gemobbt. Die Schule wird dann selten als ein Ort empfunden, an dem es sich lohnt zu lernen, sondern als eine Anstalt, in der man Ansprüche zu erfüllen hat: „Die Schüler sollen …"

Konsequenzen für LehrerInnen

▶ die eigenen Fähigkeiten wahrnehmen und sie Schritt für Schritt einsetzen
▶ Ansprüche umorientieren, Ziele ändern
▶ mit den Kräften haushalten und ggf. Aktivitäten reduzieren
▶ Abschied nehmen von liebgewordenen Tätigkeiten – und andere suchen
▶ so unterrichten, dass die SchülerInnen aktiv werden können (= die *Lehr*anteile reduzieren, die *Lern*anteile erhöhen)
▶ Verantwortung abgeben, zur Eigeninitiative ermutigen
▶ Schülerinnen und Schüler (heraus-)fordern (Wem etwas zugemutet wird, der bekommt Mut und Selbstbewusstsein)
▶ stärker mit den Eltern zusammenarbeiten
▶ die Kräfte umverteilen und energiesparend einsetzen
▶ Beziehungen auf- und ausbauen (Gemeinsam statt einsam)
▶ den Blick auf das Machbare richten und realistische Erwartungen haben
▶ Perspektivenwechsel vornehmen, um andere besser zu verstehen
▶ die „Wirklichkeit" anderer Menschen akzeptieren und nicht an ihnen „herumschnitzen"
▶ sich „raushalten" und „aus dem Spiel aussteigen", wenn dies als sinnvoll erscheint, und eigene Wege und Ausgänge suchen
▶ für sich sein können

15. Belastungen und Belastbarkeit

Belastungskriterien des Lehrberufs

Lehrerinnen und Lehrer

- sind gefordert durch *Dauerpräsenz* in vielfältigen Situationen, gegenüber unterschiedlichen Personen und in verschiedenen Entscheidungsprozessen;
- leben in *Spannungsfeldern* von divergierenden Wünschen und Forderungen der KollegInnen, der Schülerinnen und Schüler, der Eltern, der Schulverwaltung und der Öffentlichkeit, wobei die betreffenden Personen ihre Durchsetzungsstrategien sehr unterschiedlich ausagieren;
- sehen sich von vielen Seiten hohen und unterschiedlichen *Erwartungen* ausgesetzt – und bekommen bei Nichterfüllung die geballte Ladung an Frustrationen zu spüren;
- müssen tagtäglich eine *Fülle von Aufgaben* bewältigen, die weit über ein Normalmaß hinausgehen; sie erfahren *Reibungen,* vor allem durch die SchülerInnen, wenn sie auf der Suche nach eigener Identität sind (Pubertät);
- treffen u. U. auch Entscheidungen, durch die sich manche ungerecht behandelt und zurückgesetzt fühlen. Sie bekommen „*Gegenwind*" durch Äußerungen von Unbehagen, Missmut, Wut, Vorwürfen und Aggressionen;
- werden als *Vorbild* betrachtet, ob sie es wollen oder nicht. Sie stehen im „pädagogischen Rampenlicht", zumal dann, wenn Irritationen oder Unvereinbarkeiten im schulischen Alltag auftauchen;
- setzen sich selbst (und andere) unter *Druck:* Ich muss doch die SchülerInnen motivieren; die Eltern überzeugen/überreden; die Schulaufsicht zufriedenstellen; den KollegInnen helfen; in der Öffentlichkeit gut dastehen; mein Gesicht wahren …

Unter diesen Prämissen und Erfahrungen wird deutlich, dass *Belastbarkeit* ein *berufsspezifisches* Merkmal ist. Überprüft für die „Tauglichkeit" des Lehrberufs werden allerdings nur kognitive Fähigkeiten, was zur Folge hat, dass zu spät erkannt wird, wer in der Lage ist, (normale) Belastungen auszuhalten.

Belastungen

Belastungen haben etwas mit (Muskel-)Anspannungen zu tun. Deshalb brauchen wir nach der *An*spannung, nach den Belastungen, auch wieder die *Ent*spannung und Entlastung, die *Regenerierung,* um zu einer „dynamischen Balance" zu kommen, d. h. zu einem Ausgleich zwischen organischer Überforderung (= muskuläre Anspannung) und organischer Unterforderung (= muskuläre Entspannung). Das Problem sind also nicht Belastungen an sich, sondern die *Dau*erspitzenwerte und die *Dauer*anspannungen.

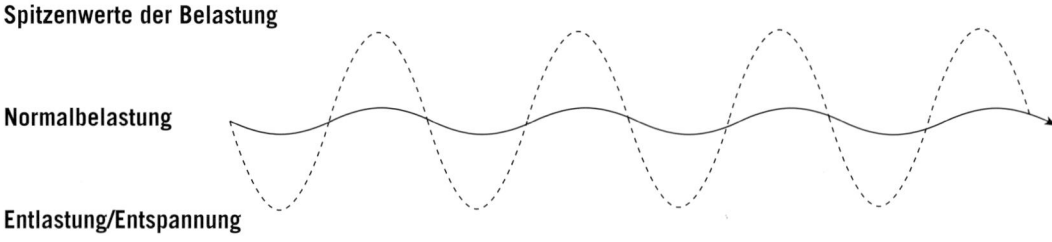

Spitzenwerte der Belastung

Normalbelastung

Entlastung/Entspannung

Belastbarkeit durch Entlastung: Zehn Empfehlungen

1. Achtsamkeit für sich selbst entwickeln

Belastungen und die damit verbundenen Symptome wahrnehmen, sie als „spezifische Botschaften" und Warnsignale ernstnehmen und behutsamer (gesünder) mit sich selbst umgehen; auf Empfindungen und Gefühle achten;

2. Zur Entspannung und Ruhe kommen

Atem- und Muskelentspannungsübungen, Autogenes Training, Yogaübungen machen; meditieren, sich auf Fantasiereisen begeben (= mentale Ruheorte aufsuchen);

3. Gesund leben

Vollwertige Ernährung bevorzugen (vitamin- und ballaststoffreich, zucker- und fleischreduziert, alkoholarm und nikotinfrei) und bewusst auf körperliche Bewegung und sportliche Tätigkeiten achten, die herz- und kreislauffördernd sind;

4. Klarheit gewinnen

Überlegen, was man selbst will, kann und wo die eigenen Grenzen sind, um Überforderungen zu vermeiden; sich auf die eigenen Stärken besinnen, sie aktivieren und verstärkt innere Stabilität finden, die sich nach außen positiv auswirkt;

5. Gespräche führen

Probleme nicht mit sich allein „herumschleppen", sondern sie und sich mitteilen; „Unverdauliches" (Ärger, Wut, Enttäuschungen …) nicht hinunterschlucken, sondern zur Sprache bringen und Kritik, Vorwürfe oder Beleidigungen nicht (immer) auf sich beziehen, sondern sie (auch) als versteckte Botschaften anderer „übersetzen", z. B.: die Kritik des Vorgesetzten als *dessen* Meinung betrachten, die Schimpfkanonaden des Schülers als *dessen* Gefühlsausdruck sehen, die Angriffe der Eltern als *deren* Erfahrungen deuten … *(siehe Nr. 52: Umgang mit Beschimpfungen, S. 122/123).*

6. Perspektiven wechseln

Was von der einen Seite belastend aussieht, kann von einer anderen Warte entlastend sein: Ist die Flasche halbleer oder halbvoll? Man kann etwas so oder auch ganz anders sehen;

7. Abschied nehmen

von zu großen Selbsterwartungen und zu hohen (inneren) Messlatten; sich Schwächen zugestehen und Veränderungen erlauben: nicht mehr so leistungsstark, ausdauernd, reaktionsschnell … wie früher sein müssen: die Äste sind zwar nicht mehr so ausladend, dafür gehen die Wurzeln tiefer.

8. Überforderungen zurückweisen

Einschätzen, was zu tun und was erreichbar ist und deutliche Grenz-Signale anderen gegenüber setzen. Überforderungen als Grenzüberschreitungen können drei Richtungen haben: die gegen sich selbst, die gegen andere und die durch andere. Wir stellen an uns und an andere Erwartungen, steigern sie durch Forderungen und übersteigern sie durch Überforderungen. Die Übergänge sind fließend … *(weiterführend siehe Nr. 18: Grenzerfahrungen, S. 50/51);*

9. Autonomie anstreben

Eigene Absichten, Wünsche, Interessen wahrnehmen, sie in Bezug zu den anderer Personen setzen und sich dann entscheiden, um in einen Balancezustand zu kommen zwischen der Erfüllung eigener und anderer Bedürfnisse.

10. Oasen aufsuchen

Dort hingehen und sich aufhalten, wo es einem gut geht und wo man sich wohlfühlt; meiden, was zu viel ist und sich innerlich „in Hängematten" legen.

16. Trotz allem: Standhalten!

Wer hätte nicht schon öfters den Gedanken gehabt: „Das ist doch zum Davonlaufen!" oder ist schon wirklich – für kurze oder längere Zeit – davongelaufen, wenn die Belastungen zu groß geworden sind.
Überlegen Sie bitte, was Sie von der Schule davonlaufen ließ/lässt (sei es gedanklich: am liebsten würde ich … sei es real: ich habe …) und was Sie dann doch standhalten und bleiben ließ/lässt (ebenfalls gedanklich oder real).

Lebensgeschichtliches

Vielleicht entdecken Sie in Ihrer Lebensgeschichte auch das Thema „Standhalten/Davonlaufen" als roten Faden, nach dem Motto: Eigentlich war ich schon immer eher ein Davonlaufer (in der Bewertung von „klug" bis „feig") – oder ein Standhalter (in der Bewertung von „tapfer" bis „stur").

Davonlaufen und/oder Standhalten hat auch etwas damit zu tun, inwieweit wir von Kindheit an Selbstsicherheit entwickeln/lernen konnten. Die Biografien von Menschen weisen allerdings weit mehr Erfahrungen an Gängelung und Unterdrückung ihrer vitalen Bedürfnissee und Ansprüche auf als an Förderung der Selbstsicherheit. (Schon vierjährige Kinder bekommen pro Tag etwa 400 Appelle von Erwachsenen: viel zu viel Fremdbestimmng, viel zu wenig Selbstbestimmung!). *Erziehungs*erfahrungen überwiegen die *Beziehungs*erfahrungen. Wie sollen Selbstbewusstsein, Selbstwertgefühl und Selbstsicherheit entstehen und wachsen können, wenn *Fremd*bestimmung häufiger erlebt wird als *Selbst*bestimmung? *(Siehe auch Nr. 8: Von der Unsicherheit zur Sicherheit, S. 30/31)*

Sicherheit im Umgang mit sich selbst und anderen und Standhalten gewinnt man vor allem, wenn man möglichst viele *Selbst*erfahrungen mit *anderen* machen kann. Insofern sind Selbst- und Sozialkompetenz eng miteinander verbunden. (G. Bateson: „Es braucht *zwei*, damit *einer* sich kennen lernt.")

In welchem Verhältnis standen in Ihrer Kindheit und Jugend Mutmacher und Miesmacher durch Erwachsene – und in der Folge Lernen von Selbstsicherheit und/oder Entstehen von Minderwertigkeitsgefühlen?

Mutmacher	Miesmacher
– Wie schön du das gemacht hast.	– Das kannst du ja doch nicht.
– Ich bin stolz auf dich.	– Stell dich nicht so an!
– Ich lass dich nicht allein.	– Ob aus dir noch mal was wird?
– Ich trau dir das zu.	– Versager können wir hier nicht brauchen.
– Danke für deine Hilfe.	– Hau ab. Du machst ja nur alles noch schlimmer!
– Was du schon alles kannst!	– Bist ja nur ein Mädchen.
– Ich brauche dich …	– Du Nichtsnutz …

Oder:_____   Oder:_____
Deshalb gelernt: Deshalb gelernt:
► Bleiben und weitermachen …   ► Resignieren und davonlaufen …

Sind Sie vom „Typ" her eher ein Davonlaufer oder ein Standhalter?

Während eines Elternabends (mit „neuen" Eltern) fragt Sie unvermittelt ein Vater/eine Mutter: „Sagen Sie mal, wie lange sind Sie eigentlich schon im Schuldienst?"

Ihr Befinden/Ihre Reaktion:

► Die Frage irritiert mich und ich fühle mich verunsichert, angegriffen.

► Ich höre den Satz als sachliche Frage und beantworte ihn entsprechend.

► Ich höre Misstrauen heraus und werde unsicher.

► Ich fühle mich infrage gestellt und reagiere ironisch (z. B.: „Lange genug, um es mit Ihren Kindern aufnehmen zu können.").

► Oder …

Selbstsicherheit und Standhalten

Wem Selbstsicherheit fehlt, der muss ständig auf der Hut sein, sich verteidigen oder gar davonlaufen zu müssen. Wer sie hat, kann standhalten und drückt dadurch Selbstsicherheit aus – und keine pubertäre Trotzreaktion!

> Mir sagen immer wieder Lehrerinnen und Lehrer: Ich fühle mich nicht so sicher, dass mir Kritik, Vorwürfe, Angriffe nichts ausmachen würden. Meist beziehe ich alles auf mich und frage mich sofort, was ich denn schon wieder falsch gemacht habe.

► Fehlen von nötigem Selbstbewusstsein und als Folge: Davonlaufen(?)

> Nach einem Unterrichtsbesuch, bei dem ich eine Kollegin „voll in Aktion" (aber nicht in Aktionismus) erlebte, sagte sie zu mir in sehr selbstbewusstem Ton: „Ich unterrichte sehr gern. Da kann ich so viele meiner Seiten ins Spiel bringen und ausagieren. Ich fühle mich so richtig herausgefordert."

► Selbstsicherheit als Basis für erfolgreiches Unterrichten – und Standhalten!

Training

► Führen Sie Tätigkeiten aus, die Ihnen Erfolg bringen. (Dies stärkt die Selbstsicherheit!)

► Tun Sie etwas, was Ihnen – geringe – Überwindung kostet: Selbstsicherheit nimmt zu, wenn man einen kleinen Schritt mehr tut als man bisher getan hat.

► Arbeiten Sie mit Personen zusammen, die Ihnen Selbstsicherheit geben, diese fördern und Sie zum Standhalten ermutigen.

► Probieren Sie etwas (vielleicht Verrücktes) aus, was Ihre Selbstsicherheit stärkt z. B.: Ich ziehe ein auffälliges Kleidungsstück an und gehe damit über den Schulhof. – Ich melde mich während einer Konferenz und sage unverblümt meine Meinung.

Standhalten

► Gemeinsam dableiben ist besser als einsam davonlaufen.

► Davonlaufen – und alles bleibt wie es ist.

► Standhalten – und verändern!

► Ich bleibe, also bin ich.

► Fortlaufen: wohin? – Dorthin. – Dort ist es auch nicht sehr viel besser!

► Standhalten fördert das Selbstbewusstsein.

► Standhalten: nicht um jeden Preis!

► Davonlaufen kann manchmal Zeichen von Klugheit sein.

► Wer mit beiden Beinen gleichzeitig auf dem Boden steht, kommt schwerlich voran.

17. Chancen des Älterwerdens

Ein Freund, u. a. sportlich sehr aktiv, wurde durch einen Unfall schwer gehbehindert. Einmal sagte er zu mir, als ich ihn auf seine Behinderung ansprach: Weißt du, ich habe halt meine Ziele geändert. Früher war mein Ziel, die Marathonstrecke unter 3.30 zu laufen; jetzt ist mein Ziel, am Morgen den Weg zum Bäcker und zurück in 30 Minuten zu schaffen. Das ist für mich auch Sport.

▶ Nicht am Vergangenen und Bestehenden festhalten, sondern die Ziele ändern.

Auch wenn der Kopf sagt, dass Älterwerden normal ist und zu unserem Leben gehört, dass es „natürlich" ist, dass sich Zellen abbauen, so sagen doch Herz und Gefühle mitunter etwas ganz anderes: Wie wird das werden, was wird mich erwarten, was kann ich noch leisten, wovon muss ich mich verabschieden …? Und wenn dann noch Belastungen, Beschwerden, Krankheiten hinzukommen, dann möchte man das Älterwerden schier verfluchen und zum Teufel wünschen. Nein: Glorifizierung des Alterns ist wirklich nicht angesagt – es ist schon eine Riesenleistung von Menschen, wenn sie zu einem akzeptierenden „Ja" kommen. (P. Ustinov: Altern ist eine Zumutung an Körper und Geist des Menschen.)

Nun gibt es (mindestens) zwei Sichtweisen, den Lebensweg zu betrachten.
Die eine: *Das Leben ist ein Bogen.*

Lebensbeginn   **Lebensmitte**   **Lebensende**

Das heißt: Eine Zeit lang geht es nach oben, aber irgendwann geht es dann doch „irgendwie" nach unten, mehr oder weniger abschüssig, mehr oder weniger schnell.

Die andere: *Das Lebens ist ein Welle, mit Höhen und Tiefen.*

Anfang   **Ende**

Es liegt also – wieder einmal – an uns selbst, wie wir das Leben sehen, betrachten, einschätzen, bewerten. Entweder: Irgendwann geht's den Berg hinunter (= negativ als Abstieg definiert). Oder: Alles hat einen Anfang und alles hat ein Ende (= positiv als Realität akzeptiert).
   Aus dem Blickwinkel, das Leben sei eine Welle mit *Abwechslung* von Höhen und Tiefen, gelingt es eher, das Älterwerden zu akzeptieren. „Damals" und „Heute" sind dann nicht „besser" oder „schlechter", sondern „anders".

Damals	**Heute**
– Quantität	– Qualität
– Schnelligkeit	– Behutsamkeit
– Erfahrungen sammeln	– Erfahrungen vertiefen
– Flexibilität	– Konstanz
– ausladende Äste	– tiefe Wurzeln
– Spontaneität	– Überlegung

Auf die Schule bezogen:

- ▶ Ich zehre von meinen Unterrichtserfahrungen.
- ▶ Ich muss mir nicht mehr alles neu erarbeiten.
- ▶ Ich profitiere von meinem Wissen.
- ▶ Das Kapital sind meine vielen Berufsjahre.
- ▶ Ich bin ruhiger und gelassener geworden.
- ▶ Die Reformvorschläge betrachte ich mit Interesse und „heiterer Gelassenheit".
- ▶ Das Ende meiner Berufsjahre ist abzusehen.
- ▶ Ich werde zu neuen Ufern aufbrechen.
- ▶ Ich bin gespannt, was auf mich zukommt …

Phasen im Prozess des Älterwerdens:

a. die Phase der Wahrnehmung und des Erkennens: Das kann ich (noch), das kann ich nicht mehr; so war das früher, so ist es jetzt …

b. die Phase der Leugnung und des Widerstands: Das darf doch nicht wahr sein! O je, oje … doch nicht ich!

c. die Phase des Abschiednehmens: Loslassen (lernen), verbunden mit Schmerz und Trauer

d. die Phase der Akzeptanz: Ich sehe: So ist es. Ich kann mich damit anfreunden.

e. die Phase der Neuentdeckungen: Interessant, was es Neues gibt. Darauf lasse ich mich ein …

f. die Phase der „veränderten Aktivitäten": Früher machte ich dies, heute das …

Für die Schule bringt das Älterwerden eine Reihe von Umorientierungen mit sich:

- ▶ Es sind inzwischen vielerorts die „Großelternjahrgänge", die die Kinder und Jugendlichen erziehen. Dies ergibt ein stark verändertes, oft problematisches Beziehungsgefüge.
- ▶ Lehrerinnen und Lehrer sind nicht mehr (so wie früher) in der Lage, mit den Kindern und Jugendlichen „mitzuhalten" (Diskoparties und Faschingsveranstaltungen in der Schule; Durchführung von Schullandheimaufenthalten, Klassen- und Studienfahrten …). Es „dünnt" sich aus.
- ▶ Die Einführung neuer Medien (u. a. Computer) in Schule und Unterricht macht vielen Kolleginnen und Kollegen zu schaffen; die Umstellung kostet zusätzlichen Kraftaufwand.
- ▶ Der Verschleiß aus vielen Berufsjahren macht sich bemerkbar; die (Reiz-) Empfindlichkeit nimmt zu, ebenso der Grad der Erschöpfung.
- ▶ Die Langzeitausfälle führen zu Engpässen in der Unterrichtsversorgung und zwingen zu Sparmaßnahmen und Umstrukturierungen.
- ▶ Die gesamte Bildungspolitik muss hier radikal umdenken, entsprechend innovativ sein und rasch handeln.

> ⇥ **Trotz allem: Statt Resignation und Abschiedsschmerz –
> Umorientierung und Chance**

 18

18. Grenzerfahrungen

Wir scheinen ständig in einem „Grenzland" zu leben und an eigene Grenzen zu stoßen. Wir haben pädagogische Ideen, umfangreiche schulische Erfahrungen, wissen inzwischen, wie es „richtig" geht, sind aber älter geworden, haben weniger Energien, fühlen uns nicht mehr in der Lage, alle unsere Vorhaben auch umzusetzen …
Wir befinden uns immer irgendwo in folgendem Koordinatensystem:

▸▸ **Die einen begrenzen sich und bekommen dadurch keine Luft,**
die anderen sind grenzenlos und muten sich zu viel zu.

Wir erfahren Grenzen
- die in unserer Person und Lebensgeschichte liegen (Anlage, Erziehung, eigenes Vermögen)
- die andere uns setzen (Vorschriften, Gebote, Verbote …)
- die in unserem Umfeld liegen (Rahmenbedingungen, Gegebenheiten …)

Wir überschreiten aber auch Grenzen, indem wir
a. an den eigenen „Gitterstäben" rütteln:
- ausbrechen und das Weite suchen
- uns überfordern – und nicht mehr (weiter) können
- uns in unbekanntes Land vorwagen – und umherirren
- uns auf Neues einlassen – und uns dadurch weiterentwickeln
- bekannte Wege verlassen – und neue entdecken

b. an den „Gitterstäben" anderer rütteln:
- Sie müssen, Sie sollen …
- Jetzt probieren Sie's doch einfach mal …
- Warum haben Sie noch nicht?
- So können Sie doch nicht!
- Wieso sind Sie nicht …?

Grenzen akzeptieren bringt Vor- und Nachteile:

Vorteile:
Sicherheit
Gefahrlosigkeit
Bewahrung/Erhaltung
Kräfteschonung
▶ Wie in einem sicheren Nest

Nachteile:
Verpasste Chancen
Gefährdung
Stagnation
Atrophie
▶ Wie in einem Gefängnis

Grenzen überschreiten bringt ebenfalls Vor- und Nachteile:

Vorteile:
Weiterentwicklung
Entdeckung von Neuland
Neugier, Hoffnung
▶ Wie auf einer Wanderung: Was kommt nach der nächsten Biegung?

Nachteile:
Überforderung
Nichtbewältigung
Erschrecken, Enttäuschung
▶ Wie auf einem Karussell, das einem die klare Sicht nimmt

Manchen fällt es schwer, Grenzen zu setzen und nein zu sagen; dadurch besteht u. U. die Gefahr, sich erpressen zu lassen:

▶ „Machen Sie es doch, Sie können das so gut!" *(Schmeichelei)*
▶ „Ich schaffe das nicht ohne Sie." *(Helfersyndrom)*
▶ „Sie müssen das unbedingt noch erledigen." *(gewohnter Gehorsam)*
▶ „Machen Sie es doch der Kinder zuliebe." *(Pädagogisierung)*
▶ „Wie stehen wir denn da, wenn wir nicht …" *(Öffentlichkeitsdruck)*
▶ „Wenn Sie das machen, dann …" *(Belohnung)*
▶ „Einer muss es ja machen." *(Gruppendruck)*
▶ „Sie sind doch dafür zuständig." *(Verpflichtung)*

Von frühester Kindheit an bis heute haben andere Menschen, aus welchen Motiven auch immer, uns gegenüber Grenzen überschritten, Grenzen verletzt:

– Das bestimme ich und nicht du.
– Sei nicht so eigensinnig!
– Du machst das so, wie ich will.
– Keine Widerrede!

Gelernt haben wir durch diese Erfahrungen:
a. entweder gehorsam sein und sich gezwungenermaßen anpassen
b. oder in den „Widerstand" gehen und „aufmüpfig" werden.
Beides sind wenig förderliche Verhaltensweisen. Wichtig ist deshalb die Erfahrung, dass Grenzen akzeptiert und respektiert werden; denn dann lernen wir:
a. auf uns wird Rücksicht genommen
b. wir nehmen auf uns und andere Rücksicht

Deshalb:
▸▸ **Grenzen ziehen ohne schlechtes Gewissen und aus Rücksicht uns selbst gegenüber**

 16

19. Abgrenzungen

Nein-Sagen

1. Suchen Sie sich ein Gesprächsgegenüber und vereinbaren Sie mit ihm ein „Abgrenzungsthema"; z. B.: ins Kino gehen, nicht ins Kino gehen – Zeit haben, keine Zeit haben – reden wollen, nicht reden wollen.

2. Sie bekommen nun vom Gegenüber „hartnäckige" Fragen, Bitten usw. und haben „nur" immer zu verneinen. Bitte kurze Ablehnungen und Begründungen; keine Rechtfertigungen; klare Abgrenzung, egal, was und auf welche Weise vom Gegenüber an Wünschen kommt.

3. Nach dem Gespräch:
   ▸ Wie erging es Ihnen? Welche Erfahrungen haben Sie gemacht?
   ▸ Was ist Ihnen schwergefallen?
   ▸ Wo sind Sie – aus welchem Grund – „umgekippt"?
   ▸ Wie haben Sie sich und Ihr Gegenüber erlebt?
   ▸ Was hat Sie an früher erinnert (brav, gehorsam, angepasst sein; trotzig, renitent, widerspenstig, eigensinnig sein; hartnäckig bleiben; gleich aufgeben; sich einfangen und „über den Tisch ziehen" lassen …)

> ▸▸ **Die Erfüllung deiner Erwartung hat ihre Grenzen in meinen Handlungsmöglichkeiten.**

> ▸▸ **Wer dem, der fordert, keine Grenzen setzt, muss sich nicht wundern, wenn er von ihm überfordert wird.**
> **Deshalb: Signal „rote Ampel" = Stopp!**

Dissoziieren

Damit ist gemeint, dass Sie zwar das Handeln eines anderen Menschen wahrnehmen, sich aber dadurch in Ihren Gefühlen und Tätigkeiten nicht durcheinanderbringen lassen. Vor allem in Sozialberufen (in denen es immer um Nähe und Distanz geht) ist dieses Verhalten notwendig, um handlungsfähig zu bleiben. Sie betrachten gleichsam aus einem Abstand heraus – aber beteiligt – das Verhalten Ihres Gegenübers.

Beispiel einer Dissoziation

Während eines Lehrgangs schlug ich den Teilnehmenden eine Interaktionsübung vor. Die Reaktion: Keine Resonanz; Schweigen. Die Gruppe machte auf mich einen sehr müden, lustlosen Eindruck und meine Fantasie dabei war, sie dächten: Der Miller macht das schon.

Um Aufschluss über die Motivation der Teilnehmenden zu bekommen, zog ich mein Angebot zurück und forderte zu einer Feedbackrunde auf mit dem einleitenden Satz: „Mein Schweigen bedeutet …" Die meisten Antworten lauteten: Bin noch nicht ganz da; bin noch zu müde; hab gerade keine Lust …" Nur einige wenige wollten mitmachen. Mit diesen Wenigen begann ich dann zu arbeiten und ließ es den anderen frei, zu tun und lassen, was sie wollten. In einer Stunde neues Plenum, neues Angebot …

Ich spürte bei mir überhaupt keinen Ärger, keinen Groll, keine Enttäuschung („weil die anderen nicht auf meinen Vorschlag eingingen") und fühlte mich in der Lage, mit den Interessierten zu arbeiten. Ich akzeptierte die Gefühle, Einstellung der Teilnehmenden und war selbst innerlich frei zu handeln.

➤➤ **Mitfühlen, aber nicht mitleiden!**

Wer mit*fühlt*, zeigt Einfühlungsvermögen, ist dem Mitmenschen nahe.
Wer mit*leidet*, ist selbst involviert und dadurch beeinträchtigt.

> Ein Arzt, der aufgrund der schweren Krankheit eines Patienten selbst in Tränen ausbricht, wird kaum hilfreich sein können. Eine Lehrerin, die ganz niedergeschlagen ist wegen der schlechten Leistungen eines Kindes/Jugendlichen, wird kaum in der Lage sein, ihm zu helfen.

Somit ist die Trennung von „mitfühlen – mitleiden" und die „professionelle Distanz" keine „Lieblosigkeit", sondern eine notwendige und letztlich förderliche Verhaltensweise.

Dissoziation:

- ▶ aus der Distanz heraus beobachten
- ▶ stabil bleiben und überlegen
- ▶ beteiligt sein und sicher handeln
- ▶ Verhalten reflektieren
- ▶ Feedback einholen

Widersprüche, die auf Dauer schädigen

- ▶ Ja sagen, aber eigentlich Nein meinen
- ▶ sich ärgerlich fühlen, aber freundlich antworten
- ▶ die Grenzüberschreitung spüren, sie aber verdrängen
- ▶ äußerlich da sein, aber innerlich woanders sein
- ▶ helfen, aber eigentlich überfordert sein
- ▶ für andere da sein, aber selbst zu kurz kommen
- ▶ zuhören, aber innerlich weghören
- ▶ andere nicht enttäuschen wollen, dafür aber sich selbst verleugnen
- ▶ die Tür zumachen wollen, aber den dazwischengestellten Fuß zulassen
- ▶ die Trennung nicht auf sich nehmen wollen, dafür aber abhängig bleiben

---

➤➤ **Das (nur) „Dir-zu-lieb" hält auf Dauer der Erfüllung eigener Bedürfnisse nicht stand.**

➤➤ **Wer ständig Offenheit signalisiert – und eigentlich Grenze will, muss sich nicht wundern, wenn sie von anderen überschritten wird.**

Zu Beginn einer Dienstbesprechung mit Lehrerinnen und Lehrern bittet der Gesprächsleiter, es möge sich jemand melden, das Protokoll zu schreiben. Keine Reaktion. Ein Teilnehmer kommt in diesem Moment zu spät, worauf der Vorsitzende sagt: „Dann schreiben Sie das Protokoll!" Er bekam zur Antwort: „Nein. Ich lasse mich nicht von Ihnen überrumpeln, sondern möchte gefragt werden, bin aber gern bereit, mit den anderen hier über eine Lösung zu reden." – Verdutzte Gesichter allerseits …

 10 / 16

20. Abstand von der Schule

Der Schriftsteller und „Mozartfan" W. Hildesheimer wurde gefragt, wie man denn das kommende Mozartjubiläum feiern sollte und antwortete: Ein Jahr keine Musik von Mozart aufführen und hören.

- ▸ Mozartentzug – und die Sehnsucht wächst.
- ▸ Schulentzug – und die Sehnsucht wächst!?
- ▸ Martin Buber: Erst der Abstand schafft Beziehung.

Die Schule ist nicht alles, der Beruf nur ein Teil der Lebenszeit, wenn auch ein sehr bedeutsamer – und der Abstand/der temporäre Abschied von ihr „qualitätsfördernd".
Wirklicher Abschied geschieht bewusst, durch eigenes Wollen, im Gegensatz zu Vertriebenwerden oder Flucht. Von der *Schule* nur schwerlich Abschied nehmen und sie loslassen können, hat mehrere Gründe:

1. Abhängigkeit: Ich bleibe wegen
- ▸ der Kolleginnen und Kollegen: Ich brauche sie; ich habe sonst keine Ansprechpartner; ohne sie fühle ich mich allein, im Stich gelassen …;
- ▸ der Schülerinnen und Schüler: Ich brauche ihre Zuwendung, ihr Interesse, ihre Bestätigung – aber auch ihre „Hilflosigkeit", um ihnen helfen zu können;
- ▸ der Arbeit: Ich brauche das Gefühl, etwas zu leisten. Ich definiere mich stark über die Arbeit: Ich arbeite, also bin ich (etwas wert).

2. Sehnsucht: Ich bleibe, weil
- ▸ ich meine Kolleginnen/Kollegen mag; ein gutes Verhältnis zu ihnen habe; es schön ist, mit ihnen zu arbeiten;
- ▸ ich gern mit Kindern und Jugendlichen zusammen bin; gern unterrichte; es spannend und interessant finde …;
- ▸ meine Arbeit in der Schule sinnvoll ist und sie etwas bewegt; sie für mich Selbstverwirklichung bedeutet.

3. Flucht: Ich flüchte in die Schule, weil ich
- ▸ mich außerhalb der Schule leer fühle und mir nutzlos vorkomme;
- ▸ mich in meiner Familie nicht wohl fühle; Streitereien aus dem Weg gehen will;
- ▸ sonst nichts habe, was mich erfüllt.

Vom Schulalltag Abschied zu nehmen fällt schwer – und hat

Stärken/Vorteile	**Schwächen/Nachteile**
– Ich bin da, wenn man mich braucht.	– Ich lasse mich ausnützen.
– Auf mich kann man sich verlassen.	– Ich kann mich nicht zurückziehen.
– Ich zeige Interesse/Anteilnahme.	– Ich werde vereinnahmt.
– Ich bewirke etwas.	– Ich überfordere mich.

▸▸ **Das Schöne am Loslassen: Man hat die Hände für andere(s) frei.**

Abschieds-Übung: Schule ade!

1. Sie brauchen einige Minuten Zeit und einen Ort, an dem Sie ungestört sind.
2. Denken Sie nun daran, welche Personen oder Situationen Sie noch in der Schule innerlich „festhalten" …
3. Wählen Sie daraus diejenige Person/Situation aus, die Sie am hartnäckigsten festhält.
4. Lassen Sie nun vor Ihrem geistigen Auge die Person/Situation ganz nahe an sich herankommen und betrachten Sie sie ausführlich:
   Person: Aussehen, Gesichtsausdruck, Gestalt, Bewegung, Kleidung, gesprochene Worte …?
   Situation: Ereignis/Vorfall, Umfeld, Menschen und deren Verhaltensweisen/Handeln …
5. Lassen Sie nun ganz langsam die Person/Situation in die Ferne rücken: Die Person, die Geschehnisse werden immer kleiner, immer kleiner … bis sie am (vorgestellten) Horizont verschwinden … Sie blicken ins Leere …
6. Sollten Person/Situation wieder auftauchen:
   ▸ Deuten Sie um: Was ist das Angenehme an der Person/Situation?
   ▸ Überlegen Sie: Was ist die Botschaft/der Sinn des „beharrlichen Bleibens"?
   ▸ Handeln Sie: Was können Sie anderes tun? (= das Beharrliche „links liegen lassen"!)

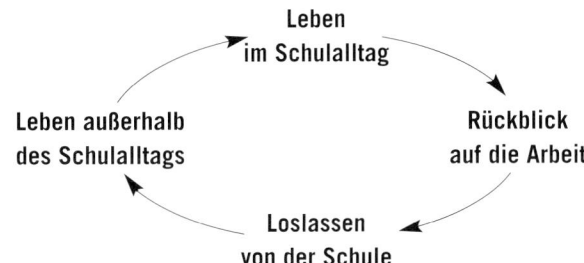

Wenn ich mit SchülerInnen über ihr Lernen spreche, dann empfehle ich ihnen:
Wenn du spielst, dann spiele, wenn du Hausaufgaben machst, dann mach Hausaufgaben. Wenn du aber beim Spielen an Hausaufgaben und bei den Hausaufgaben ans Spielen denkst, dann hast du von beiden nichts. Also: Entscheide dich!

▸▸ **Wenn ich gehe, gehe ich, wenn ich esse, esse ich, wenn ich schlafe, schlafe ich.** (Chinesiches Sprichwort)

▸▸ **Wenn ich in der Schule bin, dann bin ich in der Schule. Wenn ich aber woanders bin, dann bin ich auch wirklich woanders!**

Ein alter Mann sagte am Ende seines Lebens:

> Wenn ich noch einmal zu leben hätte, dann würde ich mehr Fehler machen; ich würde versuchen, nicht so schrecklich perfekt sein zu wollen; dann würde ich mich mehr entspannen und vieles nicht mehr so ernst nehmen; dann wäre ich ausgelassener und verrückter; ich würde mir nicht mehr so viele Sorgen machen um mein Ansehen; dann würde ich mehr reisen, mehr Berge besteigen, mehr Flüsse durchschwimmen und mehr Sonnenuntergänge beobachten; dann würde ich mehr Eiscreme essen; dann würde ich früher im Frühjahr und später im Herbst barfuß gehen; dann würde ich mehr Blumen riechen, mehr Kinder umarmen und mehr Menschen sagen, dass ich sie liebe …

 10

Literaturempfehlungen

Geissler, K. H.: Vom Tempo der Welt. Am Ende der Uhrzeit. Freiburg 1999
Der Autor geht ausführlich auf die Zeit der Vormoderne, der Moderne und der Postmoderne ein – und zeigt „drei Schritte in eine andere Zeit-Kultur". Schon beim Lesen bleibt manchmal „die Zeit stehen".

Miller, R.: Schul-Labyrinth. Hilfen im Umgang mit Veränderungen. Weinheim 1993
Es geht darin um „Gedanken-Gänge – Anstöße – Auswege": Schule muss nicht in eine Sackgasse führen, sondern kann viele befreiende Wege finden und gehen, gerade in Zeiten des Umbruchs.

Miller, R.: Sich in der Schule wohlfühlen. Weinheim (TB) 2000
Auch 15 Jahre nach der Erstauflage kann ich es „guten Gewissens" empfehlen: sich selbst, im Kollegium und im Klassenzimmer wohl fühlen und Entlastungen ermöglichen.

Philipp, E.: Gute Schulen verwirklichen. Weinheim [4]1996
Ein Arbeitsbuch mit Methoden, Übungen und Beispielen, wie sich Schulen verändern können: sehr praxisorientiert.

Portele, G.: Autonomie, Macht, Liebe. Frankfurt/M. 1989 (zwar vergriffen, aber in Bibliotheken auffindbar)
Im VI. Kapitel legt der Autor den Schwerpunkt auf Phänomene wie Macht und Machtspiele – Unterwerfung und Befreiung – Liebe als Gegensatz zu Macht – Solidarität, Akzeptanz und Sympathie: eine Fülle von Gedanken über Beziehungen im Kontext von Abhängigkeiten.

Rogers, C.: Entwicklung der Persönlichkeit. Stuttgart [13]2000
Der „Vater der Gesprächsführung" beeindruckt durch seine humane Grundhaltung und geht vor allem auf Entwicklungsprozesse der Persönlichkeit und auf förderliche zwischenmenschliche Beziehungen ein.

Schratz, M./Steiner, L./Löffler, U.: Die Lernende Schule. Weinheim 1998
Das Arbeitsbuch enthält Grundsätze, Ideen und Vorschläge für eine Pädagogische Schulentwicklung – eine hervorragende Mischung aus Theorie und Praxis, ein idealer Begleiter für Lernende Schulen.

Seiwert, J.: Das 1x1 des Zeitmanagements. Speyer [22]1999
Konkret – praktisch – zeitsparend: Für „Zeitchaoten", die ein Zeitgeländer brauchen.

Tausch, R.: Hilfen bei Stress und Belastungen. Lebenschritte. Reinbek 2000
Über die Entstehung belastender Gefühle – Umdeutungen und positive Erfahrungen, Tätigkeiten und Gedanken – Umgang mit Aggressionen, Wut und Ärger.

ZWEITE ETAPPE

Beziehungskompetenz:
Mit anderen gut auskommen

Es hat sich inzwischen herumgesprochen, dass der Lehrberuf zu den Beziehungsberufen gehört – auch wenn die Aus- und Fortbildung von Lehrerinnen und Lehrern noch weit hinter professionellen Ansprüchen hinterherhinken. Die Arbeit von Schulleitern beispielsweise besteht bis zu 80 % aus Kommunikation und Beziehungsarbeit – und die von LehrerInnen dürfte dem nicht nachstehen; z. B.:

▶ Unterricht ist Interaktion und Beziehungsgeschehen.
▶ Gespräche mit SchülerInnen und Eltern über deren Probleme, Nöte, Sorgen, Erwartungen, Wünsche gehören zum Schulalltag.
▶ Auseinandersetzungen und Konflikte in Lehrerkollegien, mit dem Schulträger, in der Öffentlichkeit u. a. sind keine Seltenheit.
▶ Die Aufarbeitung von Disziplinproblemen mit SchülerInnen verlangt hohe Gesprächskompetenz (und wie viele Verletzungen und Kränkungen könnten vermieden werden, wenn sie stärker vorhanden wäre).
▶ Wichtig ist der angemessene Umgang mit Beziehungsphänomenen in der Schule wie Nichtverstehen und Verstehen, Nähe und Distanz, Übertragung und Projektion, Sexualität und Erotik, Vertrauen und Misstrauen, Vorwurf und Kritik, Beschimpfungen und Aggressionen, Hass und Schuld, Macht und Liebe.

Es stehen also schon lange nicht mehr nur fachliche, allgemein- und fachdidaktische sowie methodische Fragestellungen und Probleme im Vordergrund, sondern auch (und besonders) Themen zwischenmenschlicher Beziehungen, seien sie in beruflicher Partnerschaft, in Gruppen oder Klassen.

▸▸ **Das WIE bestimmt das WAS,
die Beziehungen dominieren die Sachen.**

Als Moderator und Berater bei Schulentwicklungsprozessen und schulinterner Fortbildung wird mir besonders bewusst, wie sehr Verlauf, Intensität und Erfolg der Arbeit von der Art und Weise der Kommunikation der Beteiligten untereinander abhängen. Ferner haben auch die vielfachen Belastungen von Lehrerinnen und Lehrern u. a. ihre Ursachen in der häufig unprofessionellen Art ihres Umgangs miteinander, mit SchülerInnen und Eltern. Gute und stabile Beziehungen jedoch erweisen sich als gesundheitsförderlich.

Ich empfehle jedem, der den Lehrerberuf ergreifen will, schon während der Studienzeit an Seminaren teilzunehmen, die Themen der „Beziehungsarbeit in der Schule" aufgreifen *und* dabei jeweils die eigene Biografie miteinbeziehen. Denn die persönliche Lebensgeschichte jedes einzelnen wird besonders deutlich in zwischenmenschlicher Kommunikation.

▸▸ **Erst auf dem Boden einer stabilen Beziehung
können die Sachen geklärt werden.**

▸▸ **Wer Freunde hat, lebt länger.** (St. Klein)

21. Vom Ich zum Du

In der 1. Etappe lautet der Tenor: Die Beziehung zum DU *beginnt* beim ICH. In der 2. Etappe liegt der Schwerpunkt auf dem ICH *und* DU, also auf den zwischenmenschlichen Beziehungen – und die wiederum beginnen bei der gegenseitigen Wahrnehmung und ihrer Reflexion (Metaebene). Es sind also drei Schwerpunkte, die beachtet werden sollen – was die Kommunikation manchmal schwierig und spannend zugleich macht:

ICH	DU
Wahrnehmung der eigenen Person	**Wahrnehmung des Gegenübers**
– Wie geht es *mir*?	– Was nehme ich an *ihr/ihm* wahr?
– Was fühle, denke *ich*?	– Wie wirkt *sie/er* auf mich?
– Welche Absichten habe *ich*?	– Welche Fantasien habe ich über *sie/ihn*?
– Was möchte *ich* zur Sprache bringen?	– Wie viel kann ich *ihr/ihm* gegenüber
– Was ist *mein* Anliegen?	mitteilen?

Metaebene (Reflexion)

– Wie strukturiere ich?
– Bin ich noch beim Thema?
– Wo ist der „rote Faden"?
– Bin ich zu schnell, zu langsam …?

Wahrnehmung, Wirkung, Interpretation

Gute Kommunikatoren nehmen sich selbst in Gesprächen wahr und beziehen immer das Gegenüber, gedanklich antizipierend, mit ein. Es ist wie bei einer Brücke: Sie ist umso stabiler, je tragfähiger die Pfeiler (= ICH und DU) sind. Deshalb: Die Wahrnehmung und die Empathie auf das eigene Ich *und* auf das DU richten – und zwischendrin immer wieder mal auf die Meta-Ebene „klettern".

Bei diesem „Ich-und-Du-Ping-Pong" geht es um drei Bereiche, nämlich um die

1. **Wahrnehmung mit den Sinnen:** Was ich sehe, höre, rieche …, also die Wahrnehmung mit den Sinnen. Sie ist die einzige Ebene, die – wenn auch selektiv – intersubjektiv überprüfbar ist.
2. **Wirkung:** Wie die Person auf mich wirkt (müde, gereizt, gelangweilt …); diese Ebene ist selektiv und subjektiv.
3. **Interpretation/Fantasie:** Was ich interpretiere, was mir über die Person einfällt; diese Ebene ist ebenfalls selektiv und subjektiv.

Alle drei Bereiche sind in jeder Kommunikation, bewusst oder unbewusst, vorhanden. Störungen gibt es allerdings dann, wenn sie nicht getrennt, sondern vermischt werden:

> Ein Mädchen (9. Klasse) ist während des Unterrichts „eingenickt", worauf der Lehrer es anfährt: „Hör zu pennen auf! Hast wohl die Nacht mit deinem Freund verbracht." – Das Mädchen beginnt zu weinen … Von den Kameradinnen erfährt er, dass die Mutter des Mädchens im Krankenhaus liegt und das Mädchen am Wochenende ihren Vater und ihre beiden jüngeren Geschwister im Haushalt versorgt hat …

▶ So schnell können Verletzungen geschehen, wenn man vorschnell bewertet/interpretiert.

➤➤ **Die größten Verletzungen in der zwischenmenschlichen**
   Kommunikation geschehen durch die Gleichsetzung und
   Vermischung von Beschreibung und Bewertung.

Zum Ausprobieren:

a. Sie sitzen mit einem Bekannten in einem Lokal, im Zug, im Wartezimmer, deuten auf eine andere Person und fragen ihn: „Schau doch mal bitte die Person X an: Was siehst du?" (Eventuell das Wort sehen – zur Verstärkung – wiederholen.) Bekommen Sie als Antwort eine Beschreibung (Mann, Brille, Bart, Zeitung in der Hand ... oder Wirkungen (müde, entspannt, nachdenklich ...) oder Interpretationen (interessiert sich wohl für Aktien, wartet auf seine Freundin ...)? Welche Ebene spricht also ihr Bekannter an?

b. Beobachten Sie eine Person und trennen Sie strikt: Was sehe, höre ... ich; wie wirkt die Person auf mich ...; was vermute, fantasiere, interpretiere ich ...?

Fairer Umgang mit Kommunikationspartnern braucht die Trennung der drei Ebenen. Und die Beobachtungen und Erfahrungen zeigen (nicht nur in der Schule), wie rasch wir doch sofort auf die dritte Ebene gehen! Dies hat allerdings entwicklungsgeschichtlich seinen Grund, denn: In unserer „Tierreichvergangenheit" mussten wir sehr rasch (Hirnreaktion unterhalb 0,7 Sekunden) beobachten, die Wirkung ab-/einschätzen und interpretieren, und zwar in vier Richtungen: Ist das vor mir auftauchende Lebewesen für mich

bei **bedrohlich**:	Angriff oder Flucht (kämpfen oder fliehen, um zu überleben)
bei **nicht bedrohlich**:	keine Reaktion (in Ruhe weiterleben)
bei **attraktiv**:	Annäherung (sexuelles Interesse, um Fortpflanzung zu garantieren)
bei **unattraktiv**:	Meidung (um anderweitigen Interessen nachzugehen)

(Siehe auch Nr. 87: Soziales Lernen, S. 196/197)

Auch heute reagieren wir (hirnmäßig/spontan) noch ähnlich:
Bei Unsicherheit, Gefahrenwitterung, Bedrohung interpretieren wir wesentlich häufiger als in Situationen, in denen wir entspannt sind – um in der Folge dann eher beschreibend zu kommunizieren.

➤➤ **Je besser wir einen Menschen kennen, desto mehr „erlauben"**
   wir uns über ihn Beschreibungen.
   Je weniger wir jemanden kennen, desto häufiger interpretieren wir.

 19

22. ICHzen statt DUzen

Kommunikatives „Ping-Pong" zwischen zwei Lehrern:

„Du hast aber komische
pädagogische Ansichten."

„Und du hast überhaupt keine."

„Besser keine als solche
wie du sie hast."

„Jetzt wirst du auch noch unverschämt."

„Wenn du so empfindlich bist …"

„Und du so patzig …"

„Ach du …"

„Hör' du doch auf!"   *usw.*

Dieses Gespräch könnte noch länger so gehen: Angriff – Gegenangriff … Die Partner kreuzen gleichsam ihre Gesprächsklingen. Ich nenne diese Art zu reden deshalb „Überkreuz-Kommunikation". Es scheint den beiden sehr schwer zu fallen, „bei sich zu bleiben". Ihr Blick richtet sich jeweils auf das Gegenüber und sie sind damit beschäftigt, darauf zu achten, wo und wie die „Vor-Würfe" landen. Dadurch verlieren sie die Wahrnehmung für sich selbst. Beide teilen nicht sich (oder etwas von sich) mit, sondern sprechen über die andere Person: „Du …", bzw. „Sie …", ein weit verbreitetes Kommunikationsmuster, vor allem in Konfliktsituationen, das leider zu Verhärtungen, Clinch, Eskalation, Verletzungen, Gesprächsabbruch … („Die reden schon seit Jahren nicht mehr miteinander") und nicht zu Lösungen führt.

„Überkreuz-Kommunikation"

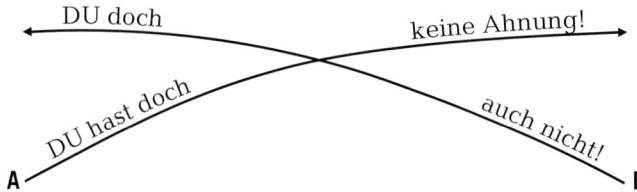

Wer jedoch in Gesprächen „bei sich bleibt", nimmt ihnen die „Kriegsmentalität" und gibt dem anderen Gelegenheit, „zu sich zu kommen", die wichtigste Voraussetzung für einen zwischenmenschlichen Dialog:

„Bei sich bleiben" und dialogisch kommunizieren, z. B.:

„Ich verstehe deine pädagogischen
Ansichten nicht."

„Ich kann sie dir gern näher erläutern."

„O.k., ich hab jetzt Zeit!"

„Prima; dann fang ich gleich mal an."

„Für mich ist Folgendes
ziemlich unverständlich …"

„Ich sehe das so, nämlich …"

Statt (vorwurfsvoll) DUzen	(selbstmitteilend) ICHzen
„Du redest zu viel!"	„Ich kann nicht mehr zuhören."
„Dauernd kommst du zu spät!"	„Ich will nicht immer auf dich warten."
„Du schaffst das Abi ja nie!"	„Ich mach mir Sorgen um deine Zukunft."
„Immer drängst du dich vor."	„Ich komme zu kurz."

Dialogische Kommunikation

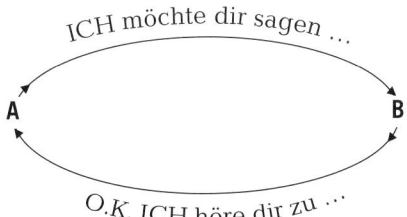

Das „ICHzen" ist besser als das „DUzen" (bzw. SIEzen), weil sich die Gesprächspartner nicht angegriffen fühlen und sich somit auch nicht verteidigen müssen. Jede(r) kann entspannt – und deshalb viel konzentrierter – zuhören und reden. In einem Gespräch geht es nicht darum, dem anderen die Wirklichkeit *zu nehmen*, sondern die eigene Wirklichkeit (Ansichten, Meinungen ...) möglichst deutlich *darzustellen*. (Fachleute sprechen in diesem Zusammenhang von sog. ICH-Botschaft oder von SELBST-Mitteilung.) Erst wenn die Akzeptanz der eigenen Wirklichkeit *erfahren* worden ist, ist es den Dialogpartnern möglich, einfühlend und verstehend miteinander umzugehen.

> Einer meiner Vorgesetzten hat die Gewohnheit, bei wichtigen Angelegenheiten den Satz mit: „Sie müssen wissen, dass ..." zu beginnen. Früher ärgerte ich mich darüber:
> Ärger Nr. 1: Der unterstellt mir, dass ich dies oder jenes nicht weiß.
> Ärger Nr. 2: Der sagt mir, was ich zu wissen habe.
> Inzwischen ärgere ich mich nicht mehr, weil ich hinter seinem „Sie müssen ..." ein deutliches „Ich" heraushöre und ihn dann frage: „Herr X, was ist Ihnen denn jetzt so wichtig, was Sie mir mitteilen wollen?"

▶ Sein „Sie müssen wissen ..." bedeutet für *ihn*: „Ich habe jetzt etwas ganz Wichtiges zu sagen."

> Eine Bekannte: „Sie müssen unbedingt mal zu mir kommen, damit Sie meinen Garten bewundern können."

⇥ **Wer bei sich bleibt, ermöglicht dem anderen, zu sich zu kommen: ICHzen ist besser als DUzen.**

23. Vierseitige Gespräche

Wenn Menschen miteinander reden und Nachrichten mitteilen, so tauchen dabei nicht nur zwei Seiten auf (Sache und Beziehung), sondern immer (mindestens) vier, denn sie sagen

etwas von sich selbst = **Selbstmitteilungsseite**
wie sie zu anderen stehen = **Beziehungsseite**
worüber sie informieren wollen = **Sachseite**
welche Erwartungen, Wünsche sie haben = **Appellseite**

Konkret:
Der Schulleiter blickt in das Lehrerzimmer und sagt als Nachricht: „Meine Damen und Herren, es hat geklingelt." Vierseitig gesagt/gehört könnte das bedeuten:

Selbst: Ich hasse Unpünktlichkeit.
Beziehung: Ich ärgere mich über Sie, weil Sie nicht in den Unterricht gehen.
Sache: Der Unterricht nach der Pause beginnt um 10.35 Uhr.
Appell: „Bitte gehen Sie in Ihre Klassen!"

Dieses kommunikative „Vier-Seiten-Ping-Pong" sieht dann so aus:

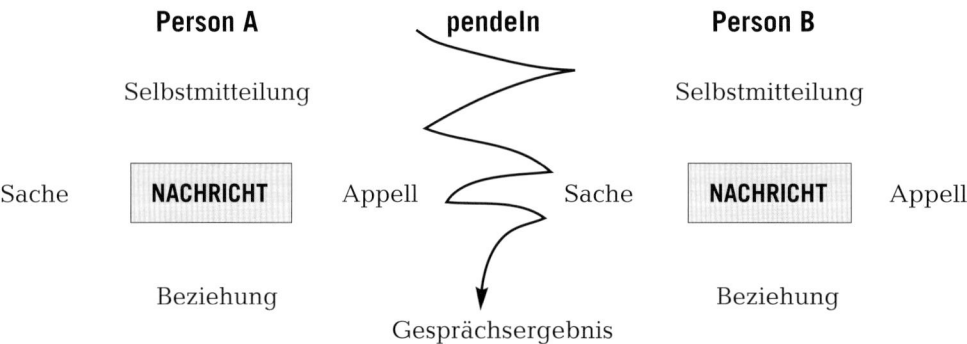

➤ **Vierseitig reden und vierseitig hören!**
(Dann kommen Nachrichten besser an und die Kommunikation wird klarer.)

Das Problem besteht nun darin, dass Menschen in ihren Kommunikationen sehr *verschiedenseitig* reden und hören. Die einen bevorzugen mehr die Sachseite (z. B. Wissenschaftler, Juristen), die anderen mehr die Appellseite (z. B. Eltern, Lehrer, Polizisten), andere wiederum mehr die Beziehungsseite (z. B. Ärzte, Pflegepersonal) und manche nur die Selbstmitteilungsseite (vielleicht Narzissten oder Egoisten ...?).

➤ **Wie auch immer, im Hören wie im Reden:**
Wir sind auf verschiedenen Seiten zu Hause.

Beispiele für „Kommunikatives Ping-Pong":

1. Eine Schülerin sagt: „Ach, ich kapier' das ja doch nie." (Selbstmitteilung) Lehrer A antwortet: „Jammere nicht und arbeite weiter!" (Appell) Lehrer B fragt: „Kann ich dir helfen?" (Beziehung)

2. Ein Kollege A sagt: „Ich bin so aufgeregt. Morgen kommt der Schulrat." (Selbst, Sache) Kollegin B antwortet: „Nimm's nicht so tragisch!" (Appell)

3. Der Lehrer sagt: „Ich bin gern bei euch in der Klasse." (Selbst, Beziehung) Die SchülerInnen strahlen ihn an. (Beziehung)

4. Am Schwarzen Brett hängt ein Blatt mit der Überschrift: Wer möchte in einer Methodentraining-AG mitmachen? (Sache) – Am anderen Tag ist daruntergekritzelt: Alle die, die überflüssige Zeit haben! (Ironische Bemerkung als versteckte Selbstmitteilung)

5. Ein Schulleiter sagt: „Bitte kümmern Sie sich um die organisatorischen Dinge! Ich habe dafür keine Zeit." (Appell, Selbst) Die Sekretärin antwortet: „Ja, ich mach das gern für Sie." (Selbst, Beziehung)

Von der Einseitigkeit zur Vierseitigkeit

Es ist also wichtig, alle vier Seiten mitzuteilen, um dem anderen wenig „Raum" für Vermutungen, Fantasien und Interpretationen zu überlassen, denn daraus bildet sich der Nährboden für Missverständnisse. Wer vier Seiten mitteilt, sorgt für Klarheit. Schulz von Thun (2003), von dem dieses Modell stammt, nennt es deshalb auch Klärungsinstrument in zwischenmenschlichen Beziehungen. Es ist – vor allem in Konfliktsituationen – sehr hilfreich, um Irritationen und Störungen in Gesprächen rascher wahrzunehmen, zu analysieren und zu beheben mit dem Ziel, aus der Einseitigkeit des Sendens und Empfangens (Hörens) herauszukommen und vierseitig zu kommunizieren.

Sie haben in Gesprächen somit die Wahl:

a. nur eine *Nachricht* zu senden – und dem anderen die Interpretation Ihrer vier Seiten zu überlassen.

b. nur *eine Seite* mitzuteilen (Selbst, Beziehung, Sache oder Appell) und dem anderen es zu überlassen, die drei anderen zu vermuten.

c. *alle vier Seiten* mitzuteilen und dadurch für Klarheit (zumindest Ihres Sendens) zu sorgen.

Kommunikation ist immer *Mitteilung an* ..., aber nicht Veränderung *des* Gesprächsgegenübers, nach dem Motto: Jetzt habe ich mich so klar ausgedrückt – und der/die andere tut nicht, was ich will. (Weil wir das meinen und wünschen, bevorzugen wir Appelle in der Kommunikation. (Vierjährige Kinder bekommen beispielsweise etwa 400 am Tag!)

Das „Vier-Seiten-Modell" wahrt die Autonomie und akzeptiert eigene Entscheidungen. Appelle drücken demnach nur Wünsche, Erwartungen aus; die Entscheidung, was zu tun ist, treffen dann die Adressaten selbst!

Hinweis: Das „Vier-Seiten-Modell" muss trainiert werden, um es sicher zu beherrschen. Auch wenn es anfangs kompliziert erscheint oder für Sie „theorielastig" ist: Je mehr Sie sich damit befassen, desto vertrauter wird es Ihnen. Es ist wie beim Autofahren lernen: Anfangs kracht es in den Gängen, aber im Laufe der Zeit kommen Sie immer sicherer „in die Gänge".

24. Klarheit statt Verschleierung

Ich nenne vier Kommunikationsbrücken, die Klarheit und Autonomie in Gesprächen fördern:

1. Klarheit statt Verschleierung und Sich-raushalten

Menschen vermeiden das Ich, bevorzugen den Konjunktiv oder das „Man", verschleiern dadurch ihre Aussagen und sind deshalb in Gesprächen nicht oder kaum präsent:

„Man sollte nicht immer gleich jedes Problem durch die Brille des Psychologen sehen."	„Ich sehe nicht jedes Problem sofort durch die Brille des Psychologen. Für mich ist diese Sicht zu einseitig."
„Ich würde sagen, dass man dies auch noch anders sehen könnte."	„Ich habe hier eine andere Meinung und sehe dies deshalb anders."
„Ich darf Sie herzlich begrüßen."	„Ich begrüße Sie herzlich."
„Ich darf die Gelegenheit benützen, Sie ..."	„Ich benütze die Gelegenheit, Sie ..."
„Wir sollten jetzt alle wieder zur Sache kommen."	„Ich möchte jetzt gern wieder zur Sache kommen und bitte Sie ..."
„Sie sollten nicht dauernd das Wort ergreifen."	„Ich möchte jetzt auch meine Meinung sagen und bitte Sie, mir zuzuhören."
„Vielleicht könnten Sie mir jetzt mal ein bisschen zuhören ..."	„Ich möchte weitersprechen und bitte Sie um Ihre Aufmerksamkeit."
„Wir sollten jetzt vielleicht einmal das Thema wechseln."	„Ich möchte jetzt gern ein neues Thema anschneiden und schlage vor ..."
„Eigentlich gehört es sich nicht, so zu reden."	„Mir missfällt dieses Gespräch. Ich fühle mich verletzt."

In einem Beratungsgespräch berichtete mir eine Lehrerin, dass sie im Schulhof einen Schüler freundlich bat: „Möchtest Du bitte die Coladose aufheben?" – und sehr frustriert war, als dieser mit „Nein!" antwortete. Auf meine Frage hin, ob sie einen Wunsch oder einen Befehl meinte, sagte sie: „Natürlich wollte ich, dass er sie aufhebt; eigentlich meinte ich schon einen Befehl."

Es macht einen kommunikativen Unterschied aus, ob wir einen Wunsch oder einen Befehl aussenden – auch wenn der Empfänger die Konnotation heraushört!

Überprüfen Sie deshalb Ihre Sprache, inwieweit sie direktiv/nondirektiv ist, inwieweit sie hierarchische, machtbetonte oder partnerschaftliche Aussagen ... enthält und ob und wie die Selbstbestimmung der einzelnen zum Ausdruck kommt (Sprache schafft Wirklichkeit!).

Hinweis: Ich muss nicht alles mitteilen, aber was ich mitteile, spreche ich klar aus.

▸▸ **Ich bin für mein Senden, aber nicht für das Ankommen verantwortlich.**

2. Ich-Formulierungen statt „Wirologie"

„Wir werden morgen operiert", sagt der Chefarzt zum Patienten. Da fragt dieser: „Was, Sie auch?" – „Wie geht's uns denn heute?", fragt die Krankenschwester. „Wie's Ihnen geht", antwortet der Patient, „weiß ich nicht; aber mir geht's heute miserabel."

Es gibt keinen „Wir-Dialog", sondern nur einen „Ich-Du-Dialog", in dem zwei ICHs miteinander reden. Das „Wir" eines Gesprächspartners vereinnahmt den anderen und nimmt dessen Entscheidungen voraus; deshalb:

Statt: „Wir …"	„Ich …"
„Wir sollten uns darüber auf jeden Fall unterhalten."	„Ich möchte mit dir unbedingt darüber reden."
„Wir schreiben jetzt alle einen Aufsatz."	„Ich gebe euch jetzt das Aufsatzthema bekannt und bitte euch, es zu bearbeiten."

(Das „Wir" ist stimmig, wenn es um Sachklärungen geht und um Beschreibung von Ereignissen: Wir sind gestern spazieren gegangen; waren im Konzert …)

3. Aussagen statt Fragen

Die meisten Fragen auf der Beziehungsebene sind keine wirklichen Fragen, sondern „verschleierte" Aussagen; z. B.:

„Herr Miller, wie lange dauert denn noch Ihr Vortrag?"	„Ich kann nicht mehr zuhören. Ich kenn' das meiste schon."
„Frau X, wird die Klassenarbeit schwer?"	„Ich habe Angst, sie nicht zu schaffen."
„Liebst du mich noch?"	„Ich bin mir nicht mehr so sicher, ob …"
„Wann gibt's denn was zum Essen?"	„Ich habe Hunger."

Beim Empfänger kann das Gefühl des Ausgefragtwerdens entstehen oder sie verstärken seine Fantasien (= Was meint er/sie denn mit diesen Fragen?). Aussagen jedoch schaffen Klarheit.

▸▸ **Lieber echt aussagen als unecht fragen**

4. Gespräch auf der Metaebene statt Verdrängung

Wenn es Unklarheiten, Missverständnisse, Konflikte in Gesprächen gibt – und es den Partnern „mulmig" wird und nicht mehr gefällt, so brechen sie des Öfteren den Dialog ab, ziehen sch zurück und nehmen den Gesprächsfaden nicht mehr auf. „Auf ewig" werden so manchmal Probleme vertagt. – Stopp! Auf die Metaebene gehen; und das heißt:
In einer Phase der Beruhigung den Gesprächsprozess im Nachhinein miteinander klären, also über (= meta) das Gespräch reden:

- Was mich so in Rage gebracht hat … Warum ich plötzlich „auf und davon" bin …
- Was mir nach wie vor wirklich wichtig ist …
- Mein eigentliches Problem lautet …
- Ich möchte folgende Lösung …

▸▸ **Metaebene: Betrachtung aus der Vogelperspektive**

 19

25. „Versteh' mich doch bitte!"

Wir können nicht mit Sicherheit wissen, nachvollziehen oder verstehen, was andere Menschen wirklich empfinden, z. B. wenn sie Zahnschmerzen haben, verliebt sind, Angst erleben oder Fantasien entwickeln. Das „totale Verstehen" würde den Verlust der Identität bedeuten. Das Verstehen wird allerdings erleichtert, weil wir als Menschen gemeinsame Erfahrungen, eine gemeinsame Sprache, eine gemeinsame Geschichte, eine gemeinsame Kultur haben, die einen relativ stabilen „Verständigungsrahmen" bilden.
Auf diesem Verständigungsweg der Annäherung gibt es verschiedene „Verlustebenen":

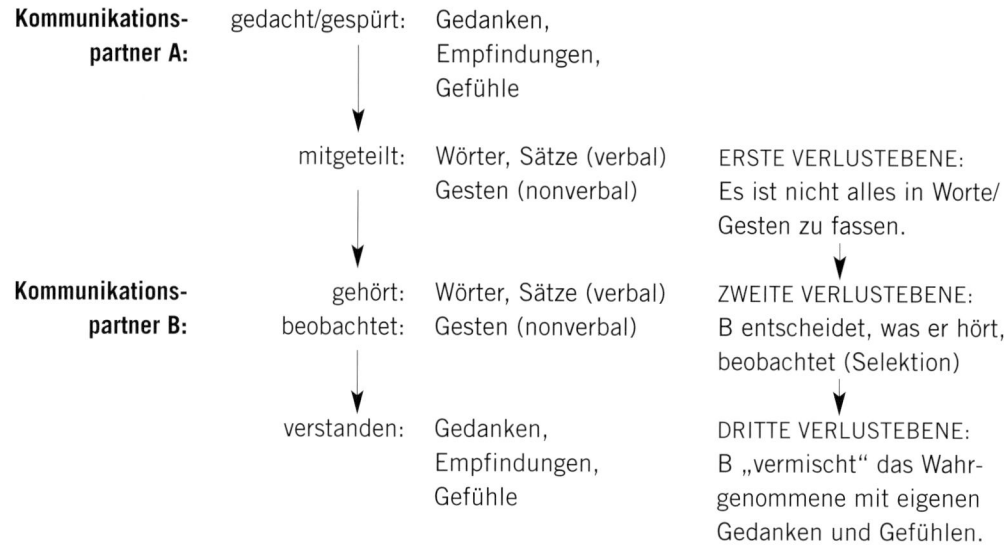

Kommunikations-partner A: gedacht/gespürt: Gedanken, Empfindungen, Gefühle

mitgeteilt: Wörter, Sätze (verbal) ERSTE VERLUSTEBENE:
Gesten (nonverbal) Es ist nicht alles in Worte/Gesten zu fassen.

Kommunikations-partner B: gehört: Wörter, Sätze (verbal) ZWEITE VERLUSTEBENE:
beobachtet: Gesten (nonverbal) B entscheidet, was er hört, beobachtet (Selektion)

verstanden: Gedanken, Empfindungen, Gefühle DRITTE VERLUSTEBENE:
B „vermischt" das Wahrgenommene mit eigenen Gedanken und Gefühlen.

▸▸ **Verstehen heißt, in die Welt der anderen eintauchen – ohne jedoch den Kontakt zu sich selbst zu verlieren. „Ich verstehe dich" ist eine Mischung aus Fremd- und Eigenanteilen.**

> Meine Tochter sitzt am Schreibtisch, büffelt Mathe, kapiert's nicht und kratzt sich am Kopf. Ich komme hinzu, sehe ihr über die Schulter und kratze mich beim Lesen ebenfalls (unbewusst) am Kopf, worauf sie hochblickt und sagt: „Gell, jetzt kratzt du dich auch am Kopf."

▸ Verstehen durch nonverbale Kommunikation!

Das Verstehen von Mitteilungen ist ein zirkulärer Vorgang, ein dialogischer Prozess. Deshalb brauchen wir das „kommunikative Ping-Pong", um Annäherungen zu erreichen:
a. Ich sage dir etwas (= meine Nachricht)
b. und du antwortest mir (= wie du meine Nachricht verstehst)
c. damit ich dir sagen kann, ob ich sie auch so gemeint habe (= Ich fühle mich verstanden …)

▸▸ **Wir können nicht sicher wissen, wie unsere Nachrichten beim Gegenüber ankommen und was sie bei ihm auslösen/bewirken.**

Denn: Unser Hören und unser Verstehen sind geprägt durch

- die Persönlichkeitsstruktur
- die eigene Lebensgeschichte
- zwischenmenschliche Erfahrungen
- unsere persönliche Befindlichkeit
- die momentane Situation

- unsere Fantasien
- den Kontext
- die Art der Beziehung
- die Sprache/den Dialekt
- unsere Hörgewohnheiten

Als gebürtiger Bayer fragte ich eine Hamburger Gruppe, mit der ich arbeitete, ob sie mich denn verstehen würde und ob ich mit meinem Dialekt so weitersprechen könne wie bisher – und bekomme von einer Teilnehmerin zur Antwort: „Reden Sie nur so weiter! Ihr Dialekt erinnert mich immer an Urlaub."

In einem Speisesaal einer Akademie frage ich eine Dame, die allein an einem Tisch sitzt, ob dies hier der Vegetariertisch sei, worauf ich in schnippischem Ton zur Antwort bekomme: „Warum, sehe ich so aus?" – Nach einer kurzen Unterhaltung mit ihr erfahre ich, dass Sie meine Botschaft nicht als Informationsfrage, sondern als „Frotzelei" und „Anmache" deutete.

▸ Bitte erschrecken Sie nicht, wenn Ihre Nachricht beim Gegenüber so ganz anders ankommt!

▸▸ **Was ich gesagt habe, weiß ich erst, wenn ich die „Antwort" kenne.** (N. Wiener)
▸▸ **Wir haben keine Macht über das *Hören* des Empfängers.**

Eindeutigkeit in der Komunikation gibt es nur dann, wenn von den Partnern Signale *vereinbart* werden, die beide verstehen oder Regeln, auf die sie sich einigen:

▸ Rot an einer Ampel: Halten!
▸ Konferenzbeginn um 14.30 Uhr
▸ sich melden, wenn jemand etwas sagen will

---

10 Empfehlungen zur Förderung des Verstehens

1. sich mental auf den Gesprächspartner einstellen (Empathie), ihm Respekt und Wertschätzung entgegenbringen und sich Zeit nehmen
2. sich klar mitteilen: Wir sind nur für unser Senden verantwortlich und für unseren „Blick zum Gegenüber", nicht aber für das Ankommen.
3. Botschaften „übersetzen" und wiedergeben, was man „eigentlich" gehört hat (Das Gesagte ist nicht immer auch das wirklich Gemeinte.).
4. zuhören – und in kurzen Sequenzen antworten (Vorsicht: kein Wortschwall, sondern darauf achten, wie viel das Gegenüber aufnehmen/verdauen kann)
5. wahrnehmen, wie die Nachrichten beim Gespächspartner ankommen ggf. nachfragen
6. bei Kritik und Vorwurf die eigentlichen Mitteilungen heraushören (Vermeidung von Konter, Rechtfertigung und Zurückschießen)
7. um Vereinbarungen, Absprachen und Lösungen bemüht sein (Ergebnisorientierung)
8. ein Gespräch ohne schlechtes Gewissen beenden, wenn keine Einigung möglich ist
9. Dritte, als Klärungshelfer, hinzuziehen, wenn es für die Beteiligten förderlich ist
10. Feedback geben und einholen: Wie haben wir gegenseitig aufeinander gewirkt?

▸▸ **Wenn wir mehr verstehen, müssten wir nicht so viel argumentieren.**

 21

26. Trans-Aktionen

Jedes Gespräch zwischen Menschen ist eine Transaktion von Mitteilungen. Die Transaktions*analyse* ist ein vorzügliches *Klärungsinstrument*, um Gesprächssituationen differenziert wahrzunehmen, Störungen zu diagnostizieren und angemessene Verhaltensweisen zu ermöglichen. Nach Berne (1991), dem Begründer der Transaktionsanalyse (TA), agiert jeder Mensch aus drei Ich-Zuständen heraus, nämlich aus dem sog. *Kind-Ich* (**K**), dem sog. *Erwachsenen-Ich* (**ER**) und dem sog. *Eltern-Ich* (**EL**). Sie sind eine Art Speicher, in denen von frühester Kindheit an bestimmte Ereignisse aufgezeichnet werden, wobei jeder Ich-Zustand aus Gefühlen, Denkmustern und Verhaltensweisen besteht:

Eltern-Ich: Fühlen, Denken und Verhalten, das von den Eltern oder Elternfiguren übernommen wird: Ich sollte, ich müsste, ich darf nicht …

Erwachsenen-Ich: Fühlen, Denken und Verhalten, das eine realitätsgerechte Reaktion auf das Hier und Jetzt ist: So ist es; ich handle so und so …

Kind-Ich: Fühlen, Denken und Verhalten, das aus Eigenimpulsen besteht und wieder reaktiviert wird: Ich wünsche mir; ich hätte gern, es wäre so schön, wenn …

Jeder Mensch greift, je nach Konstellation, in der Kommunikation auf diese drei Ich-Zustände zurück, indem er beispielsweise ermahnt, moralisiert oder sich besorgt zeigt (EL), auf Tatsachen hinweist und sie begründet (ER) oder sich in Zustände versetzt, die er als Kind schon einmal erlebt hat (K). „Stimmig" ist eine Kommunikation dann, wenn die drei Ich-Zustände *angemessen* aktiviert werden. Die Grafik zeigt, dass es viele Möglichkeiten der Transaktion gibt:

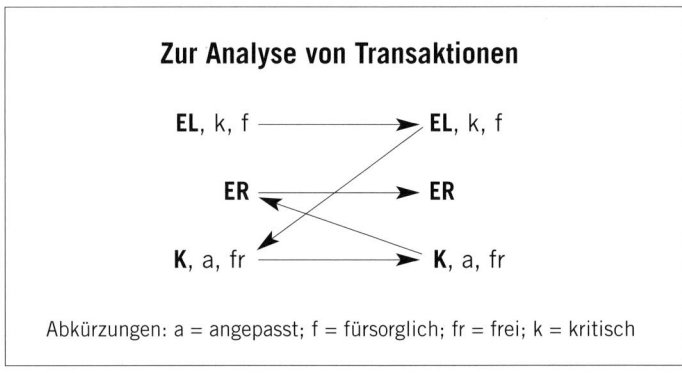

> ➡ **Wer über die kommunikativen Aspekte der Transaktionen Bescheid weiß, ist in der Lage, Menschen in ihrem Gesprächsverhalten besser zu verstehen und angemessener zu reagieren.**

Man kann aus jedem der drei Ich-Zustände heraus senden und empfangen:

Aus dem Eltern-Ich (EL):
Ein Schulleiter sagt zu seinem Kollegium: „Meine Damen und Herren, Sie sollten sich einmal Gedanken darüber machen, wie Sie die Innere Schulentwicklung an unserer Schule vorantreiben können."

- **Antwort Kollege A (EL):** „Das müssen Sie uns nicht erst jetzt sagen! Das machen wir schon lange!"
- **Antwort Kollegin B (ER):** „Ich habe mir schon einige Gedanken darüber gemacht und schlage Folgendes vor …"
- **Antwort Kollege C (K):** „Prima; da bin ich voll mit dabei."

Aus dem Erwachsenen-Ich (ER):

„Liebe Kolleginnen, liebe Kollegen, ich mache mir schon seit längerer Zeit Gedanken über die Innere Schulentwicklung; aus meiner Sicht geht es derzeit um Folgendes: …"

Aus dem Kind-Ich (K, fr):

„Liebes Kollegium, ich war neulich auf einer Tagung zum Thema ISE. Ich habe eine ganze Menge Anregungen bekommen, die ich euch unbedingt vortragen möchte. Ich bin ganz begeistert. Am besten, wir fangen gleich an."

– **Antwort Kollegin A (EL):** „Muss das sein? Wir haben doch schon genug am Hals. Vergessen Sie's!"
– **Antwort Kollege B (ER):** „Vielen Dank für Ihre Äußerungen, die mir selbst eine Menge Anregungen geben."
– **Antwort Kollegin C (K):** „Am liebsten würde ich jetzt gleich mit einigen von euch anfangen …"

– **Antwort Kollege A (EL):** „Hör' doch mit diesem neumodischen Zeug auf. Du musst doch nicht gleich jeden Firlefanz mitmachen!"
– **Antwort Kollegin B (ER):** „O. k. Um was geht es denn?"
– **Antwort Kollege C (K, schmollend):** „O nein, nicht schon wiiiieder diese Tour!"

Innerhalb unserer beruflichen Tätigkeiten ist die Konstellaton ER – ER wünschenswert und angemessen. Sie ist aber keinesfalls stringent durchzuhalten; sie kann sich auch schlagartig ändern, z. B. wenn jemand

▸ angegriffen wird. Die Reaktion ist dann entweder Panik/Flucht (K) oder Angriff (EL)
▸ Rundumschläge austeilt. Die Reaktion ist dann meist Zurückschießen (EL)
▸ Hilfe benötigt: Die Reaktion kann dann Fürsorge sein (EL, f)

Bei Streitereien beispielsweise verweilen/beharren die beteiligten Personen meist im Eltern- bzw. im Kind-Ich: Entweder sie greifen an, machen Vorwürfe, kritisieren, beschimpfen oder sie ziehen sich schmollend, beleidigt zurück.

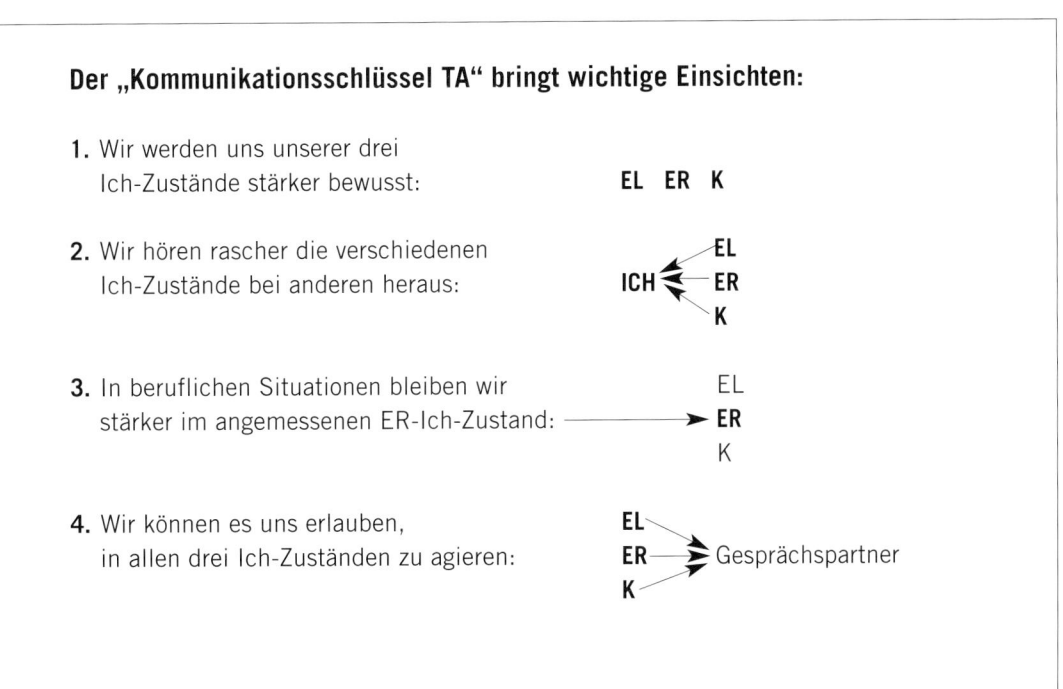

Der „Kommunikationsschlüssel TA" bringt wichtige Einsichten:

1. Wir werden uns unserer drei Ich-Zustände stärker bewusst:

   EL   ER   K

2. Wir hören rascher die verschiedenen Ich-Zustände bei anderen heraus:

   ICH ← EL / ER / K

3. In beruflichen Situationen bleiben wir stärker im angemessenen ER-Ich-Zustand:

   EL
   ⟶ ER
   K

4. Wir können es uns erlauben, in allen drei Ich-Zuständen zu agieren:

   EL
   ER ⟶ Gesprächspartner
   K

27. „Nicht so viel Appelle!"

Ich hoffe, dass die Paradoxie meiner Überschrift Sie für das Thema neugierig macht:
Schon Vierjährige bekommen pro Tag etwa 400 Appelle: „Mach' dich nicht schmutzig!" –
„Komm, beeil' dich!" – „Putz die Zähne!" – Sei nicht so empfindlich!" – „Sei nicht so eigen-
sinnig und tu', was ich dir sage!" ... usw. (wobei zu unterscheiden ist zwischen notwendigen
Schutzappellen, wichtigen Hilferufen und überflüssigen Ermahnungen!).

Wir haben – von Kindheit an – *gelernt*, uns häufig über Appelle zu artikulieren:
Ein Junge hat – schon bald nach dem Mittagessen – wieder Hunger und es entsteht folgendes „kommunikatives Ping-Pong" zwischen ihm und seiner Mutter/seinem Vater:

Kind:	Mutter/Vater:	statt:
„Ich habe Hunger."	„Warte bis zum Abend!"	„Ich habe jetzt keine Zeit."
„Ich hab aber wirklich Hunger."	„Quengle nicht so!"	„Ich geb dir jetzt nichts."
„Ich mag was essen."	„Sei still."	„Ich kann jetzt nicht ..."
Stampft mit dem Fuß ...	„Hör sofort damit auf!"	„Ich möchte meine Ruhe!"

▶ Durch die Appelle der Eltern (2. Spalte) lernt das Kind Appelle, durch das ICH der Eltern (3.
  Spalte) lernt das Kind, selbst zu ICHzen. *(Siehe auch Nr. 22: ICHzen statt DUzen, S. 62/63)*

> ▸▸ **Appelle sind „umgedrehte" Selbstmitteilungen
> (meist wichtiger für den Sender als für den Empfänger).**

Gründe des Appellierens:
- ▶ Warnung vor Gefahren, Schutz, Begrenzen, Hilfe
- ▶ Einflussnahme, Bestimmen,
- ▶ Dominieren, Beherrschen, Machtausübung

Hinweis: Jeder Appell löst beim Empfänger ein inneres (und oft auch äußeres) „Zusammen-
zucken" aus. Er wird in seinem (Tätigkeits-)Rhythmus gestört und reagiert auf Dauer
entweder mit „Abschalten" (= innerlicher Rückzug) oder mit Aggressionen.

> ▸▸ **Wer an andere appelliert, stört deren Lebensrhythmus
> und verliert gleichzeitig den Kontakt zu sich selbst.**

Aus Ihrem eigenen „Appell-Erfahrungschatz":
- ▶ **Kind:** „Ich weiß nicht, was ich jetzt machen soll."
  Vater/Mutter: „Dann mach doch ...!"
- ▶ **Schülerin/Schüler:** „Mir geht's gar nicht gut."
  Lehrerin/Lehrer: „Hättest du nicht.." – „Dann nimm doch, dann tu doch ...!"
- ▶ **Kollegin/Kollege:** „Also die 7b hat doch heute wieder ..."
  Schulleiterin/Schulleiter: „Dann müssen Sie halt ..."
- ▶ **Partnerin/Partner:** „Ich kann mich nicht entscheiden ..."
  Partnerin/Partner: „Dann lass es doch bleiben!"

Im Zug: Ich beobachte zwei Personen: Er liest Zeitung, sie blickt aus dem Fenster. Plötzlich reißt sie ihm die Zeitung aus der Hand, wirft sie zu Boden und sagt: „Jetzt hör doch endlich mit deiner blöden Leserei auf und schau die schöne Landschaft an!" – worauf er antwortet: „Spinnst du, meine Zeitung so durcheinanderzubringen." (Loriot lässt grüßen!)

Eigentlich wollte sie vielleicht sagen: ICH möchte gern mit dir die Landschaft anschauen. Und er wollte vielleicht sagen: ICH möchte jetzt in Ruhe meine Zeitung lesen.

Überprüfung: Zählen Sie Ihre eigenen Appelle (oder lassen Sie sie von anderen feststellen), und zwar während

- ▸ einer Unterrichtsstunde (Hefte raus! – Seid ruhig! – Macht endlich mit! …)
- ▸ eines Beratungsgesprächs mit Eltern (Sie sollen! – Sie müssen! – Dann machen Sie! …)
- ▸ einer Situation im Privatbereich (Essen, Spaziergang …)

Vom Appell zur Selbstmitteilung

statt:	**besser:**
„Sag endlich was!"	„Es fällt mir schwer zu warten."
„Halt deinen Mund!"	„Jetzt möchte ich reden."
„Schmier nicht so!"	„Ich kann's nicht lesen."
„Hör auf zu weinen!"	„Weinen kann ich nur schwer aushalten."
„Kommen Sie nicht zu spät!"	„Unpünktlichkeit macht mich ganz nervös."
„Schießen Sie mal los …"	„Ich höre Ihnen zu."
oder: _____	_____

Als ich als junger Lehrer merkte, wie viele Appelle ich während des Unterrichts gab, reduzierte ich sie drastisch, indem ich mit meinen Schülern eine Checkliste erarbeitete, was von ihnen zu tun ist, wenn sie Diktate schreiben – Hausaufgaben machen – in die Pausen gehen … In Zukunft musste ich nicht mehr appellieren, sondern ich sagte: „In fünf Minuten beginne ich mit dem Diktat." – „Ich gebe jetzt die Hausaufgaben bekannt." – „Pause." – Statt Appelle (Fremdbestimmung) lernten die Schüler (nach kurzem Training) selbst zu handeln – und ich fühlte mich entlastet.

Vorsicht: Wer bisher (fast) nur Appelle gewohnt ist, für den können Selbstmitteilungen zunächst ziemlich unverständlich sein:

In einer Supervisionsgruppe sagte eine Kollegin, es sei kein Problem für sie, wenn sie Appelle bekäme. Die interpretiere sie als Zuwendung und „die tut mir gut". – Daraufhin meinte eine Teilnehmerin: „Tut es dir wirklich gut, wenn andere sagen, was du tun sollst?" …

Nachdenklichkeit blieb zurück …

Dennoch, alles in allem:

▸▸ **Selbst-Mitteilungen sind annehmbarer als häufige Appelle und fördern die Selbstständigkeit.**

28. Die Kunst des Zuhörens

Gemeintes, Gesagtes und Gehörtes können sowohl eng beieinander liegen (= „Wie schön, dass du mich verstehst.") als auch weit auseinander sein (= „Du verstehst mich ja doch nicht!"). Nicht-verstehen ist das Normale und Verstehen muss erst erarbeitet werden: Ich sage dir, was ich (heraus-)gehört habe und du sagst mir, ob es das ist, was du wirklich gemeint hast.

Aktives Zuhören

Dieses (Heraus-)Hören ist keine Selbstverständlichkeit in zwischenmenschlichen Beziehungen (kann aber – durch Übung – eine werden!). Weil *Hören* und *Rückmeldung* so wichtige Bestandteile in Gesprächen sind, hat sich der Begriff „aktives Zuhören" etabliert. Er taucht zum ersten Mal bei Th. Gordon, einem Schüler von C. Rogers, auf. Man versteht darunter eine *Haltung*, eine *Einstellung* dem Gesprächspartner gegenüber mit (u. a.) den Merkmalen Echtheit/Ehrlichkeit, Interesse/Anteilnahme, Wertschätzung, Akzeptanz. Diese werden durch verschiedene Aktivitäten so zum Ausdruck gebracht, dass sie der Empfänger mit seinen Sinnen wahrnehmen kann, sie also *spürt* und somit Verständnis *erlebt* und sich verstanden *fühlt*. Der Grund, *aktiv* zuzuhören, ist die Erfahrung, dass das Gesagte meist nicht identisch gehört wird und deshalb im Dialog *Vergewisserung* über das Gesagte und Gehörte notwendig ist: *Ist das, was du sagst, auch das, was ich höre?* Denn der Sender hat keine Sicherheit darüber, wie seine Botschaft beim Empfänger ankommt, was er bei ihm auslöst! Jede Botschaft ist das Konstrukt des *Empfängers*. Bis wirkliches Verstehen zustandekommt, ist also ein Dialog nötig, das sich jedoch lohnt. Durch aktives Zuhören erhöht sich die Wahrscheinlichkeit, dass Gesagtes und Gehörtes sich annähern. Es geschieht folgendermaßen:

a. nonverbal:

▶ mit dem Körper, dem Gesicht zugewendet sein
▶ Blickkontakt aufnehmen und halten (ohne zu fixieren)
▶ stimmige Gesten ausführen, mit dem Kopf nicken …

b. verbal:

▶ kurze Impulse geben („Ja, o. k. …")
▶ Äußerungen mit eigenen Worten wiederholen (paraphrasieren)
▶ Gefühle benennen und unterschwellige Botschaften verbalisieren
▶ fragen, nachfragen (aber nicht nachbohren), klären
▶ Äußerungen mit eigenen „Bildern" veranschaulichen
▶ Assoziationen mitteilen („Mir fällt dazu ein")
▶ Rückmeldungen geben („Sie wirken auf mich …")

▶▶ **Aktives Zuhören ist eine wichtige Fähigkeit,
weil sie das Verstehen fördert.**

Hörende(r):

– „Ich verstehe dich so, nämlich …"
– „Ich höre heraus, dass du …"
– „Meinst du es so oder so …?"
– „Ich bin mir nicht sicher, ob du …"
– „Ich verstehe nicht, was du meinst."

Rückmeldende(r):

– „Ja, genauso ist es …"
– „Nein, ich meinte es andes, nämlich …"
– „Ja, in etwa, weil …"
– „Ich meinte es so: …"
– „Ich erkläre es dir noch einmal …"

Die Gefahr beim aktiven Zuhören besteht bisweilen darin, dass die Zuhörenden es als Technik verstehen, losgelöst von den eigenen Grundhaltungen und Gefühlen:

> Ein Teilnehmer in einem Seminar für Beratungslehrer „übte" in einem Rollenspiel das Paraphra-
> sieren. Nach einiger Zeit unterbrach ihn die zu Beratende und fragte: „Sag' mal, warum äffst du
> mich denn immer nach? Du wiederholst ja nur, was ich sage."

▸ Wie schwer es doch ist, eine Balance zu finden zwischen echtem Ausdruck des Verstehens
und bloßer gelernter Technik!

Mitschwingen

Seit einiger Zeit ersetze ich den Begriff des Aktiven Zuhörens durch das Wort „Mitschwingen";
was ich damit meine, zeigt dieses Beispiel:

> Ich mag keine Staus, wenn ich Auto fahre. Wütend klopfte ich einmal auf das Armaturenbrett, wo-
> rauf meine Frau appellierte und sagte: „Jetzt beruhige dich doch. Es geht doch gleich weiter …"
> (Ich beruhigte mich nicht – und es dauerte lange …)
> *Am Abend sprachen wir über den Vorfall und ich bat meine Frau, mich nicht mehr in meiner Emo-*
> *tion zu bremsen. – Einige Zeit später: Wieder ein Stau, wieder mein Trommeln auf dem Armatu-*
> *renbrett … und plötzlich neben mir meine Frau: „Ist aber auch ärgerlich für dich" – und trommelt*
> *mit. – Ich schau sie an – und wir lachen beide entspannt!*

▸ „Mitschwingen" = in die Welt des anderen eintauchen

Beispiele:

Die Situation	Das Mitschwingen (Verstehen)
– Ein Schüler wirft, voller Wut, ein Arbeits-blatt auf den Boden.	– Der Lehrer: „Na, wohl heute nicht dein Tag, was?"
– Eine Kollegin im Lehrerzimmer: „Die 7b hat mich wieder viel Kraft gekostet."	– Kollege: „Die sind aber auch anstren-gend, so mitten in der Pubertät."
– Ein Schulleiter: „Wenn nur schon das Ge-spräch mit den Eltern vorbei wäre …"	– Sein Stellverteter: „Ein Gefühl wie beim Zahnarzt …"
– Sohn/Tochter: „Das Abi schaff ich ja doch nie …"	– Mutter/Vater: „Als ob du unten im Tal auf den steilen Berg guckst …"

Aber auch das Mitschwingen garantiert noch nicht, dass es der Empfänger auch so auffasst
(und kann sogar Ironie oder Nichtverstehen heraushören). Dann: Rückfragen und mitteilen,
was man gemeint, beabsichtigt hat.

Mitschwingen als Empathie bewirkt gegenseitige Sympathie und diese wiederum ist eine
stabile Basis für förderliche zwischenmenschliche Beziehungen und erfolgreiche Kooperation.
Und dazu, wie das Salz in der Suppe: Anteilnahme, Freundlichkeit, wenn's passt: Humor, ab
und an ein Lächeln …

▸▸ **„Ich glaube, das größte Geschenk, das ich von jemandem bekommen kann, ist,**
dass er mich sieht, mir zuhört, mich versteht und mich berührt.
Das größte Geschenk, das ich einem anderen Menschen machen kann, ist,
ihn zu sehen, ihm zuzuhören, ihn zu verstehen und ihn zu berühren.
Wenn das gelingt, habe ich das Gefühl, dass wir uns wirklich begegnet sind."

V. Satir

19

29. Feedback-Kultur

Rückmeldungen informieren darüber, wie Botschaften angekommen sind, wobei es (vor allem in Konfliktfällen) häufig der Fall ist, dass Selbst- und Fremdwahrnehmung ziemlich auseinander klaffen können: Ich habe z. B. den Eindruck, mich relativ zurückhaltend gegeben zu haben, erfahre aber von anderen, dass ich auf sie ziemlich dominant gewirkt habe. Dabei spielen der Kontext und die nonverbalen Botschaften eine große Rolle. Deshalb die Notwendigkeit der Rückmeldung zur Vergewisserung: „Sag' mir, wie meine Botschaft bei dir angekommen ist und was du aus ihr gemacht hast, damit ich weiß, wie ich in der Kommunikation fortfahren kann."

Das Feedback ist auch Ausdruck der Offenheit, des gegenseitigen Vertrauens, des achtsamen Umgangs mit sich und anderen: Ich teile den anderen mit, wie es mir geht, wie ich über mich denke, wie ich zu mir selbst stehe … Ich teile den anderen mit, wie sie auf mich wirken, wie ich zu ihnen stehe und was ich über sie denke.

Dabei haben meine Rückmeldungen sowohl mit mir selbst als auch mit den anderen etwas zu tun, denn: Durch Rückmeldungen sage ich etwas *von mir* und *zu* den anderen: Wir hören auf, uns zu entwickeln, wenn wir keine Rückmeldungen bekommen. Als Lebewesen sind wir immer eingebettet in ein „Milieu", in unsere Umwelt. Wir agieren, wir wirken und wir lösen aus – und das, was wir bewirken, hat wieder Rückwirkungen auf unser Verhalten (= Kreislauf der Kommunikation).

Feedback (FB) als kommunikatives Echo

1. *„Was ich gesagt habe, weiß ich erst, wenn ich die Antwort kenne."*
   In diesem Satz von N. Wiener wird deutlich, dass die Rückmeldung ein wesentlicher Bestandteil zwischenmenschlicher Kommunikation ist.
2. *Wir können nicht sicher wissen, wie unsere Botschaften beim Gegenüber ankommen.*
   Wir reagieren auf dieselben Reize verschieden; wir hören heraus, was wir heraushören wollen bzw. was wir gewohnt sind, zu hören. Unsere Wahrnehmungen sind „besetzt". Und deshalb antworten wir auch verschieden: Was der Sender sendet und der Empfänger wahrnimmt, kann sehr nahe beieinander, aber auch meilenweit entfernt sein. Deshalb brauchen wir zur kommunikativen Klärung Rückmeldung.
3. Beim FB kommt es sowohl auf den Inhalt (Sachebene = SE) als auch auf die Art und Weise der Vermittlung an (Beziehungsebene = BE), wobei die BE einen größeren kommunikativen Stellenwert hat als die SE und sie quasi „dominiert".
4. FB kann sowohl eine angenehme (keine Lobhudelei) als auch eine unangenehme (keine Destruktion) Botschaft sein, denn sie ist ja „Rückmeldung" des Senders zum Empfänger, wobei es ersterer nicht in der Hand hat, was letzerer heraushört.
5. FB ist Mitteilung *an das* Gegenüber, aber keine Veränderung *des* Gegenübers. Dieser entscheidet, ob er ein FB will, was er damit macht und wie er damit umgeht.

Das Folgende zeigt, wie Mitteilungen ankommen können und wie wichtig FB ist:
> Nach einer Religionsstunde zum Thema Beten fragt ein Junge einen anderen: „Du, sag mal, betet ihr daheim vor dem Essen?", worauf er zur Antwort bekommt: „Nein, unsere Mutter kocht gesund."

Was Feedback nicht ist:

Fehlermeldung:	Sie ist notwendig, hilfreich – auch wenn sie auf Schülerseite u. U. unerwünscht sein mag.
Kritik:	Sie ist, als Mitteilung auf der Sach- und Beziehungsebene, notwendig und hilfreich für Verhaltensänderung.
Tadel:	Er ist in bestimmten Situationen notwendig als Hinweis auf Fehlverhalten.
Rache üben /eine „reinwürgen":	Dieses Verhalten entspricht in keiner Weise der Haltung von Feedback-Gebenden. FB ist keine, wie auch immer geartete, „Bühne" für Rachefeldzüge und Kampfhandlungen.

➔ **Alle diese vier Botschaften grenzen sich vom Feedback ab, da sie nicht der Zustimmung des Gegenübers bedürfen.**

Auf jeden Fall ist eine Rückmeldung, aus der rechten Haltung heraus praktiziert, keine „Ohrfeige" für den anderen, sondern eine Klärung der Kommmunikation und des Verhaltens, letztlich eine Förderung der Entwicklung der einzelnen Personen, eine Vertiefung der Beziehungen untereinander und eine Optimierung der gemeinsamen Arbeit. Auch hier gilt: Wer Rückmeldung bekommen hat, entscheidet, was er hören und wie er darauf reagieren will.

➔ **Glücklich der Sender, wenn der Empfänger dessen Rückmeldung als Geschenk empfindet.**

Konstruktiv Rückmeldungen geben

1. Selbstmitteilung (statt Vorwurf): „*Ich* fühle mich wohl bei dir." – „Ihre Bemerkung gestern hat *mich* gekränkt." (= was das Gegenüber bei mir auslöst)
2. Wirkung/Eindruck (statt Zuschreibung): „Sie *wirken* auf mich sehr niedergeschlagen." – „Ich habe den *Eindruck*, dass Sie etwas ganz anderes wollen als sie sagen." (= wie der andere auf mich wirkt, welchen Eindruck er auf mich macht)
3. Beschreibung (statt Bewertung): „Du hast schon seit längerer Zeit nichts *gesagt*." – „Sie haben jetzt sehr lange *geredet*. Ich kann jetzt nicht mehr *zuhören*."
4. Bewertung von Verhaltensweisen (statt von Personen): „Ich finde es *ungerecht*, wie Sie die Kinder *behandeln*." – „Sie sind sehr *feinfühlig* auf mich eingegangen."
5. Äußerung im Hier und Jetzt (statt im Damals): „Ich habe *jetzt* keine Zeit." – „*Momentan* ist mir nicht nach Lachen zumute."
6. Konkretion (statt Verallgemeinerung): „Ich bin von Ihnen jetzt *mehrmals unterbrochen worden*." – „Ich kann mit *dieser Musik* nichts anfangen."
7. Wünsche (statt Befehle): „Du wirkst auf mich abweisend. *Ich hätte* gern mehr Kontakt zu dir." – „Es tut mir gut, dass du dich um mich kümmerst. *Bitte hilf mir* auch weiterhin."
8. Offfenheit *(*statt Verschleierung): „Ich arbeite gern mit Ihnen zusammen."
9. – „Ich fühle mich von Ihnen manchmal übergangen; ich möchte gleichberechtigter Partner sein." *(Siehe auch Nr. 92: Feedback im Unterricht, S. 206/207)*

30. Nonverbale Kommunikation

Empirische Untersuchungen haben ergeben, dass der Anteil der nonverbalen Kommunikation (NVK) innerhalb der gesamten menschlichen Kommunikation etwa 75 % bis 80 % beträgt. Die Gründe dafür liegen in unserer Evolutionsgeschichte:

Die vorsprachliche Kommunikation war für das Leben, Zusammenleben und Überleben von größter Bedeutung. Die Verständigungszeichen haben sich (über die Muskeltätigkeit) äußerst verfeinert und stark ausgeprägt, um beispielsweise Nähe oder Distanz, Zuwendung oder Ablehnung, Freundlichkeit oder Bedrohung, Angriff oder Flucht zu signalisieren.

Signale ...	und ihre Bedeutung
Augenstellung/Blickkontakt	von offen bis geschlossen (positive oder negative Bekräftigung)
Gesichtsausdruck/Mimik	von angespannt bis entspannt (inneres Erleben)
Stimme/Sprechweise	von laut bis leise, hoch bis tief, hell bis dunkel, langsam bis schnell (Stimmung/Bewertung)
Körperhaltung	von aufrecht bis zusammengesunken (innere Haltung)
Gestik	von ruhig bis heftig (Unterstützung des Inhalts, der Stimmung)
Gang, Position der Beine	von langsam bis rasch, von geschlossen bis offen (Standfestigkeit, Selbstständigkeit, Beweglichkeit)

Auch wenn es bestimmte Erfahrungen und Konventionen bezüglich der NVK gibt (z. B. verschränkte Arme signalisieren, angeblich, Verschlossenheit), so ist es doch äußerst problematisch, die wahrgenommenen Signale des Senders zu „schubladisieren". (Weil du …, deshalb …) Es hat sich immer wieder erwiesen, dass die Botschaften zu individuell und komplex sind, als dass sie mit *Sicherheit* entschlüsselt werden könnten. (= So ist oder so meint es der/die andere.) Deshalb sind folgende Schritte angemessen:

    a. subjektive Wahrnehmung der nonverbalen Äußerungen
    b. subjektive Deutung/Interpretation
    c. Nach-/Rückfrage/Vergewisserung Klärung im Dialog.
       (= Stimmen meine Wahrnehmungen mit deiner Befindlichkeit/Wirklichkeit überein?)

▶ Beobachten Sie eine Person, beschreiben Sie, was diese nonverbal tut und interpretieren Sie die Verhaltensweisen:

	Ihre Beobachtung	Ihre Interpretation
a. Blicke:	_____	_____
b. Mimik:	_____	_____
c. Gestik:	_____	_____
d. Körperhaltung:	_____	_____

Anschließend werden Ihre *Interpretationen* und die *Intentionen* des Beobachteten miteinander verglichen: Übereinstimmungen, Unterschiede … (Übrigens: Es gibt keine falsche Interpretation. Sie können allerdings mit der Wirklichkeit des Gesprächspartners übereinstimmen, nahe an ihr oder sehr weit davon entfernt sein.)

> ⇥ **Eine Geste sagt oft mehr aus als hundert Worte.**

Die Medienbranche und die Werbung haben sich schon längst die Erkenntnisse der NVK (aus welchen Gründen auch immer) zunutze gemacht. In der Schule stecken wir noch in den Kinderschuhen: Die *Rede*anteile von LehrerInnen sind extrem hoch; die nonverbalen Mitteilungen werden zu wenig bewusst wahrgenommen und „interaktiv" genutzt, ebenso der Einsatz von visuellen und taktilen Methoden.

Es wird kaum Wert auf Äußeres (Kleidung, Frisur, Körperhaltung …) gelegt; dabei weiß man inzwischen, dass bei der Vermittlung von Botschaften seitens des Empfängers die Aufmerksamkeit zuerst auf das Äußere (das WIE) und dann erst auf den Inhalt (das WAS) gerichtet wird:

Beispiel I: Sie sehen (als Mann) Nachrichten, die eine für Sie sehr attraktive Frau vorträgt. Da Sie – nachweislich – zuerst auf ihr Äußeres sehen, nehmen Sie den Informationsgehalt erst nach einigen Sekunden wahr: Beziehung vor Sache!

Beispiel II: Jedesmal, wenn ich meiner Nachbarin, Frau H., begegne, taxiert sie mich zuerst von Kopf bis Fuß und beginnt dann erst ein Gespräch mit mir. Von meiner Seite also gleich „mit der Tür ins Haus zu fallen", hätte keinen Sinn. Bevor Frau H. mit mir *redet*, nimmt sie mich *nonverbal* wahr.

Beispiel III: Wie oft ist mir Folgendes passiert: Kaum, dass ich begonnen habe zu unterrichten, fragt mich Regina: „Herr Miller, waren Sie beim Friseur?" – sagt Nico: „Sie haben eine neue Hose an." – bemerkt Berke: „Ihre Schuhe sind nicht geputzt." U. v. a. m.

Konsequenzen für die Kommunikation:

- ▶ Die verbale und nonverbale Kommunikation in einer ausgewogenen Balance halten
- ▶ Die Redeanteile im Unterricht reduzieren
- ▶ Als LehrerIn auch Schau-SpielerIn sein
- ▶ Den Augen zum Sehen und den Ohren zum Hören Zeit lassen – und sich erst dann an den Verstand wenden

31. Gut beraten

Die Beratung gewinnt im Schulalltag von LehrerInnen immer mehr an Bedeutung, wobei genau hinzusehen ist, wann es sich wirklich um *Beratung* (und nicht um andere Gesprächsformen) handelt:

Die klassische Beratung wird durch drei Begriffe definiert:

a. Wahlfreiheit: Der zu Beratende wählt freiwillig die Beraterperson.

b. Entscheidungsfreiheit: Der zu Beratende entscheidet selbst, was er tun und/oder lassen möchte. Es gibt keine *Anweisungen* seitens des Beraters.

c. Bewertungsfreiheit: Das Handeln und die Entscheidungen des zu Beratenden werden vom Berater nicht bewertet. Er ist keine moralische Instanz.

Entfällt auch nur eine Variable, so ist es keine Beratung.

Gespräche außerhalb von Beratungssituationen:

- ► Dienst-/Pflichtgespräche aller Art
- ► Informationsaustausch und Diskussionen
- ► Verständigungs- und Klärungshilfe
- ► Konflikt-/Vermittlungsgespräche
- ► Unterrichtsgespräche (Vor- und Nachbereitung)

➥ **Es gibt keine Beratungsresistenz, da Beratung freiwillig ist.**

Für den Berater sind weiterhin wichtig: konzentriertes (aktives) Zuhören, Aufnehmen der Botschaften, ggf. Nachfragen, Klären, „Mitschwingen" (= sich Einlassen auf die Welt des anderen) – nichtdirigistische Vorgehensweisen.

Als Berater sind Sie Experte, Fachmann/Fachfrau für bestimmte Inhalte; Sie sind Klärungs-/Entscheidungshelfer und Ansprechpartner/Begleitperson. Dabei sind Sie nur für Ihre eigenen Mitteilungen verantwortlich, nicht aber für die Reaktionen des zu Beratenden, für seine Prozesse und Entscheidungen, also nicht Handelnder *für* die zu beratende Person. (Dies reduziert „automatisch" die Appelle.) Also nicht:

- ► „Sie sollten auf jeden Fall …"
- ► „Da müssen Sie halt …"
- ► „Dann machen Sie doch Folgendes …"

Über die Möglichkeiten *und* Grenzen eines Beratungsgespräches Bescheid zu wissen, vermeidet Vermischungen, bringt Klarheit über die Gesprächsfunktion des Beraters und enthebt ihn der Verantwortung, für den Zu-Beratenden zu entscheiden (siehe auch: Bachmair, 2001).

Aus meiner Sicht ist die *Einstellung* der beratenden Person zum Gegenüber der entscheidenste Teil im Beratungsgespräch. Die von C. Rogers geforderten/erwünschten Variablen (Echtheit, Einfühlung, Akzeptanz, nichtdirigistische Vorgehensweisen) sind nicht immer von vornherein gegeben (LehrerInnen als Beratende haben z. B. eine Wut auf SchülerInnen, sind verärgert über KollegInnen, fürchten sich vor Eltern …) – und manchmal werden sie mit unsympathischen Menschen konfrontiert. Deshalb:

Überprüfung

Denken Sie an Personen, mit denen Sie beruflich zu tun haben. Diese geben Ihnen nun Mitteilungen in verschiedener Form (u. a. auch *Ratschläge* – wobei Sie den Kontext bitte selbst herstellen. – Ihrer Fantasie sind keine Grenzen gesetzt!).

Fachbereichsleiter:	„Sie sollten im Unterricht Ihre Redeanteile drastisch senken!"
Kollegin:	„Hättest du meinen Rat befolgt, dann säßest du jetzt nicht in der Klemme."
Vorgesetzter:	„Seien Sie nicht so gutgläubig; das kann nur schaden. Ich meine es doch nur gut mit Ihnen."
Kollege:	„Ich würde Ihnen meine Meinung dazu gerne sagen, aber nur, wenn es Ihnen recht ist."
Schulrätin:	„Wenn Sie mich brauchen: Ich stehe Ihnen jederzeit mit Rat und Tat zur Verfügung."
Kollegin:	„Sie sehen aber gar nicht gut aus. Sie sollten nicht so viel arbeiten."
Kollege:	„Wenn du dich überfordert fühlst, dann sag' mir, wie ich dich entlasten kann."

a. Wie geht es Ihnen beim Anhören dieser Mitteilungen?
b. Welche finden Sie in Ordnung/nicht in Ordnung?
c. Welche Einstellung/Haltung Ihnen gegenüber spüren Sie?
d. Und schließlich: Antworten Sie auf die verschiedenen Mitteilungen.

Beraterfallen

Menschen kommen zu Ihnen zur Beratung und haben bestimmte Erwartungen an Sie.
Es geht darum, ihnen zu helfen, zu eigenen Entscheidungen zu kommen. Die größte „Beraterfalle" besteht in der – vordergründigen – Beantwortung von Fragen, anstatt die Aussagen/Fragen auf das *eigentliche Anliegen* hin zu überprüfen und durch Nach-/Rückfragen den *tieferen Gehalt* der Botschaft zu klären. Die Qualität der Antwort hängt von der Fähigkeit des Hörers (Beraters) ab!

Die Fragen:

– **Lehrerin zum Schulrat:**
„Sagen Sie mir: Soll ich mich jetzt versetzen lassen oder nicht?"

– **Mutter zu Lehrerin:**
„Welche Erfahrungen haben Sie denn mit unkonzentrierten Kindern?"

– **Schülerin zu Lehrer:**
„Jetzt weiß ich nicht mehr weiter. Was soll ich denn tun?"

– **Kollegin zu Kollegen:**
„Was würden Sie denn an meiner Stelle tun, wenn Eltern Sie so beleidigen wie mich?"

Was an eigentlichen Aussagen dahinterstecken kann:

– Ich bin mir nicht sicher, ob … Ich kann die Konsequenzen nicht abschätzen …
▶ **Antwort-Falle:** Auf keinen Fall, denn …

– Ich habe Schwierigkeiten mit meinem Kind. Es ist sooo unkonzentriert …
▶ **Antwort-Falle:** Also, *ich* habe folgende Erfahrungen …

– Unschlüssigkeit, Aufgeregtsein, Angst, Panik …
▶ **Antwort-Falle:** Weißt du was, dann mach doch einfach Folgendes …

– Ich ärgere mich, habe eine Wut …
– Ich bin hilflos, gekränkt, verletzt …
▶ **Antwort-Falle:** Also, *ich* würde Folgendes tun …

▶▶ **Beratung ist Hilfe zur Klärung, Entscheidung und Selbstfindung.**

32. Beratung: Ja – Therapie: Nein

Wenn ich mit Lehrerinnen und Lehrern im Bereich Beratung arbeite und mit ihnen u. a. Fälle analysiere, dann taucht häufig der Satz auf: Aber ich bin doch kein Therapeut, keine Therapeutin.

⮞ **„Schuster bleib bei deinem Leisten": Keine Therapie in der Schule!**

… wohl aber eine Übernahme und Integration bestimmter Elemente (Verhaltensmuster) aus der (Gesprächs-)Therapie, die in der Erziehung und Beratung angewandt werden können, z. B.: die Variablen von C. Rogers: Echtheit, Einfühlung, Akzeptanz; eine stärkere Beachtung der Affekte und Gefühle; Verstehen und aktives Zuhören; angemessener Umgang mit Vorwürfen und Aggressionen u. Ä. m.

Nach Behr/Walterscheid-Kramer (1995, S. 93 ff.) stehen innerhalb der pädagogischen Arbeit die *Stärkung und Unterstützung des kindlichen Ichs* im Mittelpunkt (= Erziehung), während es innerhalb der Therapie um *Heilung* geht. Pädagogen sind keine Therapeuten, deshalb „ist ein Bewusstsein von den Grenzen pädagogischer Arbeit wichtig" (ebd. S. 92). Die Autoren unterscheiden deshalb (siehe S. 92 ff.):

Therapie	Pädagogik
– innere Welt des Kindes	– äußere Realität der menschlichen Welt
– unbewusste Konfliktanteile	– bewusste Störungen/Konfliktanteile
– Möglichkeit zur Regression	– Ich-Stärkung und Sublimierungsangebote
– Therapeut als Übertragungsobjekt	– Lehrer als reales Objekt

Unterscheidungen

Bereich		Zuständigkeit
Krankheit	⟶	Therapie
Problemlösung, Hilfe zur Selbsthilfe	⟶	Beratung
Persönlichkeitsentwicklung	⟶	Erziehung

Wie die Unterscheidung „Beratung – Therapie" in der Praxis aussehen kann, zeigt folgendes Beispiel:

Eine Mutter kommt in die Sprechstunde eines Lehrers mit dem Anliegen, über die Leistungen ihres Sohnes zu reden. Im Laufe des Gesprächs jedoch verlässt sie das schulische Thema und berichtet über ihre persönlichen Probleme, ihre trostlose Kindheit, ihre gescheiterte Ehe und ihre Überforderungen (Ich bin am Ende; ich weiß nicht mehr weiter; ich bin ganz unglücklich; bitte helfen Sie mir; ich bin so froh, dass ich mich bei Ihnen aussprechen kann (Wut gegen ihren Mann, Tränen in den Augen …).

Reaktion:

aus Therapeutensicht:		aus Lehrersicht:
– aktiv zuhören	bis hierher	– aktiv zuhören
– einfühlendes Verstehen	gemeinsam	– einfühlendes Verstehen

ab hier getrennt:

– in die innere Welt der Mutter mitgehen	– die schulische Welt ansprechen
– Thematisieren der Probleme im Jetzt *und* in der Vergangenheit	– Thematisieren der schulischen Probleme
– unbewusste Konfliktanteile bewusst machen	– mögliche Konflikte im Jetzt (Mutter-Sohn) ansprechen
– Übertragungen zulassen und bearbeiten	– Übertragungen registrieren, aber nicht bearbeiten
– mehrere Gesprächstermine (Langzeitbegleitung)	– normalerweise ein bis zwei Gesprächstermine
▶ generell gilt: Arbeit im Jetzt mit Einbeziehung der Vergangenheit und der gesamten Lebensgeschichte	▶ generell gilt: Arbeit im Jetzt mit den schulischen Problemen

Das Unbehagen der LehrerInnen entsteht wohl auch deshalb, weil die Termini aus der Psychologie/Therapie ungewohnt sind und eher abschreckend wirken können:

> Nach einem Pädagogischen Tag fragte ich den Schulleiter, der auf mich sehr erschöpft wirkte: „Wie fühlen Sie sich denn jetzt nach so einem anstrengenden Tag?", worauf er mir antwortete: „Gefühle haben hier keinen Platz. Ich bin doch nicht in der Therapie."

Auf jeden Fall sollte eine Lehrerausbildung, die auch Beratung zum Inhalt hat, die Unterschiede und Grenzen zur Therapie verdeutlichen und zur Beratungskompetenz verhelfen. (Ein Krankenpfleger wird Ihre Bitte, eine Operation vorzunehmen, ablehnen und Sie an einen Chirurgen verweisen, aus Verantwortungsgefühl heraus – unabhängig von Ihrer Reaktion.)

Die Grenze zur Therapie, aus Lehrer-/Beratersicht; z. B.:

– **zu einem Schüler (Suchtprobleme):** „… und deshalb empfehle ich dir, eine Beratungsstelle für Suchtprobleme aufzusuchen; ich persönlich kann dir da nicht weiterhelfen …"
– **zu einer Grundschülerin (Abgrenzungsprobleme):** „Ich weiß, dass du mich gern als deine Mama hättest; ich bin aber deine Lehrerin."
– **zu einem Kollegen (Alkoholprobleme):** „… ich verstehe dich; für die Lösung deiner Probleme allerdings bin ich nicht zuständig; ich kann dir aber …"
– **zu einer Mutter (Hilferufe):** „… ich kann nachempfinden, wie es Ihnen geht; jetzt im Gespräch möchte ich mich mit Ihnen über die Leistungen Ihres Sohnes unterhalten …"
▶ Und dazu: die möglichen Reaktionen (Enttäuschung, Vorwürfe, Aggressionen …) verstehen *und* aushalten!

Es kann auch sein, dass Sie ein „mulmiges" Gefühl, u. U. sogar Schuldgefühle haben, wenn Sie diese Grenze ziehen. Sie ist jedoch keine Ablehnung der Person, sondern eine notwendige Trennung: Verantwortung dem zu Beratenden gegenüber, Schutz und Entlastung für den Berater, Vermeidung einer unprofessionellen Vermischung, die für *beide Seiten* schädlich ist.

33. Gesprächsvorbereitung und Gesprächsstruktur

Professionelle Gespräche bedürfen der Vorbereitung und einer Struktur: „Nun schießen Sie mal los" oder „Nun schütten Sie mal Ihr Herz aus" sind zwar Gesprächsöffner, aber auch nicht mehr. Wenn Gespräche zum Erfolg führen und am Ende Lösungsvorschläge und Lösungen stehen sollen, dann beinhalten sie mehr als nur „Öffner". Gespräche brauchen also eine Vorbereitung und Struktur:

Gesprächsvorbereitung

Ziel ist die organisatorische, sachliche und mentale Vorbereitung auf Gesprächssituationen und Gesprächspartner.

Klärung der Bedingungen:
- ▶ Vorgesehene Zeit
- ▶ geschützter Ort/Raum
- ▶ Sonstiges (Medien, Materialien …)
▶ Günstige Rahmenbedingungen haben großen Einfluss auf das Gelingen von Gesprächen.

Klärung der eigenen Befindlichkeit:
- ▶ körperliches und seelisches Befinden
- ▶ Belastungen und Entlastungen

Mit Zittern, Magendruck und Ängsten lassen sich schwerlich gute Gespräche führen. Daher ist es professionell notwendig, die eigene Befindlichkeit wahrzunehmen und sich selbst für das Gespräch „fit" zu machen (z. B.: Vorbereitungsgespräch mit Dritten; Entspannungsübung; Tasse Kaffee, kurzer Spaziergang … Manches mag für Sie vielleicht komisch sein; dennoch: Es ist sinnvoll und hilfreich, sich auf ein (schwieriges) Gespräch vorzubereiten (wie beim warming up von Sportlern: Körper und Seele brauchen Zeit, bis sie in Höchstform kommen!).

Klärung der Beziehung:
- ▶ Einstellung (Wertschätzung, Ablehnung)
- ▶ Hintergründe/Ursachen
- ▶ Empfindungen/Gefühle

Mit Misstrauen, Aggressionen, (innerer) Ablehnung in Gespräche zu gehen, ist – was den humanen Umgang und die erwünschten Lösungen betrifft – sinnlos. Gerade deshalb ist die Beziehungsklärung von großer Bedeutung (damit die Sachklärung gelingen kann), z. B.:

Statt	besser
– O Gott, schon wieder der …	– Ich stelle mich auf ihn ein
– Nicht zum Aushalten …	– Ich hör mal zu …
– Ich kann ihn/sie nicht ausstehen	– Gespräch verschieben, delegieren
– Ich komme mit ihr/ihm nicht klar	– Die Schwierigkeit thematisieren

u. Ä. m.

Klärung der Sachen/Inhalte:
- – der Sachstand
- – Absichten, Ziele, Wünsche
- – Lösungsvorschläge

Gesprächsverlauf

Gespräche sind ziel- und ergebnisorientiert und haben im Kontext der Beratung auch eine bestimmte Struktur bzw. Verlauf; (**B** = BeraterIn / **Z** = zu Beratende/r):

Beginn:	Kontaktaufnahme, Begrüßung, ggf. erstes „Loswerden/Abladen"
	(**Z**): *„Mir geht es …"*
	Frage nach dem Anliegen (**B**)
Problemdarstellung:	Genaue Problemstellung (**Z**):
	„Ich habe folgendes Problem …"
	Verdeutlichung, Nachfragen (**B**)
Zielvereinbarung:	Klärung der Absichten und Ziele (**Z/B**),
	Zielvorschläge, Vereinbarungen (**Z/B**)
	„Das Ziel des Gesprächs könnte/sollte sein …"
Problembearbeitung:	Diskurs, Perspektivenwechsel (**B/Z**)
	Beziehungs- und Sachklärung (**B/Z**) u. a.
	Pendeln im „Vier-Seiten-Quadrat" (**B/Z**)
Lösungssuche:	Lösungsvorschläge (**Z**, Reflexion, **Z/B**)
	Praktikabilität, Umsetzung (**Z**)
Ergebnisfindung:	Ergebnisfindung/-formulierung (**B/Z**)
	Zustimmung, ggf. Modifizierung (**Z**)
	Entscheidung/Annahme (**Z**)
	„Die Lösung besteht darin, dass …"
Absprachen:	Schlussfolgerungen (**Z**)
	Hinweise, Weiterführung (**B/Z**)
	„Verbleiben wir also folgendermaßen …"
Reflexion:	Rückmeldung (= Gespräch über das
	Gespräch; Metaebene):
	*„Das Gespräch war für mich …" (**Z/B**)*
Beendigung:	ggf. Terminabsprachen (**B/Z**)
	Verabschiedung

Es ist sinnvoll, zu Beginn eines Beratungsgesprächs dem Partner die geplante Struktur mitzuteilen:

1. Er soll wissen, was auf ihn zukommt. (Transparenz)
2. Es wird gefragt, ob der Verlauf seine Zustimmung findet. (Akzeptanz)
3. Planung darf auch, aus der Notwendigkeit des Augenblicks heraus, verändert werden. (Offenheit, Spontaneität, Flexibilität)

Hinweis: Ich selbst unterlasse die Mitteilung nur dann (behalte sie aber im Hinterkopf), wenn mein Gegenüber aufgebracht und gestresst wirkt und gleich „losschießen" will: Emotionalität vor Sache!

▸ **Gesprächsleitung: Alles in der Hand, aber nicht alles im Griff haben**

34. Gesprächsgrenzen

Gespräche haben zwei „natürliche" Grenzen:

auf der Sachebene:
- ► „Über diese Angelegenheit möchte ich mit dir nicht mehr reden."
- ► „Ich möchte jetzt zu einem *anderen Thema* kommen."
- ► „Lass uns über etwas *Erfreulicheres* reden."

Das Gespräch als Dialog bleibt erhalten, das *Thema wird beendet*.
- ► Wie bei einem Tischtennisspiel: Ich möchte weiterhin mit dir spielen, aber nicht mehr Tischtennis.

auf der Beziehungsebene:
- ► „Ich möchte jetzt mit *dir* nicht mehr sprechen."
- ► „Ich wende mich von *dir* ab und rede mit jemandem anderen."
- ► „Ich möchte jetzt *für mich* sein."

Weil das Gespräch auf der Beziehungsebene beendet wird, wird es auch auf der Sachebene beendet.
- ► Wie bei einem Tischtennisspiel: Ich möchte mit *dir* nicht mehr spielen (egal was).

Drei Stufen

Ich werde häufig gefragt: Was mache ich denn, wenn ein Schüler, ein Vater/eine Mutter, ein Kollege … mit mir nicht mehr reden will?
Meine Antwort: Dann gibt es drei Stufen:

Stufe I: *Gesprächsbereitschaft signalisieren:*
Ich würde gern weiterhin mit dir/Ihnen reden.

Stufe II: *Das Gespräch einfordern:*
Mir ist aber ganz wichtig, mit dir/Ihnen zu reden. Bitte bleib noch!

Stufe III: *Das Gespräch beenden:*
Schade, dann beende ich das Gespräch.

- ► Wie bei einem Tischtennisspiel: Wenn der Mitspieler (und nicht *Sie*!) Ball und Schläger auf den Plattentisch legt und ihn verlässt, dann ist mit *ihm* kein Spiel mehr möglich (wohl aber mit anderen!).

Interessant dabei ist, wie (*Ihre*) Reaktionen aussehen können:
a. Bei *Thema*beendigung:
- ► Enttäuschung, weil Ihnen das *Thema* so wichtig ist.
- ► Enttäuschung, weil Sie sich auch in Ihrer *Person* abgelehnt fühlen.
- ► Akzeptanz, weil Sie die Entscheidung des *Gegenübers* respektieren.
- ► Akzeptanz, weil (wenigstens) die *Beziehung* erhalten bleibt.

b. Bei *Gespräch*sbeendigung:
- ► Enttäuschung, weil Ihnen das *Thema* so wichtig ist.
- ► Enttäuschung, weil Sie sich in Ihrer *Person* abgelehnt fühlen.
- ► Akzeptanz, weil Sie die Entscheidung des *Gegenübers* respektieren.

Ob Sie nun mit Akzeptanz oder Enttäuschung reagieren, hängt u. U. auch von Ihren lebensgeschichtlichen Erfahrungen ab, z. B.:

a. Die Enttäuschung auf der Sachebene: „Man" bringt etwas zu Ende. „Man" hört doch nicht gleich auf. „Man" hat doch Interesse zu zeigen …

b. Die Enttäuschung auf der Beziehungsebene: Ich fühle mich abgelehnt, nicht ernst genommen, allein gelassen, nicht mehr „geliebt".

c. Gedanken auf der Selbstebene: Habe ich was falsch gemacht? Bin ich etwa jetzt schuld? Bin ich nichts wert?

d. Akzeptanz auf der Sach- und Beziehungsebene: Zwar schade, aber in Ordnung. Er/sie will das Gespräch beenden (= nicht mehr spielen). Dies ist seine/ihre Enttscheidung.

Damals, als Kind	**Elternreaktion**
„Papa, spiel mit mir."	*„Nein!!!"*
„Mama, spiel mit mir."	*„Jetzt nicht, aber später."*
„Mama, Papa, spielt mit mir."	*„O ja, fein …"*

▶ Was taucht aus der *Vergangenheit* auf, wenn zu Ihnen jemand im *Jetzt* sagt: „Nein!!!" – „Jetzt nicht, aber später." – „O ja, fein …"

Differenzierung

Bitte klären Sie, wann Sie zu jemandem sagen:
„Ich *möchte* mit dir reden." Auf Wunsch oder Bitte kann man JA oder NEIN antworten.
„Ich *muss* mit dir reden." Einem Befehl hat man zu gehorchen (Notwendigkeit, funktionale Begründung, gelerntes Verhalten).

In der Schule gibt es:

1. institutionelle Grenzen: Über dies und das kann es keinen Dialog geben auf Grund der Vorschrift X, der Anweisung Y …

2. persönliche Grenzen: Über dies und das kann/will *ich* mit dir nicht reden, weil mir das Thema nicht liegt, zu persönlich ist …

3. Beide Grenzen sind transparent zu machen und zu respektieren.

(Wohl aber kann man auf der Meta-Ebene über die Veränderungen von Vorschriften … oder über den Grund der persönlichen Gesprächsablehnung sprechen.)

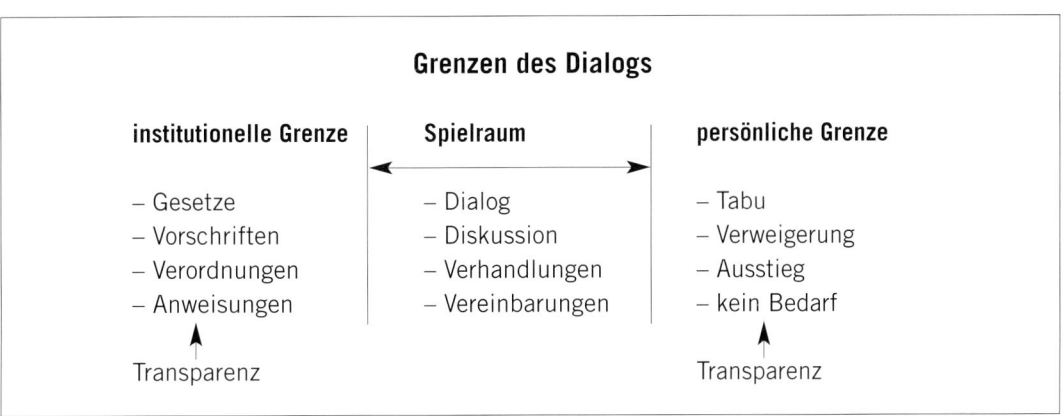

35. Nähe und Distanz

Da der Lehrberuf ein Beziehungsberuf ist, spielen die beiden Pole Nähe und Distanz eine äußerst wichtige Rolle:

1. Jede Information löst beim Empfänger eine innere, meist auch äußere Bewegung (= Nähe oder Distanz) aus: *Nähe:* Ach, interessant. Erzählen Sie weiter. – O, das hab ich auch schon erlebt. – Mensch, ist das spannend. – *Distanz:* So können Sie das nicht sagen. – Langweilig; so ein Quatsch. – Das ist doch dein Bier.

   Beispiel für Distanz: Kollege A redet, auf dem Parkplatz der Schule, mit B, der jedoch keine Zeit hat, gehen will und folgende *Bewegungen* zeigt: Er entfernt sich in kleinen Schritten von A, dreht seinen Oberkörper zur Seite, runzelt die Stirn, legt den Kopf etwas zurück, nimmt den Autoschlüssel aus der Tasche, blickt zu seinem Auto ... – A bemerkt all dies nicht und redet weiter ...

   Beispiel für Nähe: Peter, 14 Jahre alt: er *wartet* schon am Schulparkplatz auf Herrn X, seinen Sportlehrer, *trägt* ihm die Tasche, *erzählt* ihm von sich, *hilft* ihm in der Sporthalle ... (der Lehrer als der große Bruder, der Vater, der Kumpel, der Freund ...?)

2. Nähe und Distanz haben auch sexuelle und erotische Komponenten, deren Wurzeln in unserer genetischen/biologischen Verfasstheit liegen. Im Beziehungsverhältnis zu den Schülerinnen und Schülern sind die Empfindungen und Gefühle zu ihnen und die Fantasien über sie ernst- und wahrzunehmen, um das *Verhalten als Beziehungsperson* zu steuern und verantwortungsvoll zu handeln (näheres siehe Miller, 1999, S. 156 ff.).

3. Attraktivität und Ablehnung sind Phänomene des Schulalltags, von Sympathischfinden bis Verliebtsein, von auf Distanzgehen über Sticheleien bis Mobbing: alles Themen, die unbedingt als *Erfahrungen innerhalb und außerhalb der Schule* benannt und reflektiert werden müssen – und die kein „psychologischer Firlefanz" oder gar „Psychogesoße" sind:

   Während eines Pädagogischen Tages zum Thema „Konflikte in der Schule" teilt – in einem Rollenspiel – Kollege A einer Kollgin B sein Problem mit („Ich bin neidisch auf dich ...") und bekommt zur Antwort: „Ach was, lass deine Psychologisiererei und komm' endlich zur Sache!" – worauf spontan ein großer Teil des zuhörenden Kollegiums dieser Äußerung klatschend Beifall zollt.

   ▶ Die Botschaft der Klatschenden: persönliche Offenheit und Beziehungsmitteilungen sind unerwünscht, Sachinformationen erwünscht. Die Botschaft „dahinter": Sicherheit in der Sache – Unsicherheit/Ängste in den Beziehungen(?)

4. Was alles zwischen den Polen Distanz und Nähe in der Schule erfahrbar ist:

   Distanz: abwarten, misstrauen, enttäuscht sein, sich verweigern, flüchten, beschimpfen, verächtlich machen, hassen, fürchten, mobben, sich zurückziehen, allein sein ...

   Nähe: beachten, Vertrauen haben, miteinander arbeiten, freundlich zugewandt sein, sich interessieren, sich einschmeicheln, verliebt sein ...

   Missachtung: die Sitzplätze, die Gruppenzusammensetzung bestimmen; überrumpeln, übergehen, rücksichtslos sein

   Respektierung: beobachten, behutsam auf jemanden zugehen, einladen, vermitteln, abwarten, sich zurückziehen, rücksichtsvoll sein ...

Der Lehrer in der Balance zwischen Nähe und Distanz:

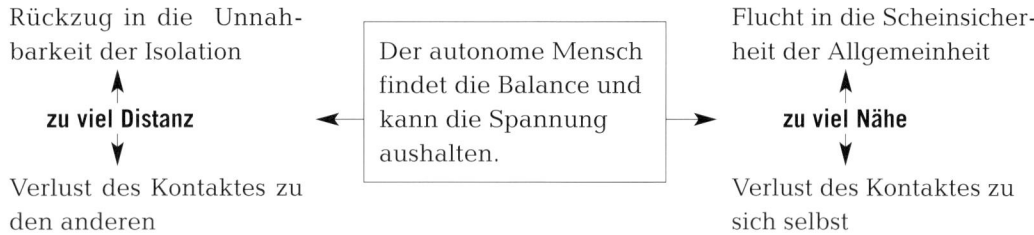

Rückzug in die Unnahbarkeit der Isolation

zu viel Distanz

Verlust des Kontaktes zu den anderen

Der autonome Mensch findet die Balance und kann die Spannung aushalten.

Flucht in die Scheinsicherheit der Allgemeinheit

zu viel Nähe

Verlust des Kontaktes zu sich selbst

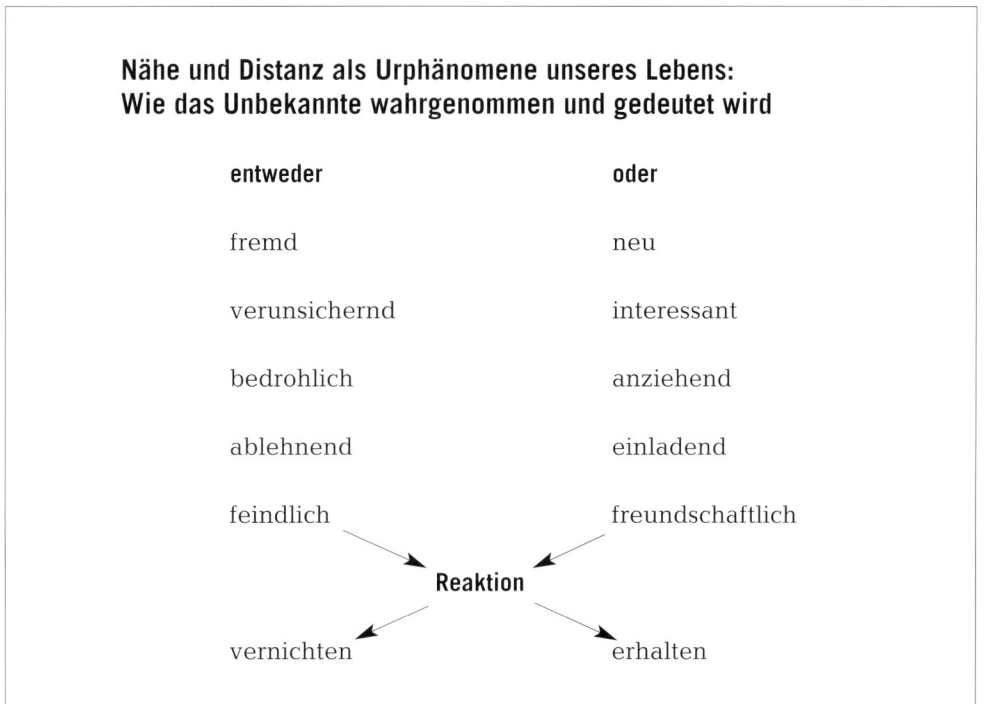

Nähe und Distanz als Urphänomene unseres Lebens: Wie das Unbekannte wahrgenommen und gedeutet wird

entweder	oder
fremd	neu
verunsichernd	interessant
bedrohlich	anziehend
ablehnend	einladend
feindlich	freundschaftlich

Reaktion

vernichten   erhalten

Konsequenzen

▶ Unsere „Biologie" ernst nehmen: Sie ist nicht vorschnell durch Appelle an unsere Sozialverträglichkeit zu überwinden.

▶ „Wehret den Anfängen!": Es kommt bereits darauf an, wie wir zu deuten beginnen: fremd oder neu, Distanz oder Nähe …

▶ Distanz respektieren – Nähe suchen (beides auf keinen Fall erzwingen) – Grenzen beachten und Brücken anbieten

▶ Distanz- und Näheverhalten als Stärken sehen, z. B.:
Distanz als Stärke: eigenständig, unaufdringlich, abwartend, mehr sachorientiert …
Nähe als Stärke: kontaktfreudig, offen, ansprechbar, sich einlassend, mitmischend …
(Siehe auch Nr. 42: Ängste als Konfliktherd, S. 102/103)

20

36. Vorgesetzte und Untergebene

Ein Blick in die Vergangenheit und Gegenwart von Lehrerinnen und Lehrern: Für Schüler waren die Lehrer, für Studenten die Professoren Vorgesetzte und für Lehrer sind es heute die Rektoren und Schulräte. Zählt man die „heimlichen" aus der Vergangenheit noch hinzu (Eltern, ältere Geschwister, Onkel, Tanten, Pfarrer) – dann ergibt sich eine erkleckliche Menge an Erfahrungen mit Vorgesetzten, positive wie negative, die unser Verhalten prägten. Wer also das Vorgesetzten-Untergebenen-Verhältnis (aus beider Sicht und für beide) förderlich gestalten will, der muss seine eigene Vergangenheit als „Vorgesetzer/Untergebener" und seine Beweggründe in der Gegenwart einer genauen Überprüfung und Reflexion unterziehen.

a. Was sind meine positiven und negativen Erfahrungen als „Untergebener" und „Vorgesetzter" (Leistungen, Erfolge, Verletzungen, Kränkungen …)

b. Was sind meine Motive, Ziele, Absichten als Vorgesetzter (Visionen, Karriere, Hilfen …)

c. Wie geht es mir als Untergebener (Akzeptanz, „Widerstand", Ablehnung …)

Rangordnung und symmetrische Kommunikation

Hierarchisch gegliederte Organisationen (wie die Institution Schule) bestehen aus Vorgesetzten und Untergebenen, wobei es streng genommen eigentlich heißen müsste: Übergeordnete und Untergeordnete. Trotz dieser Rangordnung ist *symmetrische Kommunikation* und *kooperative Arbeit* möglich. Voraussetzung dafür ist, dass beide Seiten die *Rangordnung* akzeptieren, das Ranggefälle als funktional notwendig sehen, respektvoll und durchaus auch kritisch miteinander umgehen und ihre Kommunikation reversibel gestalten. Fehlen eine oder mehrere dieser Voraussetzungen, dann sind Störungen und Konflikte vorprogrammiert. (Übrigens: Es wurde festgestellt, dass in deutschen Unternehmen lediglich etwa 20 % bis 30 % symmetrische Kommunikation und befriedigende Arbeitsbeziehungen zwischen Vorgesetzten und Untergebenen vorherrschen.)

Das Thema „Vorgesetzter-Untergebener" berührt auch die Frage nach der Macht, die entweder als Vermögen/Können oder als Durchsetzung und Machtmissbrauch ge- und erlebt wird. Im letzteren Fall zieht dies Enttäuschungen, Verletzungen, narzisstische Kränkungen und offene oder geheime „Rückzahlungen" nach sich, was sich sowohl schädigend auf die Gesundheit der Beteiligten als auch auf deren zwischenmenschliche Beziehungen und auf ihre Arbeit auswirkt.

> Ein Lehrer: Ich konnte meine Schulleiter immer als Vorgesetzte akzeptieren; unsere Kommunikation war offen und ehrlich, durch die Rangordnung nie gestört.

> Einer meiner eigenen Vorgesetzten im Kultusministerium forderte mich gerade zu auf, ihm kritisch meine Meinung zu sagen, weil er sie für sich selbst und die Sache immer als hilfreich empfand.

> Eine Mitarbeiterin in einem Amt wurde zur Leiterin einer Abteilung ernannt und ihrem ehemaligen Chef „vor die Nase gesetzt". Bis heute hat dieser die Kränkung nicht überwunden – und zwischen den beiden herrschen nach wie vor große Spannungen in ihren Beziehungen und in ihrem Arbeitsverhältnis.

▸▸ **Vorgesetzte und Untergebene akzeptieren und die Kommunikation symmetrisch gestalten.**

Unterschiedliche Perspektiven und Verhaltensweisen

Herablassende Botschaften

- ▶ Das überlassen Sie bitte mir. Die Entscheidungen treffe noch allemal ich.
- ▶ Mischen Sie sich bitte nicht in meine Angelegenheiten ein.
- ▶ Das geht Sie gar nichts an!
- ▶ Fragen Sie nicht lange. Tun Sie, was ich Ihnen sage!
- ▶ Ich verbitte mir Ihre Äußerungen!
- ▶ Sind Sie der Chef oder ich???
- ▶ „Ich habe hier Recht, denn ich bin der Schulleiter und älter als Sie.“

▶ Mögliche Motive: Machtausübung, bzw. Angst vor Machtverlust; Herrschenwollen; Angst vor „Gesichtsverlust“; Druck von „oben“ (= eigene Vorgesetzte); Befürchtung, Einflussnahme zu verlieren; das „Heft nicht aus der Hand geben können“ u. a. m.

Reaktionen von Untergebenen (meist gedacht oder Dritten gegenüber geäußert):

- ▶ Unverschämt, wie der Chef wieder mit mir umgeht.
- ▶ Ich bin ja doch nur sein Fußabstreifer und Launenkübel.
- ▶ Die da oben haben ja keine Ahnung!
- ▶ Den Tag möchte ich mal erleben, an dem ich gelobt werde … u. a. m.

▶ Erfahrungen: Ich werde nicht wahr- und ernstgenommen; ich bin nicht gefragt; ich werde benutzt; ich muss funktionieren; ich bekomme keine Wertschätzung …

Partizipativ-konstruktives Verhalten, z. B.:	
Schulleiterverhalten …	**ermöglicht LehrerInnen:**
– leiten, führen	– mitgehen, mitarbeiten
– delegieren	– selbstverantwortlich handeln
– Impulse geben	– kreativ sein können
– initiieren	– Freiräume nutzen
– Transparenz zeigen	– Durchblick haben
– sich einbringen	– Unterstützung erhalten
– (nach Rücksprache) entscheiden	– Klarheit bekommen
– berechenbar sein	– Sicherheit haben
– offen sein	– sich mitteilen können
– vertrauenswürdig sein	– Vertrauen zurückgeben
– Sicherheit ausstrahlen	– sicher(er) handeln können
– Grenzen zeigen	– Grenzen beachten/einhalten
– ermutigen	– ge-/bestärkt sein
– Feedback geben	– Feedback erhalten: Bestätigung bzw. Änderungshilfen

> ➥ **Vorgesetzte und Untergebene sind dann für die Schule am erfolgreichsten, wenn deren Grundhaltung gegenseitiger Respekt und Vertrauen, die Kommunikation symmetrisch und deren Arbeitsweisen kooperativ sind.**

- ▶ Aus dienstrechtlicher Sicht: Vorgesetzte und Untergebene
- ▶ Aus Sicht des Schulalltags und der pädagogischen Arbeit: Leitung/Führung, Mitarbeiter, KollegInnen, Partner, Kooperation …

 21

37. Über Beurteilungen und Beurteiler

Wie auch immer jemand einen anderen Menschen wahrnimmt, sieht, beurteilt ... – so R. K. Sprenger – es ist „seine Wahrheit, aber nicht *die* Wahrheit ... Lesen Sie Leistungsbeurteilungen über Ihre Mitarbeiter als Urteile über sich selbst – und Sie erhalten interessante Informationen. Grund genug, das ganze System der Beurteilungs- und Fördergespräche über den Haufen zu werfen? Ich meine: Nein. Denn auf der anderen Waagschale liegen auch einige schwerwiegende Aktivposten." (Sprenger, 2000, S. 212 f.)

Es geht also nicht um die Abschaffung von Beurteilung/Bewertung, Benotung, sondern um das Bewusstsein, dass Beurteilungshandeln *subjektiv* ist:

> ⇥ **„Alle Beurteilung sagt immer mehr über den Beurteiler aus als über den Beurteilten. Jede Beurteilung ist Selbstbiografie."**
>
> Sprenger, 2000, ebd.

Was bleibt, ist die *intersubjektive* Überprüfbarkeit: Wenn mehrere Personen dasselbe wahrnehmen, einschätzen und gleich beurteilen, dann entsteht keine Objektivität, sondern „verdichtete Subjektivität". Wir sind als Beobachtende und Beurteilende an unsere Persönlichkeitsstruktur, an unsere Art der Wahrnehmung und an unsere Erfahrungen gebunden und konstruieren – als Subjekte – unsere Wirklichkeit deshalb auch unterschiedlich:

> ⇥ **„Objektivität ist die Wahnvorstellung eines Subjekts, es könne beobachten ohne sich selbst."**
>
> H. v. Foerster

Ein Schüler einer 4. Grundschulklasse wurde von der Klassenlehrerin zum Halbjahr für die Hauptschule eingestuft. Aus Umzugsgründen kam der Junge im 2. Halbjahr in einen anderen Ort und dadurch in eine andere Grundschule/Klasse und zu anderen Lehrern. Am Ende des Schuljahres bekam er die Übergangsempfehlung für das Gymnasium.

▶ Zuwachs an „Gescheitheit" innerhalb von Monaten – oder subjektiv unterschiedliche Beurteilungen der LehrerInnen an den beiden Schulen?

Ein Lehrer wechselt in einer Unterrichtsstunde sieben Mal die Methode, was der eine Prüfer „unglaublich flexibel" findet und der andere als „modischen Schnickschnack" deutet.

▶ Die Noten der beiden Prüfer lauteten dann auch 1,5 bzw. 4,0.

Ich habe einen Unterrichtsfilm (Fach Geschichte, Kl. 11, Gymnasium) bisher etwa 600 Lehrerinnen und Lehrern gezeigt und sie um ihre Einschätzung und Benotung gebeten. Das Ergebnis: eine Streuung von Note 1,5 bis 5,5.

▶ Beurteilung Glückssache?

In einem Rollenspiel führte ich zur Anschauung ein Gespräch, in dem ich als Berater sehr wenig redete und viel zuhörte. – Die Rückmeldung der Zuschauenden lag in einem Spektrum von enttäuscht (= „Sie haben ja fast nichts gesagt.") bis beeindruckt (= „Sie haben fast nur zugehört.").

▶ Jede(r) brachte die eigene Sichtweise/Bewertung, wie ein Beratungsgespräch sein sollte, bereits mit ...

Schlussfolgerungen

1. Die Wirklichkeit wird nicht *vorge*funden, sondern von den Menschen *er*funden bzw. konstruiert.
2. Es existieren keine auf Wahrheitsansprüche pochenden Theorien, sondern nur unterschiedliche Sichtweisen und Positionen. Es ist kein Verlass mehr auf eine „Einheitlichkeit", weder im gesellschaftlichen noch im schulischen oder familiären Rahmen.
3. Der daraus resultierende Freiheitsgewinn für den Einzelnen bedeutet jedoch nicht Willkür und Beliebigkeit, sondern verlangt ein hohes Verantwortungsbewusstsein für das eigene Handeln, für die Beziehungsfähigkeit und den Wunsch nach Vereinbarungen.
4. Die Kategorien „richtig – falsch" sind zu erweitern durch Begriffe wie Plausibilität, Stimmigkeit, Angemessenheit, Sowohl-als-auch oder durch Wörter wie einleuchtend, nachvollziehbar …
5. Es gibt keine „gerechte Beurteilung" im Sinne einer unumstößlichen Gewissheit, sondern „nur" verantwortliches Handeln im Bewusstsein subjektiver Sichtweisen. Es ist dabei immer wieder die Frage zu stellen, was bei Lernprozessen bewertet werden kann und was nicht. Gespräche, Abstimmungen und Vereinbarungen der Beurteilenden untereinander sind notwendig, damit die Beurteilungen möglichst „stimmig" werden.

… und die Beurteilten?

Diese können, bei unangenehmer und „schlechter" Beurteilung, auf zweierlei Arten reagieren:
a. sie akzeptieren (transaktional: Sie bleiben im Erwachsenen-Ich)
b. sie ablehnen (transaktional: Sie gehen in das Eltern- oder Kind-Ich), mit den Begleiterscheinungen Vorwürfe, Aggressionen (**EL**) oder Resignation, „Beleidigtsein" (**K**)

Unterstützung, falls b Reaktion:

1. Die Betroffenen verstehen und ihnen Wertschätzung entgegenbringen (= Trennung von Leistungs- und Personenbeurteilung)
2. Den Prozess und das Ergebnis der Beurteilung transparent machen und zur Subjektivität der Entscheidung stehen
3. Sich bewusst machen, dass man für sein eigenes Handeln. nicht aber für die (Gefühls-)Reaktionen der anderen verantwortlich ist. (Zum Beispiel: Die Unzufriedenheit über die Beurteilung drückt sich dann in Vorwürfen, Anschuldigungen … aus.)
4. Hilfen zum Weiterlernen, zu Verbesserungen, zu Änderungen anbieten

> Ein Mitarbeiter beklagte sich beim Personalchef über die schlechte Beurteilung und warf ihm vor: „Wenn ich einen anderen Vorgesetzten gehabt hätte, dann wäre mein Ergebnis womöglich besser ausgefallen." – „Das ist gut möglich", antwortete der Personalchef, „ich kann nur nach meinen eigenen Gesichtspunkten urteilen."

▸▸ **Die Wahrheiten von heute sind die Irrtümer von morgen.**

(Weitere Ausführungen zum Thema „Beurteilung und Benotung" finden Sie in Nr. 94: Benotung: Pi mal Daumen oder …, S. 210/211)

38. Enttäuschungen und Enttäuschte

Als Lehrerin/Lehrer haben Sie es bisweilen mit Personen zu tun, die enttäuscht sind – und Ihnen sogar vorwerfen, *Sie* haben sie enttäuscht: SchülerInnen, weil sie schlechte Noten bekommen haben; Eltern, weil ihre Erwartungen nicht erfüllt worden sind; KollegInnen, weil *Sie* sich nicht so verhalten haben, wie diese es wollten.

Gibt es große Diskrepanzen, auseinander driftende Ansichten und Meinungen und sind die Erwartungen weit von den Realitäten entfernt, dann kann es zu folgenden Reaktionen kommen:

a. auf Seiten des Gegenübers

▶ Rückzug, Verweigerung, Beleidigtsein (mit zugrunde liegenden Enttäuschungen und Kränkungen)

▶ Ärger, Angriff (mit zugrunde liegenden Verletzungen)

▶ weitere Kontakte nur auf der Sachseite (die Beziehungsseite bleibt verborgen)

b. auf Ihrer Seite

▶ weitere Gesprächsangebote und Unterstützung bei der Verarbeitung

▶ Darlegung der Möglichkeiten und Grenzen

▶ notfalls Anweisungen; auch disziplinarische Maßnahmen

▶ Ärger, Frustration, Enttäuscht-/Gekränktsein,

Differenzierung

Enttäuschungen können bei Menschen entstehen, wenn durch sie selbst oder durch andere ihre Wünsche und Erwartungen nicht erfüllt werden. Sie sind dann enttäuscht von sich und/oder von anderen und *produzieren* ihre Enttäuschung selbst.

Man kann niemanden enttäuschen, wenn man Erwartungen anderer nicht erfüllt, vorausgesetzt, man hat nichts versprochen. In diesem Falle *fühlen* sich Menschen enttäuscht:

Muster I: Ich bin enttäuscht, weil *meine Erwartungen* nicht erfüllt wurden.

> Ich bekomme viele Einladungen für Seminare, Vorträge u. Ä. In ca 90 % der Fälle muss ich absagen – und manche Anfrager sind dann sehr enttäuscht. Ich habe sie nicht enttäuscht (denn ich habe ihnen nichts versprochen), sondern sie sich selbst durch ihre Erwartungen

▸▸ **Wir sind nur für unser eigenes Tun verantwortlich, nicht aber für die Reaktionen (Gefühle und Handlungen) anderer Menschen.**

Wenn man allerdings etwas versprochen oder berechtigte Ansprüche nicht erfüllt hat, dann ist die Enttäuschung anderer berechtigt (= Enttäuschung als Folge von ...). In diesem Falle tragen wir die Verantwortung für unser Versprechen, unser Tun.

Muster II: Ich bin von dir enttäuscht worden, weil *du dein Versprechen* nicht gehalten hast.

> Wir kennen das alle aus unserer Kindheit: Papa/Mama haben uns etwas versprochen („hoch und heilig" und „ganz bestimmt") – und dann haben sie ihr Versprechen nicht eingehalten – und uns sehr enttäuscht.

Fünf Enttäuschungsfallen

1. Ansprüche an sich selbst haben, die man dann auf andere überträgt
   – Enttäuschung, wenn sie nicht erfüllt werden.
2. Andere nach den eigenen Vorstellungen ändern wollen
   – Enttäuschung, wenn dies nicht gelingt.
3. Verantwortung für andere übernehmen
   – Enttäuschung, wenn andere Verantwortung für sich beanspruchen.
4. Nur schwerlich Veränderungen anderer akzeptieren
   – Enttäuschung, wenn andere sich verändern.
5. Unrealistische bis „grenzenlose" Erwartungen haben
   – Enttäuschung, wenn sie nicht erfüllt werden.

Verarbeitung von Enttäuschung durch Änderung von Einstellungen

▶ Erwartungen an andere haben, aber nicht den Drang und Zwang, sie müssten erfüllt werden
   Einstellung: loslassen können
▶ das Seine tun – und alles andere liegt in der Verantwortung anderer
   Einstellung: Verantwortung übernehmen und Verantwortung abgeben
▶ sich bewusst sein, dass Erwartungen keine Befehle sind
   Einstellung: Erwartungen als Erwartungen sehen – und nichts darüber hinaus
▶ sich nicht den Schuh anderer anziehen (ihn aber ansehen!)
   Einstellung: eine dynamische Balance erreichen zwischen Beteiligtsein und professioneller Distanz (= Dissoziation)
▶ Selbstbewusstsein entwickeln, ein probates Mittel gegen Anfälligkeit von Enttäuschungen
   Einstellung: eine gelungene Mischung aus Eigenständigkeit und Realitätssinn haben

▸▸ **Von wem ich mich enttäuschen lasse, bestimme ich.**

Wenn Menschen (von Ihnen) enttäuscht sind, wenn Sie es also mit Enttäuschten zu tun haben, dann empfehle ich Ihnen:

1. die Erwartungen anderer Menschen wahrnehmen, sich aber nicht durch sie durcheinanderbringen lassen
2. deren Gefühlsäußerungen zulassen (Ärger, Wut, Tränen ...) und sie als Folge ihrer Enttäuschung akzeptieren
3. *nach* dieser „emotionalen Phase" selbst in Ruhe (aber bestimmt) auf die begrenzten Möglichkeiten hinweisen: „Ich kann Ihre Erwartungen nicht erfüllen, weil ..."
4. helfen, dass die Enttäuschten (so weit sie es selbst wollen) lernen, mit den Realitäten umzugehen = Von der nicht erfüllbaren Erwartung zu realistischen Einschätzungen und Handlungsweisen kommen!
5. überlegen, ob Sie einen Anteil an den Enttäuschungen anderer haben: Inwiefern liegt es an mir, dass ...

12

39. Übertragung als „Dreifach-Irrtum"

Ein Blick in die Beziehungskonstellationen von Personen in der Schule zeigt, dass Übertragungsphänomene zum Schulalltag gehören:

(I) Eine Grundschullehrerin bevorzugt in ihrer 2. Klasse zwei Mädchen und betrachtet sie als ihre Lieblingsschülerinnen. Zunehmend werden diese beiden von den anderen in der Klasse abgelehnt. Aus diesem Grunde kommt sie in der Supervisionsgruppe darauf zu sprechen. Während des Klärungsprozesses, in dem u. a. die Bevorzugung zur Sprache kommt, äußert die Lehrerin plötzlich unter Tränen: „... aber ich hab' doch keine eigenen Kinder."

(II) Ein zwölfjähriger Junge verweigert die Mitarbeit und stört den Unterricht, indem er den Lehrer mit „deftigen Kraftausdrücken" beschimpft. Dieser spricht ihn nach einiger Zeit klar und bestimmt an: „Hör bitte auf zu schimpfen und arbeite mit." Woraufhin der Schüler halblaut zu seinem Nachbarn sagt: „Diesen Wichser bring' ich noch um." (Empört berichtet der Lehrer den Vorfall im Lehrerzimmer.)

(III) Ein Lehrer kommt mit einer Kollegin „überhaupt nicht zurecht" und verhält sich ihr gegenüber, nach eigener Aussage, manchmal „ziemlich gemein". Er bittet um Klärungshilfe. Zunächst zählt er auf, was ihn bei der Kollegin alles nervt. Unter anderem sucht er dann nach Personen in seiner Lebensgeschichte, bis er auf ein Mädchen aus seiner Schulzeit stößt, in das er einmal „unsterblich verliebt" war und die ihn abblitzen ließ.

(IV) Ein Schulleiter ist ziemlich ratlos. Sein Vorgänger hat das Kollegium sehr streng geführt. Sein neuer – ausgeprägt kooperativer Stil – wird von einem Teil des Kollegiums dankbar angenommen; von einem anderen Teil kommt lautstark die Forderung nach „Ordnung", „Durchgreifen" und „Sagen, wo's langgeht ...".

Klärung und Deutung

Im **Beispiel I** übertrug die Lehrerin ihre Liebe, die sie gern ihren eigenen Kindern gegeben hätte, auf zwei Kinder in ihrer Klasse, die ihrem Idealbild in Aussehen und Verhalten am nächsten kamen. Diese beiden Mädchen erhielten also *unangemessene Zuwendung* (= nicht sie waren gemeint, sondern die in ihrer Fantasie lebenden eigenen Kinder), während gleichzeitig die anderen in der Klasse sich *vernachlässigt fühlten*.

Im **Beispiel II** erfuhr der Lehrer im Nachhinein, dass der Junge seinen Vater zutiefst hasste, weil dieser ihn demütigte, wo es nur ging. Der Hass übertrug sich auf den Lehrer, den er sich eher erlaubte „umzubringen" als den eigenen Vater. Dem Lehrer wurden also *unangemessene Gefühle und Gedanken* entgegengebracht (= nicht der Lehrer war gemeint, sondern der eigene Vater).

Im **Beispiel III** erinnerte die Lehrerin den Kollegen an seine Schulkameradin („von Körperbewegungen bis hin zur Färbung der Stimme"), durch die er damals sehr verletzt wurde. Die späte Rache übertrug er auf die Kollegin. Diese fühlte sich *ungerecht behandelt* (= nicht sie war gemeint, sondern das Mädchen aus der Schulzeit).

Im **Beispiel IV** war das Kollegium lange Zeit einen „strengen Vater" gewohnt. Als dieser wegging, war ein Teil darüber froh. Der andere Teil wünschte sich immer noch den „strengen Vater", der die Richtlinien vorgab, die Eigenverantwortung beschnitt und lehnte den „guten Vater" ab. Die „Vater-Kinder-Beziehung" veränderte sich also nicht hin zu einer *angemessenen* kollegialen Beziehung (= nicht der Schulleiter war gemeint, sondern der frühere „strenge Vater").

Übertragungsphänomene in zwischenmenschlichen Beziehungen sind normal: „Wenn Erwachsene mit Kindern zusammen sind, kommt es … *grundsätzlich zu einer Übertragungsbeziehung.*" (Behr/Walterscheid-Kramer, 1992, S. 103) Besonders in *Konfliktsituationen* werden die unbewussten Anteile aus der Lebensgeschichte „ins Spiel" gebracht: „Wir sehen plötzlich im anderen auch die entsprechende frühere Person und *verhalten* uns ihr gegenüber so, wie wir uns jener Person gegenüber verhalten haben. Subjektive Erfahrungen werden in das aktuelle, objektive Geschehen *hineingesehen*, ohne daß es bewußt wäre. Diesen Vorgang nennen wir *Übertragung.* Dabei werden nicht nur negative Erinnerungen, Gefühle und Handlungsmuster aus der Vergangenheit in die momentane Situation hineingenommen, sondern auch positive. Beides ist gleich störend." (Langmaack, 1995, S. 118)

Übertragung als „Dreifach-Irrtum":

- ▶ Irrtum in der Zeit: damals statt heute
- ▶ Irrtum im Ort: dort statt hier
- ▶ Irrtum der Person: jene(r) statt diese(r)

Die wichtigsten Erkennungskriterien der Übertragung:

- ▶ hartnäckige Konflikte, die sich nicht rasch beheben lassen (= Beteiligung tieferliegender Schichten)
- ▶ die Unangemessenheit von Verhaltensweisen, Stressreaktionen (= Missverhältnis zwischen Anlass und Reaktion)
- ▶ Affekthandlungen und hohe Emotionalität (= starke Gefühlsausbrüche)

Beispiel I: die *bevorzugte* Behandlung der Kinder durch die Lehrerin mit ihrer *unbewussten Mutterliebe*

Beispiel II: der unvermittelte *Affektausbruch des Schülers* mit seinen *unbewussten Hassgefühlen* dem Vater gegenüber

Beispiel III: die *Ablehnung der Lehrerin* durch den Kollegen mit seinen *unbewussten Rachegefühlen*

Beispiel IV: die *Ablehnung des Schulleiters* durch einen Teil des Kollegiums mit dessen *unbewusster Sehnsucht nach dem „strengen Vater"*

Die Übertragungsarbeit in zwischenmenschlichen Beziehungen bedeutet, sensibel zu werden für eigene und fremde Verhaltensweisen und sie an der Gegenwart zu messen, um ggf. zur Erkenntnis zu gelangen: Nicht ich bin gemeint, sondern beispielsweise die Mutter/der Vater von damals; nicht mir werden die Gefühle (Liebe, Hass) entgegengebracht, sondern der Person X von damals; nicht mir gilt die Zuwendung, sondern einer anderen Person aus der Lebensgeschichte meines Gegenübers.

LehrerInnen werden mit der *Vergangenheit* von Personen konfrontiert. Es ergeht der Wunsch an sie, sich „zur Verfügung zu stellen"; sie sind gleichsam „Stellvertreter" mit der Bitte der Übertragungsperson: Hilf mir, in der *Gegenwart* zurechtzukommen! – Dies ist im Schulalltag durch situationsgerechtes Handeln und durch Gespräche durchaus möglich – ohne therapeutisch wirken zu müssen.

40. Konfrontation: Auseinandersetzen und Zusammenkommen

Der Begriff Konfrontation ist für manche Menschen negativ besetzt; sie denken dabei an schlimme Auseinandersetzungen, an Angriff, Überrumpelung, Verteidigung …

Entschlüsselt man den Begriff, dann beinhaltet er das lateinische Wort *frons* (= Stirn) und *con (=* zusammen, mit*)* und meint damit wortwörtlich also „von *Stirn* zu *Stirn" mit* jemandem sein, also ihm „*fron*tal" begegnen.

Ich kenne die *Bedeutung* aus meiner Schulzeit, verbunden mit negativer Erfahrung:

> Als Klassen- und Schulsprecher musste ich des Öfteren mit Lehrern verhandeln. Für manche von ihnen war das bereits eine Zumutung. (Mit Schülern verhandelt man nicht; sie haben zu gehorchen.) Und mehrmals erlebte ich, dass mich ein Lehrer – wenn ich anderer Meinung war – mit den Worten anschrie: „Und du wagst es, mir die Stirn zu bieten!"

▶ Übersetzt: Was fällt dir ein, mit mir auf „Augenhöhe" zu reden. Du bist als Schüler *unter* mir. (Die negative Bedeutung bleibt auch, wenn man Beispiele aus dem Tierreich nimmt: Platzhirsch und Rivale kämpfen *Stirn* an *Stirn* miteinander; einer gewinnt, einer verliert.)

Heute hat für mich *Konfrontation* eine ganz andere und durchaus positive Bedeutung, nämlich: jemandem auf Augenhöhe (*Stirn* zu *Stirn*, face to face) – also gleichwertig – begegnen und *mit* ihm als *Gegenüber* reden.

Viele Gespräche, die ich als Moderator und Vermittler erlebte, begannen mit den Versuchen der Kontrahenten, die Meinungen, Ansichten des Gegenübers nicht nur durch Argumente zu entkräften, sondern sie abzuwerten, sie als falsch zu deklarieren und sich *über* den Gesprächspartner zu stellen. Wie ein Weg von der *Über*heblichkeit zur *gleich*wertigen Auseinandersetzung und Begegnung sein kann, zeigt folgende Grafik:

Viereck und *Kreis* im Dialog:

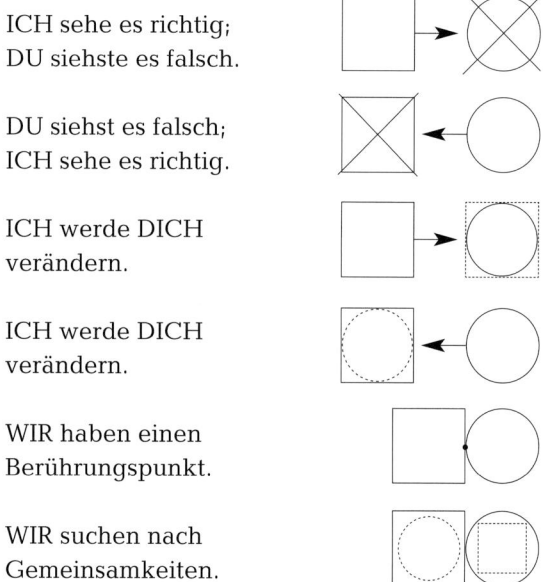

ICH sehe es richtig;
DU siehste es falsch.

DU siehst es falsch;
ICH sehe es richtig.

ICH werde DICH
verändern.

ICH werde DICH
verändern.

WIR haben einen
Berührungspunkt.

WIR suchen nach
Gemeinsamkeiten.

Die Konfrontation als Teil einer Gesprächs- und Streit-„Kultur"

1. In einer offenen, medienorientierten und -geprägten Gesellschaft haben die Menschen große Möglichkeiten, Zugang zu vielfachem Wissen und zu unterschiedlicher und vielfältiger Meinungsbildung zu kommen.
2. Die Bezeichnungen „richtig" und „falsch" haben nur noch in begrenztem Maße ihre Gültigkeit und sind zu ergänzen durch Begriffe wie Ansichtssache, Plausibilität, Stimmigkeit, Sowohl-als auch" u. ä. (Man sehe sich beispielsweise die Ergebnisse von Gutachten an, die über ein und dieselbe Sache von verschiedenen Parteien und Interessengruppen in Auftrag gegeben werden: von „richtig", „falsch" und Eindeutigkeit kann keine Rede mehr sein – wohl aber von verschiedenen Sichtweisen, Einschätzungen und Bewertungen.)
3. Es gibt keine falschen Meinungen und An-Sichten …; sie von anderer Seite „durchzustreichen" ist deshalb inhuman und sinnlos; aber man kann sie in Gesprächen erörtern und ggf. zu Meinungsänderungen gelangen.
4. Wenn es verschiedene Wahrheiten gibt, dann kann man um sie nicht kämpfen, aber man kann zu gemeinsamen Wegen und Erkenntnissen – oder auch zu fairer Trennung – kommen.
5. Dazu braucht es aber eine Haltung/Einstellung, die zum Ausdruck bringt, nicht alleiniger Besitzer der Wahrheit zu sein, Interesse am Gegenüber zu haben und ihm Respekt zu zollen:

> Aus meiner Kindheit (Bayern) sind mir zwei Einstellungen bekannt:
> a. „Mir san mir und haben deshalb Recht."
> b. „Der andere mag zwar Recht haben, aber wir haben doch noch ein bisserl mehr Recht."

> Ein Politiker lud mich als Redner zu einem Symposion ein und suchte noch einen weiteren Experten. Als ich ihm einen ausgewiesenen Fachmann nannte, antwortete er – ohne weitere Nachfragen nach Referenzen: „Nein, den können wir nicht brauchen. Der ist ja in der falschen Partei."

▶▶ **Von der verschiedenen Wahr*nehmung* durch Dialog und Konfrontation zur gemeinsamen Wahr*heit* kommen.**

Für die Arbeit in der Schule heißt das:
1. Unterschiedliche Erfahrungen, Ansichten, Meinungen (von KollegInnen, SchülerInnen, Eltern …) zulassen und sie nicht – empört, entrüstet – zurückweisen.
2. Die *Konfrontation* als eine Gesprächsmöglichkeit sehen, um sich Meinungen, Wünsche, Kritik … respektvoll und wertschätzend mitzuteilen.
3. Die verschiedenen Meinungen als *subjektive* Aussagen betrachten und im Dialog (mit Blick auf die Realitäten und das Machbare) zu Vereinbarungen und Lösungen kommen.
4. Auf Grenzen hinweisen (und ggf. einschreiten), wenn die Ansichten und Meinungen zu *Verhaltensweisen* führen, die schädigend, verletzend und gesetzeswidrig sind.

▶▶ **„Ich bin überhaupt nicht Ihrer Meinung, aber ich werde alles tun, damit Sie sie sagen können."**

Voltaire

 26

41. Konflikte und Konfliktlösungen

Nach Glasl ([5]1997, S. 17) sind logische Widersprüche, Meinungsdifferenzen, Missverständnisse, semantische Unterschiede, Gefühlsgegensätze, Ambivalenzen, Antagonismen, Spannungen, Krisen noch keine Konflikte – höchstens Teile von ihnen. Einen Konflikt definiert er als Interaktion zwischen (mindestens) zwei Akteuren/Parteien, wobei bei einem eine *Unvereinbarkeit* im Denken, Fühlen, Wollen vorhanden sein muss (ebd. S. 14 f.).

Allerdings können auch schon deftige Meinungsverschiedenheiten und unterschiedliche Interessenlagen sich zu heftigen Konflikten ausweiten. Als erstrebenswertes Ziel bleiben nach wie vor Lösungen, die (wieder) zur Arbeitszufriedenheit und fruchtbarer Zusammenarbeit führen.

Phasen der Konfliktbearbeitung (siehe auch Keller, 2001, S. 10)**:**

1. **Latenz:** etwas „liegt in der Luft", ist am „Brodeln"
2. **Ausbruch/Eskalation:** konkrete Mitteilungen, Emotionen, Vorwürfe
3. **Beruhigung:** Darstellung der Positionen
4. **Klärung:** „Aushandeln" durch kommunikatives Ping-Pong
5. **Sichtwechsel:** über den eigenen Tellerrand gucken
6. **Lösungsvorschläge:** keine Verlierer! (Win-Win-Modell)
7. **Lösungen:** Vereinbarungen, ggf. auch Trennung

In schwierigen Fällen ist es hilfreich bzw. sogar notwendig, wenn Dritte als Vermittler, Moderatoren, Berater oder Prozessbegleiter hinzugezogen werden.
▶ Konflikte als Prozesse – die manchmal auch dauern können – betrachten!

Konflikte werden auf drei Ebenen deutlich:

a. auf der Ebene der Gedanken/Argumente
Personen legen sachliche Argumente und Gegenargumente auf den Tisch, diskutieren kontrovers, möchten andere überzeugen und versuchen, deren Meinungen zu entkräften und „zu Fall zu bringen", wägen ab und entscheiden je nach Gewichtung der Argumente.

b. auf der Ebene der Gefühle
Persönliches kommt ins Spiel, z. B.: Ich lehne nicht nur deine Argumente ab, sondern auch dich persönlich … Ich mag dich nicht … Ich kann mit dir nicht arbeiten … Ich habe keinen Draht zu dir … Du bist mir unsympathisch … Ich habe schlechte Erfahrungen mit dir gemacht …
Da Konflikte auf der Gefühls- und Beziehungsebene auch von Kränkungen und Verletzungen begleitet sind, werden sie häufig verdeckt ausgetragen oder auf die Sachebene verlagert. Dies ändert aber nichts an der Tatsache, dass der eigentliche Konflikt (und der damit verbundene „Widerstand") auf der Gefühlsebene liegt.

c. auf der Ebene der gesamten Lebensgeschichte
Die Abneigung, die Abwehr und der „Widerstand" gegen bestimmte Argumente und Personen haben ihre Wurzeln in Aspekten der Lebensgeschichte von Menschen. Sie haben etwas zu tun mit ihrer Herkunft, mit ihren Erfahrungen und Sichtweisen, mit ihren Wünschen und Bedürfnissen, mit ihren Nöten und Zwängen. Der Konflikt und dessen „eigentliche Botschaft" wird letztlich nur auf dieser dritten Ebene deutlich und verstehbar.

Acht Schritte auf dem Weg zur Konfliktlösung

1. **Das Gespräch suchen:** Gesprächsbereitschaft beinhaltet Offenheit für das, was das/die Gegenüber mitteilen wollen – und sei es auch noch so kontrovers und von der eigenen Meinung meilenweit entfernt.

2. **Emotionen zulassen:** „Dampf ablassen" ist erlaubt! Wer sich in einem Konflikt und/oder unter Stress befindet, kann nicht sofort „vernünftig" und cool agieren. Gefühlsäußerungen befreien und machen den Kopf klar für Argumente und Sachklärungen.

3. **Ziele und Wünsche reflektieren:** Es geht um die *eigenen* Ziele und Absichten und nicht um diejenigen, die wir für *andere* haben, z. B., dass *sie* sich verändern, dass *sie* ihre Skepsis aufgeben, dass *sie* mitmachen, dass *sie* eine andere Haltung einnehmen ... Übrigens: Das wünschen sich die anderen auch von uns. Ich unterscheide deshalb zwischen a) *den eigenen Zielen*, die wir *uns selbst* setzen und b)*Wünschen*, die wir an *andere* haben.

4. **Die verschiedenen Positionen artikulieren:** Die Beteiligten äußern ihre Meinungen/Sichtweise (= Positionen), die unbewertet akzeptiert werden, so wie sie sind. (Es gibt keine falschen Meinungen!) In dieser Phase ist häufig eine „Übersetzungsarbeit" zu leisten, d. h. herauszuarbeiten, was die Einzelnen wirklich mitteilen wollen, und zwar so lange, bis alle Äußerungen (u. a. Kritik, Vorwürfe, Anschuldungen, Missbilligungen) als Eigenpositionen klar geworden sind, z. B.: *Ich* sehe dies so, *ich* habe die Absicht, *ich* habe den Wunsch, *meine* Sicht ist ... Am Ende entsteht ein u. U. sehr divergierendes *Meinungsbild*.

5. **Perspektiven wechseln und darüber diskutieren:** Die Beteiligten verlassen gedanklich ihre eigene Position, nehmen andere Sichtweisen ein (u. a. durch Rollenspiele) und sprechen über ihre (neuen) Erfahrungen. In dieser Phase geht es nicht um „richtig" oder „falsch", sondern – im kommunikativen Hin und Her – um die Erhellung, Reflexion und Meinungsvielfalt, mag sie auch noch so unterschiedlich sein, und um das Verstehen der gegenseitigen Ansichten.

6. **Vereinbarung anstreben:** Sie geschieht aus der Einsicht heraus, dass man nicht der alleinige Besitzer der Wahrheit ist und dass auch die anderen Wahrheiten haben – seien sie auch noch so weit von der eigenen entfernt. Vereinbarung bedeutet, Teile des Eigenbesitzes herzugeben und sich auf andere(s) einzulassen. Aus dem „Mehr Desselben" entstehen neue, anders zusammengefügte Qualitäten. Konfliktfähig ist, wer nicht auf „Besitzständen" verharrt, sondern hergeben kann.

7. **Grenzen beachten:** Alle Meinungsäußerungen sind autonom und deshalb auch selbst zu verantworten – mit allen Konsequenzen. In dieser Phase geht es darum, dass die Beteiligten die Rahmenbedingungen und Grenzen (der „Spielräume") beachten. Schule ist keine „beliebige Spielwiese", sondern eine Institution mit bestimmten Regelungen, Vorschriften und Rahmenbedingungen.

8. **Ziele und Absichten realisieren:** Vereinbarungen sind getroffen, Grenzen und Folgen aufgezeigt worden. Nun geht es an die Realisierung der Ziele und Absichten. Dies geschieht durch erste Handlungsschritte. Der Weg kann beginnen ...

 26

42. Ängste als Konfliktherd

Hinter zwischenmenschlichen Konflikten, die Personen haben, stecken häufig Ängste, die auf vier Grundformen zurückzuführen sind, wie sie der Psychologe F. Riemann in seinem Buch „Grundformen der Angst" ([34]2000) erläutert:

Die Angst vor Geborgenheitsverlust
„Ich kann ohne dich nicht sein."
Und deshalb der Wunsch nach
Nähe und Bindung
Kontakt, Offenheit

Die Angst vor Veränderung
„Alles bleibt so wie bisher."
Und deshalb der Wunsch nach
Dauer und Beharren
Bewahren, Erhalten

Die Angst vor Begrenztheit
„Immer mal was Neues."
Und deshalb der Wunsch nach
Wandel und Risiko
Verändern, Bewegen

Die Angst vor Bindung und Hingabe
„Komm mir ja nicht zu nahe."
Und deshalb der Wunsch nach
Distanz und Freiheit
Selbstbewahrung, Ich-Abgrenzung

Je nach Persönlichkeit und Lebensgeschichte ist die eine oder andere Seite ausgeprägt:
- ► Die einen sind für Schulentwicklung (Wunsch nach Wandel und Risiko), die anderen wollen alles beim Alten belassen (Wunsch nach Dauer und Beharren).
- ► Die einen sehen das Kollegium als große Familie (Wunsch nach Nähe und Bindung), die anderen geraten bei diesem Gedanken in Panik und fühlen sich vereinnahmt (Wunsch nach Distanz und Freiheit).
- ► Während ein Lehrer sagt: „Ich unterrichte Biologie und Chemie." (mehr Nähe zu Sachen, mehr Distanz zu Menschen), sagt ein anderer: „Ich freue mich jeden Tag auf meine Kinder. Der Stoff ist mir nicht so wichtig." (mehr Nähe zu Menschen, mehr Distanz zu Sachen).

Wir sind „vierfach gepolt":

Als bestimmte „Typen" leben wir unsere Unsicherheiten und Sicherheiten, unsere Ängst und Arglosigkeiten, unsere Nöte und Freiheiten unterschiedlich aus:
- ► **Nähe und Bindung:** möglichst lange dieselben Kinder unterrichten; das Kollegium als Familie und Zuhause sehen; gern an Ausflügen teilnehmen (Typ: „Kontaktnudel")
- ► **Distanz und Freiheit:** nicht immer im Lehrerzimmer sein wollen; lieber sich allein im Klassenzimmer aufhalten; sich bei Schulfesten zurückziehen (Typ: „Einzelkämpfer")
- ► **Dauer und Beharren:** jedes Jahr die gleiche Klassenstufe unterrichten wollen; immer im selben Kollegium bleiben; jahrelang am selben Ort wohnen (Typ: „Gewohnheitsmensch")
- ► **Wandel und Risiko:** häufig die Klassen wechseln; einen Auslandsschuldienst aufnehmen; jedes Jahr den Urlaub woanders verbringen (Typ: „Wandervogel")

Zu Konflikten kommt es,

wenn Menschen auf *einem* Pol beharren und den Blick auf die anderen Pole (und damit Personen) vermeiden oder verweigern. Zum Glück: Wir sind nicht festgefahren, sondern flexibel und manchmal sieht es so aus: Auf der einen Seite stehend, blicken wir argwöhnisch oder sehnsuchtsvoll auf die andere.

Im Umgang mit diesen Ängsten ist es sinnvoll, die Stärken und Schwächen jeder dieser Persönlichkeitsstrukturen zu kennen:

Der Nähetyp:
Stärken: kontaktfreudig, ansprechbar (Wie gut, dass es dich gibt.)
Schwächen: aufdringlich, vereinnahmend (Oh, schon wieder du.)
Ängste: nicht genügend anerkannt/geliebt zu werden; verlassen zu werden

Der Distanztyp:
Stärken: unaufdringlich, eigenständig (Er/sie übernimmt Verantwortung.)
Schwächen: distanziert, unnahbar (Schade, dass er/sie sich immer zurückzieht.)
Ängste: vereinnahmt zu werden; Dauerbindungen nicht halten zu können

Der Dauertyp:
Stärken: verlässlich und beständig (Man weiß bei ihm/ihr, wo man dran ist.)
Schwächen: unbeweglich, schwerfällig (Mensch, ist der/die aber stur.)
Ängste: vor Neuem, Unerwartetem; Angst vor Risiko

Der Wandeltyp:
Stärken: ideenreich, kreativ (Die Welt ist voller Bewegung und Vielfalt.)
Schwächen: unruhig, immer auf Achse (Wo steckt er/sie schon wieder?)
Ängste: zu erstarren; sich in Langeweile zu verlieren; das Leben zu verpassen

Konfliktlösung:
Wir brauchen uns gegenseitig und können die Grundängste in *Grundimpulse* umwandeln:
Der Nähetyp braucht den Distanztyp, sonst würde er sich im anderen verlieren. (Zu sich selbst kommen.)
Der Distanztyp braucht den Nähetypen, sonst würde er den Kontakt mit der Umwelt verlieren. (Es braucht zwei, damit einer sich kennen lernt.)
Der Dauertyp braucht den Wandeltyp, sonst würde er erstarren (Leben ist Bewegung).
Der Wandeltyp braucht den Dauertyp, sonst würde er „zerfließen" (Ruhe als Gegenpol zur Bewegung).

▸▸ **Von der Grundangst zum Grundimpuls:**
Von: Wovor habe ich Angst? Zu: Wie kann ich sie minimieren?

▸▸ **Vom Nähepol zum Distanzpol – und zurück**
Vom Dauerpol zum Wandelpol – und zurück

▸▸ **Ein Kollegium ist ein lebendiges Gebilde im Koordinatensystem der vier Grundformen der Angst, aus denen fruchtbare Grundimpulse entstehen können.**

▸▸ **Zwei Sprichwörter drücken verschiedene Erfahrungen aus:**
Gleich und Gleich gesellt sich gern.
Gegensätze ziehen sich an.

 15 / 26

43. Beziehung als Begegnung

In zwischenmenschlichen Beziehungen geht es um Interaktionen zwischen zwei oder mehreren Personen, die dann förderlich sind, wenn die Beteiligten in ihren Handlungen in einer *Balance* zwischen „für sich sorgen" und „auf den anderen zugehen" bleiben:

Erziehung
Erziehung im alten Stil:
als Beeinflussen von außen mit dem Ziel der Verhaltensänderung von Personen
(Subjekt-Objekt-Relation)

Beziehung
„Erziehung" im neuen Stil:
als *Beziehung* durch Begleiten und Fördern mit dem Ziel der Entwicklungshilfe von Personen
(Subjekt-Subjekt-Relation)

beeinflussen

einwirken

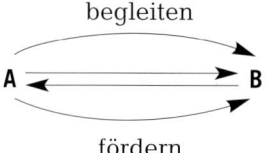

begleiten

fördern

„Beziehungsweisen":
Manchmal muss ich mich durchsetzen (= Ich als Gewinner)
Manchmal gebe ich nach (= Ich als Verlierer)
Manchmal handle ich Kompromisse aus (= Ich und das Gegenüber als Gewinner)
▶ Kooperation, Kompromisse, Vereinbarungen, Absprachen, aber auch: gütliche Trennung ...

Von der Fremd- zur Selbstbestimmung:
zwingen ⟶ formen ⟶ bestimmen ⟶ beeinflussen ⟶ führen
begleiten ⟶ loslassen ⟶ lassen

Typen in Beziehungen:
a. durchsetzender Typ (Ich behalte die Oberhand.)
b. führender Typ (Ich zeige, wo es lang geht.)
c. begleitender Typ (Ich gehe mit dir mit.)
d. nachgebender Typ (Harmonie geht über alles.)
e. ausgleichender Typ (Es geht so, aber auch anders.)
Oder, in anderer Variante:
a. egozentrisch: Ich bestimme, du gibst nach.
b. dialogisch: Wir beide handeln aus.
c. altruistisch: Du bestimmst, ich gebe nach.

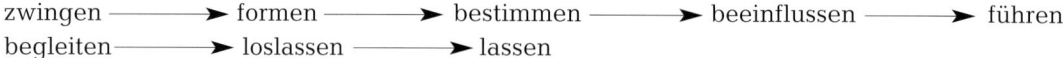

▸▸ **Gib dem anderen statt einen Fisch eine Angel und lehre ihn das Angeln, so ist er selbstständig und du bist entlastet.**

Stärken können in Beziehungen durch zu viel Zuwendung zu *Schwächen* werden:

Stärken	werden zu Schwächen
– „Vater/Mutter" sein	– Übervater/„Glucke" sein
– behüten, umsorgen	– keinen Raum lassen, ersticken
– vormachen	– an Stelle des anderen tätig werden
– da sein, zuständig sein	– behalten, nicht loslassen
– Ressourcen einsetzen	– erschöpft/ausgebrannt sein
– etwas anbieten	– sich anbiedern
– Nähe und Distanz ausbalancieren	– zu viel/zu wenig Nähe, zu viel/zu wenig Distanz

Die Lehrer- und Schülerwelten klaffen oft weit auseinander – und beide Personengruppen meinen, bisweilen auf verschiedenen Sternen zu leben. Die Suche nach Gemeinsamkeiten, nach Verbindungen ist deshalb wichtig, wenn sie „in Beziehung" bleiben wollen:

Was uns trennen kann	Was uns verbinden kann
– Alter	– Gebrauchtwerden, Vertrauen
– Kleidung	– Beachtung, Anerkennung
– Musikvorlieben	– Abschalten, Entspannung
– Argumente	– Verstehen
– politische Ansichten	– Sehnsucht nach Frieden
– Alltagsgestaltung	– Selbstverwirklichung
– Einstellungen	– Suche nach Lebenssinn
– Sprache, Ausdrucksweise	– gleiche Bedürfnisse
– Gefühle	– Gefühle
– Lehr- und Lernverhalten	– Ziel: Schulabschluss

Es kommt in erster Linie nicht auf die *Handlung*, sondern auf die *Haltung* in zwischenmenschlichen Beziehungen an, wenn sie wirklich förderlich sein sollen.

> Ein Schüler sagte mir einmal während einer SMV-Tagung: Wissen Sie, unsere Lehrer müssen nicht mit einer Kappe mit Schild nach hinten in die Schule kommen. Die können ruhig ihren Zylinder aufbehalten. Die Hauptsache, sie sind menschlich o. k. Wir kriegen das schon raus, ob einer sich einschmeicheln will oder ob er einfach unser Lehrer sein will.

➡ **Echtheit vor Verschleierung**
Anbieten statt Anbiedern
Abstand statt Vereinnahmung
Beziehung statt Clinch

Aus der *Beziehung* zu Menschen ergibt sich die *Erziehung*; d. h.: erst wenn ich einen Menschen wahrnehme und mit ihm in Kontakt trete, kenne ich dessen Bedürfnisse und kann entsprechend erzieherisch angemessen handeln. So wird aus einer Subjekt-Objekt-Beziehung eine Subjekt-Subjekt-Beziehung. (M. Buber)

4

44. Erziehung als Begleitung

Die Wirklichkeit zeigt, dass unter Erziehung von Menschen eine Umformung verstanden wird hin zu eigenen Vorstellungen der Erziehenden, wie der „Zögling" zu sein hat. Angesichts der Ergebnisse der Evolutionsbiologie, der Hirnforschung und der Lernpsychologie kann Erziehung nicht (mehr) als „Formung eines Ungeformten durch einen Formenden" verstanden werden oder als einen Vorgang, den jungen „unfertigen" Menschen zu einem „fertigen" zu machen, sondern sie ist zu verstehen als ein Ausbalancieren der Bedürfnisse der Einzelnen und kein „Herumschnitzen" am andern:

Appelle: „Reiß dich zusammen!" – „ Komm nicht zu spät!" – „ Hör auf zu jammern!" – „Trödel nicht so herum!" – „Stell dich nicht so an!" – „Steh nicht so herum!" – „Sei nicht so eigensinnig!" – „Räum dein Zimmer auf!" – „Sag schön danke!" – „Sei höflich!" – „Du machst jetzt, was ich sage!" usw. *(Siehe auch Nr. 27: „Nicht so viel Appelle!", S. 72/73)*

Aber auch Erwachsene werden (von Erwachsenen) erzogen:

> Während eines Gesprächs mit einem Mann beginnt eine Frau zu weinen, worauf dieser sagt: „Jetzt hör doch mit deinem blöden Geheule auf!" (= Ich verbiete dir Gefühlsäußerungen und erziehe dich zu mehr Selbstbeherrschung.)
>
> „Zieh' eine andere Jacke an!", sagte die Frau zu ihrem Mann: „Mit dir muss man sich ja schämen" (= Ich erziehe dich zu ordentlicher Kleidung – weil ich es nicht aushalte.).

Erziehungsverständnis

Dem deutschen Wort Erziehung liegt das lateinische Wort educare (= herausführen) zugrunde, ein Begriff, der weitaus besser ausdrückt, dass es sich um ein Herausführen aus der Abhängigkeit hin zur Selbstständigkeit handelt: Führen ist jedoch nur möglich, wenn der Geführte es zulässt – im Gegensatz zum Befehlen und Ziehen, die Fremdbestimmung bedeuten. Fremdbestimmung und Zwang sind dann notwendig, ethisch verantwortbar und auszuüben, wenn Menschen anderen gegenüber physische und/oder psychische Gewalt anwenden.

Der Begriff *Erziehung* enthält (für mich) zu viele Assoziationen an Ziehvorgänge. Wenn ich dennoch von Erziehung spreche, dann im Sinne von

- a. **Pflege/Fürsorge:** physisch, psychisch, materiell versorgt werden
- b. **Schutz:** körperlich, geistig-seelisch unversehrt bleiben
- c. **Orientierungshilfe:** sich in der Welt zurechtfinden lernen
- d. **Ermöglichung von Rechten/Einforderung von Pflichten:** Verantwortung übernehmen
- e. **Begrenzen:** Respekt vor den Freiräumen der anderen haben

Es ist Abschied zu nehmen von der Vorstellung, wir könnten andere Menschen nach *unseren* Vorstellungen „bilden". (Der Mensch ist keine „triviale Maschine"!) Aber wir können *Bedingungen* schaffen, dass andere sich entwickeln, gemäß ihrer Persönlichkeitsstruktur *und* ihrer Durchlässigkeit für Außenwirkungen. So betrachtet ist Erziehung Wahrnehmen und Beobachten, Einfühlen und Erspüren, Entwicklungsförderung und Lebenshilfe, Zulassen der Möglichkeiten und Grenzziehung, falls erforderlich.

Reflexion

Versetzen Sie sich in Ihre eigene Kindheit und Jugend, denken Sie an Personen, von denen Sie erzogen worden sind und spannen Sie den Bogen bis in die Jetztzeit:

a. Was haben Sie von Ihren Erziehern *genauso übernommen?* (= in *deren* Spuren weitergegangen)

b. Was haben Sie davon eigenständig *weiterentwickelt?* (= *eigene* Spuren gezogen)

c. Was haben Sie *ganz anders* gemacht? (= in *entgegengesetzte* Richtungen die Spur gezogen)

Wie viel ist von der *Erziehung* geblieben – und wie viele eigene Wege sind Sie gegangen?

Das *Selbstbewusstsein* von Menschen kann sich nur entwickeln, wenn sie statt Fremdbestimmung *Selbsterfahrung* machen können (= wenig *Erziehung* und viel *Beziehung*):
Das Problem der Selbstwahrnehmung und des Selbstbewusstseins liegt tiefenpsychologisch in der frühkindlichen Mutter-Kind-Symbiose: Wenn die Mutter das Kind nicht in die Eigenständigkeit, in die *Selbst*erfahrung entlässt (ein grundsätzlich schmerzlicher Vorgang), sondern die – für das Kind lebensnotwendige – Trennung von sich aus verhindert, dann bleibt das Kind in Abhängigkeit und ist unfähig, ein eigenständiges Selbst zu entwickeln. A. Gruen (1996, S. 11) spricht in diesem Zusammenhang von der Autonomie des Einzelnen und versteht darunter die „Möglichkeiten des ungehinderten *Erlebens* der eigenen Wahrnehmungen, Gefühle und Bedürfnisse. Solch eine Erfahrung bestimmt die Einheit oder die Spaltung einer Persönlichkeitsentwicklung." Wo dieses Erleben nicht geschehen kann, da entstehen sowohl Abhängigkeit wie auch Herrschaftsanspruch.

Wie *eigenes* Erleben verhindert wird:

- ▶ „Sei nicht so *eigen*sinnig!" (Wegnahme des eigenen Sinnes)
- ▶ „Jungen weinen nicht." (Verhinderung von Gefühlen)
- ▶ „Da täuschst du dich aber gewaltig." (Wegnahme eigener Sichtweisen)
- ▶ „Glaub mir; ich weiß es besser." (Wegnahme eigener Erfahrungen)

... und wie es gefördert werden kann:

- ▶ „Probier's mal aus; ich helfe dir, wenn du magst." (eigene Wege gehen lassen)
- ▶ „Ich trau dir das zu." (Vertrauen geben)
- ▶ „Ich freue mich, weil du ..." (Stärkung des Selbst)
- ▶ „Nur zu ... Ich bin gespannt, was du mir berichten wirst." (*Selbst*erfahrungen machen lassen)

Thema „Beziehung – Erziehung":

- ▶ Erörtern Sie mit Ihren KollegInnen meine/Ihre Gedanken.
- ▶ Wie sehen Ihre Sichtweisen zu Beziehung und Erziehung aus?
- ▶ Wenn sehr unterschiedlich: Kommen Sie zu (handlungsrelevanten) Vereinbarungen.
- ▶ Formulieren Sie – auf Grund des Erziehungsauftrages der Schule – konkrete Einstellungen und Verhaltensweisen auf Lehrer-/ und auf Schülerseite.
- ▶ Einigen Sie sich auf wichtige Postulate, einschließlich bestimmter Handlungskonsequenzen.
- ▶ Machen Sie Angaben über Verhaltensüberprüfung und Sanktionen.
- ▶ Beziehen Sie SchülerInnen (z. B. SMV – und wenn möglich die Eltern) mit ein = die Betroffenen zu Beteiligten machen!

4

45. Lob und Tadel

Zwei Begriffe, die aus der Haltung einer *Erziehung* stammen. Ich habe schon als junger Lehrer begonnen, Lob und Tadel aus meinem pädagogischen Repertoire zu streichen, weil sie mir auf Grund meines *Menschenbildes* und humaner Einstellungen nicht mehr „stimmig" erschienen; die Wurzeln meines Umdenkens reichen bis in meine Studienzeit:

> Als Student machte ich die Erfahrung, dass meine/unsere Beiträge von Professoren entweder gelobt oder kritisiert (= getadelt) wurden. Das war für mich völlig normal. Kurz vor dem Examen nahm ich an einem Seminar teil, in dem der Dozent meine/unsere Beiträge weder lobend noch tadelnd kommentierte, sie als solche stehen ließ oder höchstens sachlich einordnete. Das verunsicherte mich und ich fragte ihn: „Wie finden Sie denn meine Beiträge? Sie sagen fast nie etwas dazu. Seine Antwort: „Ich habe Sie nicht zu bewerten. Ich sage Ihnen höchstens meine Ansicht."

▸ Verwunderung meinerseits durch seine Nichtbewertung

> In einem Proseminar bekamen wir am Ende der ersten Sitzung von einem jungen Assistenten Aufgaben, die wir bis zum nächsten Mal erledigen sollten. Nachdem niemand die Aufgaben erstellte, sagte der Assistent zu Beginn: Nachdem ich Ihre Aufgaben für die Fortführung der Veranstaltung brauche, sie aber nicht vorfinde, beende ich die Sitzung. Stand auf und ging … – ohne Tadel auszusprechen.

▸ Da waren wir alle baff! Er „erzog" uns nicht, hinterließ aber Wirkung.

Mein Erkennnnisgewinn: Ich war bisher von Lob und Tadel als Bewertung anderer Menschen von ihnen abhängig. In dem Moment, in dem sie nicht mehr erfolgten, musste ich selbst sehen, wie ich mit meinen eigenen Verhaltensweisen und Produkten zurechtkam.

> Ein bekannter Schauspieler wurde gefragt, wie er mit dem neuen Regisseur zurechtkäme und antwortete: „Am Anfang war es sehr schwer; er lobte nicht, kritisierte nicht, sagte höchstens seine Sichtweisen … Ich war total verunsichert. Aber nach einiger Zeit bemerkte ich, wie ich immer mehr zu meiner eigenen Darstellung fand und löste mich als Marionette des Regisseurs. Bisher hatte ich immer nur so gespielt, wie andere es wollten und damit ich gelobt wurde. Ich war abhängig von ihnen …"

➠ **Lob und Tadel: kein *Mittel*, um zu *er*-ziehen !**

Aber: Selbstmitteilungen als Feedback mit Wirkung auf andere:

> Ende eines Schulvormittags, den ich als ausgesprochen produktiv empfand. Die Kinder, 3. Klasse, gehen an mir vorbei zur Tür – und ich hatte den Satz schon auf den Lippen: „Ihr wart aber heute toll!" – sagte aber: „Ich bin sooo gerne bei euch Lehrer!" – Da strahlten sie und gingen nach Hause … Mit welchen Gedanken und Empfindungen?

Ich unterscheide deshalb:

1. Lob und Tadel als Erziehungsinstrument, von denen andere *abhängig* werden: Jemand tut dies und das, damit er von mir gelobt und nicht getadelt wird – und nicht um seiner selbst willen oder weil es ihm wichtig ist!

2. Mitteilungen von mir selbst, weil sie *mir* in der *Beziehung* zum Gegenüber wichtig sind: Freude, Ärger, Zufriedenheit, Glück, Wut, Wohlbefinden – mit *Wirkung* auf andere.

> ➠ **Erziehung durch die Hintertür: Wenn ich dich lobe oder tadle, dann veränderst du dich, weil ich es will.**

Übrigens:

Lob wird sprachlich zurückgeführt auf „lieb nennen", „gutheißen" und Tadel auf die Wörter Fehler und Mangel:

> Anruf eines Vorgesetzten: „Herr Miller, ich muss Sie tadeln! Denn …"

Warum nicht so: Herr Miller, ich möchte Sie sprechen, um mit Ihnen einige Fehler, die mir bei Ihrer Arbeit aufgefallen sind, zu besprechen …

Wenn ich *mich* mitteile, gebe ich Rückmeldung – und der/die andere entscheidet, was er/sie damit, autonom, macht:

Statt:	**besser:**
– Das hast du aber schön geschrieben.	– Ich kann deine Schrift sehr gut lesen.
– Du bekommst einen Tadel, weil du nicht aufgepasst hast.	– Ich bitte dich dringend aufzupassen; ich fühle mich gestört, wenn du …

> ➠ **Das eine ist: *Menschen* tadeln, weil sie Fehler gemacht haben.
> Das andere: auf *Fehler* hinweisen, die Menschen gemacht haben.**

Natürlich kann es sein, dass Sie viele Lob- und Tadelerfahrungen hinter sich haben. Wenn nun beides wegfällt, haben Sie vielleicht „Entzugserscheinungen". Besser die, als in „Lob-Tadel-Abhängigkeit" zu bleiben!

> ➠ **Nichts gesagt, ist genug gelobt**
> (Schwäbisches Sprichwort)

Das wäre mir allerdings – in zwischenmenschlichen Beziehungen – zu wenig. Dafür aber Rückmeldung des anderen: seine Sicht, sein Eindruck …

Zum Selbsterleben:

Ich bin Ihr Kollege und sage zu Ihnen (als Erwachsener zu einem Erwachsenen):

▶ Das haben Sie aber gut gemacht. Weiter so!
▶ Dein Arbeitsblatt verdient Tadel.
▶ Dein Referat. Toll. Da muss ich dich loben.
▶ Noch solche Leistung in deinem Alter?! (Und klopfe Ihnen dabei auf die Schulter.)
u. a. m.

 4

46. Erziehung: Freiräume und Grenzen

Wenn das *Begrenzen* aus der Grundhaltung der Liebe (und nicht des Machtmissbrauches und der Willkür) kommt, dann ist *Begrenztwerden* aus der Erfahrung heraus, geliebt zu werden, innerlich annehmbar(er), auch wenn es in der *konkreten* Begrenzungserfahrung nicht sofort und ohne weiteres „leistbar" ist: Wer beispielsweise etwas verboten bekommt, wird schwerlich in Jubel ausbrechen und nicht immer unmittelbar Vertrauen zu den Verbietern haben können.

Die Entwicklung der Selbstwahrnehmung und des Selbstbewusstseins wird nicht verhindert durch Einschränkungen und Begrenzungen, sondern durch die *Art und Weise der Vermittlung* seitens der Begrenzer:

a. Aus welcher Grundhaltung und Einstellung heraus begrenzen Sie?
  („Ich habe dich im Griff." vs. „Hier beginnt mein Terrain.")
b. Wie kommt diese Grundhaltung und Einstellung „zur Sprache"?
  („Ich habe das Sagen." vs. „Ich bin ich und du bist du.")
c. Trennen Sie zwischen Bewertung und Begrenzung?
  („Hau ab du Nichtsnutz!" vs. „Nur bis hierher.")

Strafen

Ich werde häufig gefragt: Wie halten Sie es mit Strafen?
Meine Antwort: Ich habe mich von dem Wort „Strafen" schon lange verabschiedet – und verwende den Begriff „konsequentes Handeln". Damit meine ich

  ▶ zunächst meine eigenen Motive wahrnehmen (Wiedergutmachung, Grenzziehung, Umlern-/Veränderungshilfe)
  ▶ Fehlverhalten, Grenzen und Folgehandlungen (auf-)zeigen
  ▶ Tätigkeiten zum Umlernen anbieten, einfordern („stimmige" Wiedergutmachung)
  ▶ notwendige Zwangsmaßnahmen zum Schutz anderer durchführen
  ▶ selbst autonom handeln: Wenn *ich* mich verändere, verändern sich auch andere.

Wenn LehrerInnen bestrafen:

negativ:	positiv:
– unkontrolliert (weil affekthaft)	– kontrolliert (weil überlegt)
– rachsüchtig (weil verletzt)	– betroffen (weil gefühlsmäßig)
– aggressiv (weil hilflos)	– angemessen (weil professionell)
– fehlerhaft (weil unter Stress)	– sinnvoll (weil ohne Stress)
– kontraproduktiv (weil panisch)	– konstruktiv (weil distanziert)
– inkonsequent (*während* der Eskalation)	– konsequent (*nach* der Eskalation)

Folgen für SchülerInnen:

negativ:	positiv:
– Störung der emotionalen Beziehung	– kein Beziehungsabbruch; Zuwendung, trotz Strafe
– Beschädigung des Selbstwertgefühls	– Erfahrung: Trennung von Verhalten und Person
– fehlende Handlungsalternativen	– Angebote von Handlungsalternativen
– Angst, Aggressionen	– Erkenntnis/Einsicht
– keine (Um-)Lernhilfen	– (Um-)Lernhilfen

Es ist ein grundsätzlicher Unterschied, ob die Grenzziehung dem anderen gegenüber aus Selbstbehauptung und Selbstschutz heraus geschieht – und bei Kindern und Jugendlichen der Fürsorge und des Schutzes wegen – oder ob sie aus Herrschaftsansprüchen heraus proklamiert wird (= Solange du deine Füße …):
Entweder: „Halt, nur bis hierher; hier ist die Grenze: Hier *bin ich.*" (Selbstbehauptung)
Oder: „Du tust das jetzt, weil ich es *will.*" (Macht)

Kleine Regelkunde

Regeln sind im Zusammenleben wichtig: Sie geben Freiräume und ziehen Grenzen:
Wenn Regeln vorhanden sind, dann
- auf sie hinweisen und schriftlich bekannt geben
- deren Sinn und Wirksamkeit erklären/erfahren lassen
- helfen, sie einzuüben und einzuhalten
- auf die Verbindlichkeit hinweisen und Sanktionen bekannt machen.

Entwicklung von Regeln

- zuerst: durch Tun Erfahrungen machen lassen
- die Erfahrungen als Ausgangspunkt für die Regelerarbeitung nehmen
- Regeln finden, formulieren und ausprobieren (lassen)
- Sanktionen/Konsequenzen vereinbaren
- Regeln verbindlich festlegen und Regelverhalten einüben

Formulierung von Regeln

- Regeln haben Aufforderungscharakter und sagen aus, was zu tun bzw. zu unterlassen ist.
- Regeln müssen handlungsorientiert formuliert werden, z. B.: „Bitte der Reihe nach sprechen" – „Wartet, bis ich komme!"
- Wenn möglich, das „nicht" unterlassen:

statt	besser
„Bitte nicht den Rasen betreten!"	„Bitte auf den Wegen bleiben!"
„In der Pause nicht im Klassenzimmer bleiben."	„In der Pause in den Hof gehen."
„Du sollst nicht lügen."	„Sag die Wahrheit."

- „Wir-Regeln" haben geringeren Aufforderungscharakter als Ich-Formulierungen:

statt	besser
Wir sind pünktlich. .	Ich bin pünktlich
Wir sprechen leise.	Ich spreche leie.
Wir hören zu.	Ich höre zu.

- „Wollen"-Formulierungen tendieren zur Unverbindlichkeit:

statt	besser
Wir wollen uns ausreden lassen.	Ich lasse die anderen ausreden.
Wir wollen niemanden verletzen.	Ich verletze niemanden.

Überprüfung bestehender Regeln

- die Regeln auf ihre Erreichbarkeit überprüfen (Schüler wollen meist Regeln einhalten, können dies aber nicht immer. Sie sind überfordert; brauchen Hilfen …)
- die Regeln auf ihren Nutzen und ihre Wirksamkeit überprüfen
- Regeln ggf. ändern oder abschaffen

 4

47. Gespräche mit „Schulschwänzern"

Gespräche mit „Schulschwänzern", „Unterrichtsverweigerern" oder „Schulmüden", wie auch immer die Begriffe heißen mögen, die das Fernbleiben beschreiben oder bewerten: Unerfreulich (für SchülerInnen *und* LehrerInnen), angesiedelt im Spektrum von „Ertapptsein" bis „peinlich". Dennoch müssen wir sie führen mit dem Ziel, zu Klärungen und Lösungen zu kommen. Die Motive bzw. Gründe der SchülerInnen, am Unterricht nicht teilzunehmen, sind aus deren Sicht stets plausibel, von nachweislicher Krankheit über notwendige familiäre Verpflichtungen bis hin zu Interesselosigkeit und Unlust. Mitgeteilt werden sie *von ihnen* allerdings sehr unterschiedlich, und zwar von „den Tatsachen entsprechend" bis zu „Verschleierungstaktiken aller Art".

> Ein Mädchen, attraktiv aussehend, kommt zu spät in den Unterricht. Der Lehrer fährt sie an: „Das kommt davon, wenn man zu lange mit dem Freund knutscht!" Das Mädchen beginnt zu weinen … Hinterher erfährt er, dass das Mädchen vor der Schule noch rasch ihren kleinen Bruder in den Kindergarten gebracht hat.

▶ Vorsicht vor Vorurteilen

> Ein Junge fehlt zwei Tage. Die Lehrerin fragt ihn nach dem Verbleib und bekommt unter Tränen zur Antwort: „Mein Opa ist schwer verunglückt und gestern gestorben." Die Lehrerin tröstet ihn – und getraut sich gar nicht, nach einer schriftlichen Mitteilung der Eltern zu fragen. Dies schien ihr pietätlos. – Erst später erfährt sie, dass alles nur erfunden war.

▶ Ebenso Vorsicht vor (naiver) Gutgläubigkeit

Tatsache ist, dass das Fernbleiben *grundsätzlich* gegen die Schulpflicht verstößt. Von dieser Schulpflicht sind diejenigen befreit, die dafür – aus Sicht der Schule – plausible Gründe angeben. Sie lösen bei LehrerInnen unterschiedliche Reaktionen aus:

▶ Sie erzeugen Sicherheit, wenn Fakten (Atteste, Zeugenaussagen …) vorliegen;
▶ Sie wirken glaubhaft bei gegenseitigem Vertrauen;
▶ Sie bringen erhebliche Zweifel bei Ungereimtheiten;
▶ Sie werden bisweilen als „faule Ausrede" bis „glatte Lüge" bewertet;
▶ Sie werden aber auch behutsam betrachtet, wenn Peinlichkeiten, Ängste, Scham, Verletzungen … hinter den Nachrichten vermutet oder deutlich werden.

Die Feststellung, ob es sich aus Sicht der Schule um berechtigte oder unberechtigte Gründe handelt, erweist sich mitunter als äußerst schwierig. LehrerInnen befinden sich im Spannungsfeld zwischen Wahrheit und Lüge. Deshalb sind zur Klärung, zum weiteren Vorgehen und vor allem zur Hilfe, Gespräche mit den SchülerInnen notwendig.

Neun Schritte

1. **Vorbereitung:** Überprüfen Sie, bevor Sie das Gespräch beginnen
   a. **Ihre Befindlichkeit:** Sind Sie wütend, enttäuscht, sauer …, verständnisvoll, affektbesetzt oder gefühlsbetont, angespannt oder locker? Versuchen Sie, selbst einigermaßen ausgeglichen und „gesprächsfähig" zu sein.
   b. **Ihre Einstellung/Haltung** dem Schüler/der Schülerin gegenüber: Spüren Sie Misstrauen, Zweifel, Vertrauen, Voreingenommenheit, Unvoreingenommenheit, Ablehnung? Was auch immer gewesen sein mag: Die SchülerInnen haben ein Recht auf faire Behandlung.
   c. **Ihre Ziele und Absichten:** Wollen Sie Verstehen, Aufklärung/Klärung, Hilfestellung, Wiedergutmachung, Wiedereingliederung …?

2. **Beschreibung der Wahrnehmungen:** Beginnen Sie immer mit der *Beschreibung* Ihrer Wahrnehmungen: Du bist die letzen Tage verspätet in den Unterricht gekommen. Du hast die letzten drei, vier … Tage gefehlt … (*Vermeidung von Bewertungen* wie „schon wieder hast du …; immer du …; dauernd bist du …; von dir habe ich nichts anders erwartet …" usw.)

3. **Ursachenforschung:** Sie haben das Recht/die Pflicht, die Gründe zu erfahren, um festzustellen, ob die Schulpflicht verletzt wurde oder ob die Fehlzeiten rechtens waren und akzeptiert werden können.

4. **Weichenstellung:** Es kann sein, dass Sie – selbst auf gutes Zureden hin – keine Antwort erhalten, aus welchen Gründen auch immer, in der Bewertung von „verstockt, stur bis beschämt, angstvoll …" In diesem Falle üben Sie bitte keinen Druck aus (Wir können niemanden zwingen, sich zu öffnen.), sondern führen das Gespräch bei Ziffer 7: „Grenzziehung" weiter, als notwendige Mitteilung (ggf. auch schriftlich nachreichend).

Beginnen SchülerInnen jedoch zu sprechen, sich anzuvertrauen – wenn auch zunächst zögerlich – dann geht es um das

5. **Verstehen:** Fühlen Sie sich in die Welt, die Situation der Schülerin/des Schülers ein: Gründe aus ihrer Sicht …, Notsituationen, „Verführung" durch außerschulische Angebote (Kino, Kaufhaus, Spielhallen, FreundInnen …), kein „Bock" auf Schule, Bequemlichkeit, Schule und Unterricht als lebensferne Welt … (Hinweis: Verstehen ist nicht gleichzusetzen mit dem Einverstandensein der jeweiligen Handlung.)

> ▸▸ **Kern des Gesprächs ist nicht die akribische Ergründung des Fernbleibens, sondern das Verstehen der eigentlichen Botschaften, Motive, Absichten mit dem Ziel der Verhaltensänderung.**

6. **Feedback:** Geben Sie klares Feedback über das, was Sie gehört haben. Dabei kann die Spannbreite sein von „Danke, dass du so offen warst und dich mir anvertraut hast" über „Ich muss dir sagen, dass ich da meine Zweifel habe …" bis „Das kauf' ich dir aus folgenden Gründen nicht ab." In letzterem Fall muss der Abschlusssatz in etwa lauten: „Ich möchte dir nichts unterstellen, dich nicht ungerecht behandeln – mich aber auch nicht zwingen, etwas zu glauben, was für mich nicht nachvollziehbar ist." Also: Echtheit und Ehrlichkeit statt Anschuldigung und Abwertung.

7. **Grenzziehung:** Nach Eruierung der Gründe erfolgen Sachmitteilungen und Hinweise, wie z. B.: Erinnerung an die Schulpflicht – ggf. Mitteilung an andere LehrerInnen, an die Eltern … – Hinweis auf Regeln und Grenzen. Auch Klarheit und Unmissverständlichkeit können sozialverträglich mitgeteilt werden – ohne Wutäußerungen oder Beschimpfungen.

8. **Konsequenzen:** Teilen Sie sie mit und machen Sie deutlich, dass diese nicht als Drohung, sondern als Folgen des Fernbleibens gemeint sind; z. B.: Unterrichtsstoff nacharbeiten, ggf. „nachsitzen"; Wiedergutmachung, Sanktionen, Misserfolge, Benotung, Nachteile im späteren Beruf, familiäre Konflikte …

9. **Hilfsangebote:** Bitte hören Sie das „Schwänzen" u. U. auch als spezifische Botschaft der SchülerInnen und fordern Sie zum Wiederkommen auf. Im Grunde genommen wollen die meisten „wirklich lernen". Dazu brauchen sie Ihre Hilfe, die der Eltern und anderer Personen (Berater, Psychologen). Die Hilfsangebote der Schule reichen von verständnisvollen Gesprächen mit allen Beteiligten (Eltern, Lehrer, Schüler) über differenzierten Unterricht einschließlich lebensnaher Inhalte und angenehmes Schulklima bis (in Ausnahmefällen) auch außerschulischer Verweildauer in spezifischen Fördereinrichtungen – alle mit dem Ziel, sich (wieder mehr) mit der Schule identifizieren zu können.

48. „Diese Unsympathen!"

Kollegien und Klassen sind Zwangsgebilde. Sie entstehen nicht auf Grund freiwilliger Entscheidung, sondern durch Sachzwänge, Notwendigkeiten und Fremdbestimmung.

Insofern ist es normal, dass Menschen zusammentreffen, die sich sympathisch oder unsympathisch finden. Inneres Davonlaufen ist möglich, äußeres nur in extremen Fällen.

> Ein Lehrer berichtet in der Supervisionssitzung: Ich habe einen Schüler, der mir total auf den Wecker geht. Ich finde ihn einfach unsympathisch und habe keinen Zugang zu ihm. Das fängt schon bei seiner Kleidung an und geht bis zu persönlichem Verhalten. Und was mir am meisten zu schaffen macht: Er hat doch das Recht auf faire Behandlung, die ich ihm aber nicht garantieren kann – und ich selbst bekomme deswegen Schuldgefühle.

> Eine Mutter kommt in die Beratung und beklagt sich über ihren 9-jährigen Sohn. Nach ihren Angaben wird sie mit ihm überhaupt nicht fertig. Mit Tränen in den Augen und einem „Mischgefühl" aus Wut, Hilflosigkeit und Schuld sagt sie: „Manchmal wünsch' ich ihn zum Teufel ... Und wenn ich diese Gedanken habe, dann komme ich mir vor wie eine schlechte Mutter; das ist das schlimmste ..."

Reflexion: Zweierlei ist möglich:
a. Zum einen gibt es wirklich Menschen, die man (gedanklich) „zum Teufel wünscht", die einem unsympathisch sind und mit denen man nichts zu tun haben möchte.
b. Zum anderen besteht aber auch die Möglichkeit, dass man Menschen ablehnt, weil deren (unsympathisches) Verhalten an eigenes, unerwünschtes Verhalten erinnert. *(Siehe auch Nr. 39: Übertragung als „Dreifach-Irrtum", S. 96/97)*

> Ich bin als Schüler von meinen LehrerInnen öfters als ein „lebendiges Kerlchen" erlebt und deshalb auch oft gelobt worden. Das tat mir gut. Manchen aber ging diese „Lebendigkeit" auf den Geist und sie nannten mich dann „Hektiker". Dies gab mir immer einen Stich und tat weh. – Noch heute habe ich Schwierigkeiten, wenn ich auf „hektische" Menschen treffe. Sie sind mir bisweilen unsympathisch, weil ich durch sie mit meiner eigenen „Hektik-Vergangenheit" (wieder) konfrontiert werde.

> Deshalb
> ▸▸ **Gehen wir auf die Suche nach dem Sympathischen in uns unsympathischen Menschen.**
> **Gehen wir auf die Suche nach dem Unsympathischen in uns selbst.**
> **Gehen wir auf die Suche nach dem Sympathischen in uns selbst.**

> Ein Lehrer zu einem Schüler: „Weißt du, manchmal kann ich dich wirklich nicht ausstehen – und dann wieder könnt' ich locker auf ein Bier mit dir gehen." – Der Schüler grinst ihn an und sagt: „Sehen Sie, so geht's mir auch", holt aus der Tasche eine Colabüchse, öffnet sie zischend und prostet dem Lehrer zu.

▶ So ist das mit den zwischenmenschlichen Beziehungen, mit Nähe und Distanz ...

Hintergründiges

Es gibt eine wirkungsvolle Übung, wie Sie mit Personen, die Ihnen unsympathisch sind, förderlich und sozialverträglich umgehen können:

Teil I:

Setzen Sie sich bitte auf einen Stuhl und postieren Sie einen anderen Stuhl gegenüber. Stellen Sie sich vor, dass auf ihm jemand sitzt, den Sie sehr unsympathisch finden.

1. Notieren Sie nun, was Sie an ihm/ihr nicht mögen; nennen Sie Eigenschaften und bewerten Sie ihn/sie so, wie Sie ihn/sie erleben, z. B. arrogant, abweisend, feige, hinterhältig u. a. m.
2. Notieren Sie Ihre Gefühle, die Sie ihm/ihr gegenüber haben (z. B. Abscheu, Wut, Ärger …).
3. Notieren Sie, was Sie jetzt am liebsten machen *würden* (z. B. ihm/ihr die Meinung sagen; nicht mit ihm/ihr reden; weggehen …).

▶ Es hat sich also folgender Dreischritt ergeben:

Aus Ihrer   entstanden   und daraus
BEWERTUNG ⟶ GEFÜHLE ⟶ HANDLUNGEN

Machen Sie nun bitte eine kleine Pause; und dann:

Teil II:

1. Stellen Sie sich Ihr Gegenüber wieder vor und notieren Sie, was Sie *hinter* dem Unsympathischsein des/der anderen finden. Vielleicht ist er/sie doch nicht so arrogant, abweisend … Vielleicht steckt doch noch etwas anderes (Annehmbares, Liebenswertes …) dahinter? Vielleicht versteckt er/sie etwas, traut sich nicht, ist gehemmt, unsicher …?
2. Notieren Sie Ihre Gefühle, die Sie ihm/ihr gegenüber haben, wenn Sie *dahinterblicken* (vielleicht Mitleid …?).
3. Notieren Sie, was Sie jetzt tun würden (vielleicht doch mit ihm/ihr reden …?).

▶ Es hat sich wiederum ein Dreischritt ergeben:

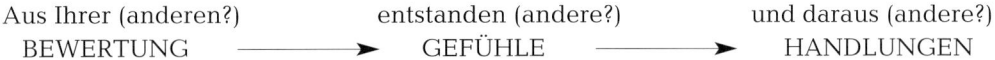

Aus Ihrer (anderen?)   entstanden (andere?)   und daraus (andere?)
BEWERTUNG ⟶ GEFÜHLE ⟶ HANDLUNGEN

Somit liegt es also an *Ihnen*, wie Sie einen Menschen sehen, einschätzen, betrachten, bewerten … Verändern sich Ihre Bewertungen und Einstellungen zu ihm, so verändern sich auch Ihre Gefühle und damit Ihre Handlungen. Und bedenken Sie: Bewertungen können Sie – durch Umbewertung – verändern! Dies ist nicht erzwingbar, aber dennoch möglich.

> Ein Mädchen sagt zu seiner Freundin: „Ich bin ganz verliebt in Pat, obwohl ich ihn zunächst ziemlich doof fand."

> In der Pause sehe ich zwei Jungen heftig streiten. Zwei Stunden später verlassen sie einträchtig die Schule, während der eine dem anderen zuruft: „Also bis nachher beim Training …"

5 / 27

49. Umgang mit „Widerstand"

Lehrerinnen und Lehrer stoßen in ihrem Alltag des Öfteren auf „Widerstand":

a. die Schüler

- ► sollen lernen … – und wollen nicht
- ► sehen partout nicht ein, dass …
- ► verweigern sich, lehnen Aufgaben ab
- ► gehen Wege, die die LehrerInnen nicht akzeptieren

b. die Eltern

- ► negieren Empfehlungen und Ratschläge
- ► weigern sich einzusehen, dass …
- ► wollen ihr Kind in eine andere Schule schicken
- ► denken, fühlen, handeln anders

und bringen Lehrerinnen und Lehrer manchmal zur Verzweiflung.

> Ein Schulleiter: Ich habe einige „Widerständler" in meinem Kollegium. Sie klinken sich aus dem Schulentwicklungsprozess aus und verweigern die Mitarbeit. Die „Widerständler" wiederum sagen zu mir: Es liegt in unserer Entscheidung, ob wir mitmachen oder nicht. Wir sind dazu nicht verpflichtet. Der Schulleiter widersetzt sich unserer freien Entscheidung.

Wer ist nun im „Widerstand": die LehrerInnen oder der Schulleiter?

Unterscheidungen

a. Politischer Widerstand: Er ist dann gerechtfertigt, wenn Interessen und Ziele von Einzelnen oder Gruppen durch inhumane und/oder ungesetzliche Mittel durchgesetzt werden. Dabei kann es zu gravierenden (und bisweilen auch paradoxen) Auseinandersetzungen kommen, weil unterschiedliche Auffassungen und unangemessene Mittel angewendet werden; z. B. Gewalt als Mittel gegen Gewalt; Intoleranz gegen Intolerante …

b. Ich spreche dann nicht von „Widerstand", wenn Menschen Pflichten verletzen; dies ist *Nichterfüllung von Pflichten*, die Konsequenzen nach sich zieht. In wirklichen „Widerstand" kann nur derjenige gehen, der die *Freiheit* zu eigenem, alternativen Handeln hat.

c. Pädagogischer „Widerstand": Er liegt dann vor, wenn jemand nicht will oder tut, was ein anderer von ihm verlangt. Zum Beispiel: Schüler, die den Schulbesuch verweigern; Lehrer, die sich nicht an der Schulentwicklung beteiligen; Eltern, die Empfehlungen übergehen … Deshalb schreibe ich in diesem Falle das Wort Widerstand in Anführungszeichen, weil er sich auflöst, wenn man hinter den „Widerstand" blickt und ihn als spezifische Botschaft versteht, nämlich als Ausdruck von Autonomie: Ich tue nicht, was du willst, sondern was ich möchte, was mir wichtig ist …

Freiheit: *Ich* tue, was ich will; ich entscheide; ich trage die Verantwortung für mein Tun.

Macht: *Du* tust, was ich dir sage; wenn du dich weigerst, bist du im „Widerstand".

Liebe: *Ich* tue, was ich tun muss, um dich zu schützen, um dich zu begleiten, um dir zu helfen; wenn du dich weigerst, werde ich dich entweder festhalten oder dich loslassen, je nach Situation (Gefahr, Schutz – oder Wege in die Selbstständigkeit …)

Es kann also in erzieherischen Beziehungen von Menschen die gleiche Handlung Macht oder Liebe ausdrücken: entscheidend ist die *Grund*haltung – und nicht das *Ver*halten.

Sechs Schritte im Umgang mit „Widerstand"

1. den „Widerstand" wahrnehmen

Er äußert sich durch Verneinung, Übergehen, Missachtung, „ja, aber" … bis hin zu Aggressionen, Drohungen und Erpressungen.

2. die „eigentliche Botschaft" heraushören

„Widerständen" liegen immer *spezifische Mitteilungen* zugrunde. Zum Beispiel: Unbehagen, Unsicherheiten, Hilflosigkeit, Mangel an Authentizität, Angst vor Neuem, vor Gesichtsverlust, vor Änderungen …

3. Gespräche führen

Beide Seiten teilen die Gründe ihrer Absichten und Ziele mit, schätzen die Sachlage ein, werden mit den Realitäten konfrontiert, sprechen über ihre Befindlichkeit und suchen nach Gemeinsamkeiten.

4. die Betroffenen beteiligen

Sie sollen auf keinen Fall den Eindruck bekommen, man würde sie ausbooten wollen. Die Botschaften der „Widerständler" haben ihre Berechtigung. Förderlich ist es, Zielvereinbarungen mit ihnen zu erreichen.

5. Entscheidungen transparent machen

Wenn dennoch Entscheidungen gegen den Willen anderer gefällt werden (müssen), so sind sie zu begründen und offen zu legen.

6. …

und damit rechnen, dass sich „Widerständler", trotz „vernünftiger" Gespräche, auch weiterhin „widerständlerisch" verhalten, mit bisweilen unsozialen Reaktionen (den Kontakt verweigern, sich zurückziehen, mit Dritten abschätzig reden, aggressiv werden …)

Einstellungen im Umgang mit „Widerständlern":

▶ Ich bin sehr auf Harmonie bedacht – und gebe manchmal/meistens nach.

▶ Ich achte auf Ausgewogenheit und bin bestrebt, Vereinbarungen zu treffen.

▶ Durch „Widerständler" fühle ich mich besonders herausgefordert.

▶ Ich freue mich über die Vielfalt der Meinungen, Vorschläge und Ideen.

▶ „Widerständler" blockieren den Prozess: Durchsetzung ist angesagt!

▶ Bei Kontroversen habe ich häufig ein Unbehagen.

▶ Ich finde, „Widerständler" sind das Salz in der Suppe.

▶ Ich ärgere mich oft über die „Ja, aber-Sager" und generellen Ablehner.

▶ Ich habe „Widerständler" noch immer von der Richtigkeit meiner Argumente überzeugen können.

▶ „Widerstand" reizt mich zum „Widerstand".

▶ Ich streite mich gern mit denen, die dagegen sind …

⇒ **Wer immer gegen alles ist, hat am Ende gar nichts in der Hand.**
„Widerständler" sind „eigen-sinnig".
Wo kämen wir hin, wenn alle in eine Richtung gingen?
Was passiert, wenn viele in viele Richtungen gehen?
„Widerständler" denken quer und handeln „gegen den Strich".
„Widerständler" ist immer derjenige, der nicht will und tut, was ich will.

50. Kritik und Streit

In Konfliktsituationen wird häufig „Kritik geübt", eine Tätigkeit, die wirkungslos bleibt und sogar kontraproduktiv sein kann, wenn sie als „Kratzen an der Wirklichkeit" des anderen verstanden wird oder gar als Rache/Vernichtung gemeint ist. (Er bekam eine vernichtende Kritik.) Sie ist sinnvoll, wenn sie eigene Positionen verdeutlicht, auf Unterschiede/Gegensätzlichkeiten hinweist und inhumane *Handlungen* verbietet bzw. verhindert.
Faire Kritik bedeutet somit:

- ▶ Ausdruck von Interesse am anderen und gegenseitiger Respekt
- ▶ keine Veränderung *des* anderen, sondern Mitteilung eigener Ansichten *an* den anderen
- ▶ Angebot und Hilfe, Förderung und Unterstützung, Konfrontation und Zeichensetzung, Aufforderung und Hinweis, Warnsignal und Grenzziehung
- ▶ keine Schimpfkanonaden, sondern Äußerungen eigener Eindrücke, Erlebnisse, Sichtweisen in Bezug zu anderen Menschen

Drei unterschiedliche Einstellungen und Aussagen, „Kritik zu üben":

1. Ich bin offen für ihre Ansichten; ich akzeptiere, dass Menschen unterschiedliche Meinungen vertreten und diese auch mitteilen. Oder:
2. Ich mag es nicht, wenn andere Menschen Schwierigkeiten machen; ich lehne sie ab ... Oder:
3. Konfliktarbeit ist für mich ein interaktives Geschehen, das Chancen zur positiven Veränderung in sich birgt.

▶▶ **Falsche Kritik: die Wirklichkeit des Gegenübers vernichten wollen, um an deren Stelle die eigene absolut zu setzen**

Da wir kaum über den lebensgeschichtlichen Hintergrund von Menschen Bescheid wissen, wissen wir auch nicht, was unsere Kritik bei ihnen auslöst; z. B.:

Kritikresistenz	oder	Kritikoffenheit
Selbstwertverlust	oder	Selbstreflexion
Erniedrigungserlebnis	oder	Hilfe zur Weiterentwicklung
Vernichtung	oder	Förderung
Aggressionen	oder	Zuwendung
Ablehnung	oder	Zustimmung

Man kann fair Kritik üben und sogar sozialverträglich „streiten", indem man

- ▶ klipp und klar seine Meinung sagt – und die andere gelten lässt
- ▶ unverfälscht seine Gefühle äußert (Wut, Zorn, Ärger, Angst ...)
- ▶ sich selbst behauptet und Wünsche, Forderungen stellt
- ▶ sich von anderen Meinungen distanziert („Ich denke da ganz anders als Sie")
- ▶ zuhört, überlegt ... und ggf. seine Meinung ändert
- ▶ nach Gemeinsamkeiten sucht und Vereinbarungen trifft
- ▶ beobachtet, schweigt, sich zurückzieht
- ▶ das Gespräch selbstbewusst – aber nicht beleidigt – beendet

„Ich streite gern", sagte A. – „Und du gewinnst wohl auch gern", äußerte B. Daraufhin nickte A und B fragte: „Und wie geht es dann den Verlierern?"

Streit-„Kultur"

▶ Jeder hat das Recht auf eine eigene Meinung:
Meinungen sind eben Ansichts-Sache.

▶ Jeder hat das Recht, sie mitzuteilen:
Viele Meinungen ergeben ein buntes Bild.

▶ Sichtwechsel erweitert den eigenen Blickwinkel:
Die Position des anderen kann Überraschungen bringen.

▶ Alle Positionen haben Vor- und Nachteile:
Gehen wir auf die Suche und wägen wir ab.

▶ Ein Blick unter die Eisoberfläche lohnt sich:
Was es da alles zu entdecken gibt!

▶ Mit kleinen Schritten kommt man besser ans Ziel:
Man kann dabei mehr sehen und weniger übersehen.

▶ Die Suche nach Gemeinsamkeiten bringt Gewinn für beide:
Jeder soll als Gewinner vom Platz gehen (WIN-WIN-Modell).

▶ Vereinbarungen sind der Knoten, der den Sack zumacht:
Jeder weiß, wie er dran ist.

▶ Bei Nichtvereinbarungen:
Im Frieden auseinander gehen.

Kritik und Streit spielen oft eine wichtige Rolle, wenn wir auf Menschen stoßen, die wir als schwierig erleben/einstufen; zur Klärung deshalb:

Umgang mit schwierigen Menschen

1. Manche Menschen sind nicht nur für Sie schwierig, sondern Sie sind es möglicherweise auch für andere.
2. Wer einen anderen Menschen als schwierig einschätzt, sagt mindestens so viel über sich aus wie über ihn.
3. Schwierigkeiten zwischen Menschen sind gegenseitige Botschaften und Deutungen.
4. Sie können den „Schwierigen" nicht ändern. (Das muss er schon selbst tun.) Aber Sie können Bedingungen schaffen, dass er sich ändern kann.
5. Wer von anderen Menschen Änderungen will, gerät in Abhängigkeit, weil sie von ihnen verweigert werden können.
6. Es ist besser zu überlegen, was man selbst tun kann als von anderen die Lösungen zu erwarten.
7. Je mehr Sie bei sich bleiben, umso mehr kommen andere zu sich, die beste Voraussetzung für Dialog und Verständigung.
8. Die Ecken und Kanten, die Besonderheiten und Schwächen, sind das Salz in zwischenmenschlichen Beziehungen.

▸▸ **Wertschätzung ist die Basis für konstruktive Lösungen.**

51. Streitschlichtung

Streitschlichtung in der Schule ist derzeit „in". LehrerInnen machen sich kundig und fähig, selbst Streit zu schlichten und trainieren SchülerInnen in der Absicht, diese zu kompetenten Streitschlichtern auszubilden, eine längerfristige Angelegenheit (und kein Schnellverfahren an einem Fortbildungswochenende!). Dabei geht es um alltägliche Schülerstreitigkeiten, nicht jedoch um gravierende Störungen, Verletzungen oder gar Mobbing. Diese gehören in die Konfliktlösearbeit von professionellen BeraterInnen.

Die nachfolgende Darstellung der „Sieben Stufen einer Streitschlichtung" zeigt eine von mehreren möglichen Grobstrukturen. Mein Ziel ist es, LehrerInnen zu informieren, damit sie wissen, was auf sie zukommt, worauf sie sich einlassen und was sie ggf. zu trainieren haben.

Sieben Stufen eines Streitschlichtungsprozesses

1. Begrüßung und Kontrakt

▶ Der Streitschlichter/die Streitschlichterin (ST) begrüßt die Parteien (P); es können zwei Personen oder zwei Gruppen beteiligt sein. (Bitte beachten: angemessener Raum, Ambiente, Sitzordnung ...)

▶ Im Kontrakt wird geklärt und vereinbart:
  – Die P kommen freiwillig und wollen von sich aus eine Schlichtung.
  – Sie haben Entscheidungsfreiheit und werden zu nichts durch den ST verpflichtet oder gezwungen.
  – ST verspricht Unparteilichkeit und Verschwiegenheit.

2. Darstellung der verschiedenen Sichtweisen

▶ Die P stellen aus ihrer Sicht den Fall, das Problem, den Streit dar.

▶ Der ST
  – sorgt dafür, dass die Darstellungen möglichst kurz erfolgen (Langatmigkeit blockiert)
  – lässt Emotionen zu (STOPP und Schutz nur bei Verletzungen)
  – „übersetzt" die Botschaften der Einzelnen und hilft ihnen ggf., vom Vorwurf zur Selbstmitteilung, von der Beschimpfung zur persönlichen Darstellung und von Anschuldigungen zu subjektiven Aussagen zu kommen. *(Siehe auch Nr. 52: Umgang mit Beschimpfungen, S. 122/123)*

3. Klärung durch kommunikatives „Ping-Pong"

▶ In dieser Phase werden gegenseitig Fragen gestellt, die zur Klärung beitragen; ferner werden die unterschiedlichen Positionen noch weiter verdeutlicht und Streitpunkte hervorgehoben ...

▶ Der ST fragt nach, vermittelt, verstärkt. Er steht gleichsam als „Brücke" zwischen zwei Ufern, zwischen den Ping-Pong-Spielern und steuert die „Bälle", die sie sich zuwerfen:
  – Ursachen und (Hinter-)Gründe des Streits
  – Gefühle, Benachteiligungen, Verletzungen der P
  – Motive, Wünsche, Bedürfnisse, Absichten

4. Sichtwechsel

▸ Der ST bietet den P an, die Sicht zu wechseln und den Standpunkt des Gegenübers einzunehmen (geschieht nur, wenn es beide wollen!).

▸ A schlüpft in die Rolle von B und umgekehrt; dazu Kernfragen:
  – „Wie geht es dir als A, wie geht es dir als B?"
  – „Was hättest du an seiner/ihrer Stelle gemacht?"

Sichtwechsel eröffnen neue Perspektiven, durch die sich häufig eine Reihe von Lösungsvorschlägen ergeben:

5. Lösungsvorschläge

▸ Die P bringen Vorschläge ein, wägen ab, diskutieren die Vor- und Nachteile, sprechen über Realisierungsmöglichkeiten. Sie sagen klar und unmissverständlich
  – was sie vom Gegenüber brauchen, sich von ihm wünschen …
  – zu welchen Schritten sie selbst bereit sind, was sie geben können …
    (Wichtig: Das Aufeinanderzugehen *beider* Seiten!)

6. Lösung, Vereinbarungen

▸ Die P einigen sich auf eine Lösung und vereinbaren das weitere Vorgehen, z. B.: Wiedergutmachung, Änderungsabsichten, Handlungsschritte …

▸ Der ST verpflichtet die P auf Einhaltung der Vereinbarung

7. Beendigung, Abmachungen

▸ Die P haben Gelegenheit
  – das Schlichtungsgespräch zu bewerten (war hilfreich; brachte Erfolg, ermutigt …)
  – noch Wünsche zu äußern
  – dem ST zu sagen, wie sie seine Streitschlichtung empfunden haben

▸ Der ST bietet ggf. einen Nachtermin zur Überprüfung der Vereinbarungen an und beendet das Streitschlichtungsgespräch.

Hinweise

  – Es ist äußerst wirksam, wenn der ST den P Gelegenheit gibt, ihre Darstellungen in verschiedenen Formen wiederzugeben: skizzieren, zeichnen, malen, spielen …: Vielfältiges Tun minimiert die (An-)Spannung.

  – Die Streitschlichtung wird abgebrochen, wenn einer der P nicht mehr zu einer konstruktiven Lösung bereit ist, nur noch auf dem eigenen Standpunkt beharrt und auf Durchsetzung pocht.

  – Das „Spiel" „Du bist es gewesen, nein du!" beenden: Was nicht mehr feststellbar ist, ist nicht mehr feststellbar; deshalb: sich auf das *Jetzt* konzentrieren

  – Lösungs*vorschläge* können auch – auf moderate Art – vom ST kommen.

  – Achtung ST: Keine Schuldzuweisungen geben; unparteiisch bleiben

Bemerkung: Ich halte die Ausbildung von SchülerInnen zu Streitschlichtern (wenn sie sorgfältig geschieht) für außerordentlich sinnvoll, weil sie durch ihre Tätigkeit selbst hohe personale und soziale Kompetenz erhalten: Selbstbewusstsein, Einfühlungsvermögen, Ausdrucksweise, Vermittlungsfähigkeit u. Ä.

52. Umgang mit Beschimpfungen

Stellen Sie sich eine deftige verbale Entgleisung eines Schülers vor – z. B. bei Erhalt eines Arbeitsblattes: „Den Scheiß können Sie behalten." (Den Kontext bitte selbst herstellen.)

Ihre möglichen Gefühle/Gedanken:

- Unverschämtheit: Ich bin empört.
- Typisch: Keine Kinderstube!
- O Gott, was mache ich jetzt?
- Kann jedem passieren.
- Der hat wohl keine Lust?

- Ein verbaler Ausrutscher …
- Hab ich auch schon mal gesagt.
- Du kannst mich mal …
- Ich bin geschockt.
- Oder: _____

▶ Und Ihre Reaktionen? (Kontrolliert, rational, affektbesetzt, gefühlsbetont?)

Unterscheidung

a. Eingreifen aus dem Affekt: Sie sind Ihren Gefühlen ausgesetzt und unkontrolliert:
- aus Wut heraus auf Beschimpfungen selbst mit Beschimpfungen reagieren
- aus „Rache" zuschlagen, unangemessen reagieren und bestrafen

b. Eingreifen mit „Kopf, Herz und Hand": Sie reagieren kontrolliert, indem Sie
- unmissverständlich die Grenzüberschreitung stoppen
- deeskalierend reagieren: beruhigend wirken, abwarten …
- verstehen – nachfragen – ggf. klären …
- selbst Betroffenheit (Ärger, Enttäuschung) zeigen

Hinweis: Ich empfehle dringend Trainingsseminare unter versierter Leitung. Sie bestehen meist aus drei Teilen: Konfrontation mit Gewalttätigkeiten im Schonraum der Simulation – Reflexion der Befindlichkeit und des Handelns – Einübung angemessener Interventionen. Wissen allein schafft noch keine Handlungssicherheit!

Akuthandeln als Dreischritt

Er besteht aus dem „Stoppen – Verstehen – Verändern/Umlernen helfen":

1. Stoppen

Es gibt Beschimpfungen und Verhaltensweisen verbaler Gewalt, die sofort und unmissverständlich gestoppt werden müssen: Mit Namen ansprechen; und: „Hör sofort auf!" – „Rede nicht so mit mir!" – „Das ging jetzt zu weit." (Forderungen wiederholen – wie eine „gesprungene Schallplatte".)

2. Verstehen durch „Übersetzung"

Durch die *„vierstufige Übersetzung"* wird deutlich, dass Menschen, vor allem, wenn sie in Konflikte geraten, unter Stress stehen, erschrocken sind oder sich bedroht fühlen, „eigentlich" etwas ganz anderes meinen als was sie sagen bzw. tun. Verbale Attacken und körperliche Tätlichkeiten erscheinen so in einem anderen Licht und Täter können besser verstanden werden.

(Damit es keine Missverständnisse gibt: Beschimpfungen anderer *verstehen* und sie deuten (= entschlüsseln) heißt nicht, sie einfach hinzunehmen und ist kein *Freibrief* anderer für Beschimpfungen, nach dem Motto: Der/die hat ja Verständnis, den/die kann man ungehindert beschimpfen!

Deshalb: Entscheiden Sie im Bedarfsfall: Zuerst Stoppen und dann Verstehen – oder zuerst Verstehen und dann Stoppen bzw. Klärung herbeiführen – aber erst *nach* der Akutsituation bzw. Eskalation!

Die vier Stufen (Prozess des Verstehens)

Stufe I: *aggressives Verhalten/Beschimpfung):*
  ▸ Sie Riesenarschloch – verpiss dich – halts Maul …
  ▸ zuschlagen – Sachen beschädigen
Stufe II: *die dahinterliegenden Gefühle, Gedanken:*
  ▸ Wut, Zorn, Ärger …
  ▸ Ich könnt ihn abwürgen; an die Wand drücken
Stufe III: *Ratlosigkeit, Hilflosigkeit, Einengung:*
  ▸ Ich komme nicht klar, bin hilflos
  ▸ Ich weiß nicht mehr weiter
Stufe IV: *Grundproblem, existentielle Not:*
  ▸ Mir wächst alles über den Kopf
  ▸ Ich bin ganz durcheinander, verzweifelt …
▸ vordergründig: Gewalt, Ausschreitung … – hintergründig: Not, Problem
▸ statt vorschnellen Verurteilungen einfühlsame Suche nach Hintergründen und Nöten.

Häufig gilt:

⮞⮞ **Je stärker der „Amoklauf", desto größer die Not.**

Wenn Sie über diese Stufen und tieferliegenden Gründe Bescheid wissen, können Sie entscheiden, was Sie jeweils beim Gegenüber heraushören – und wie Sie anschließend reagieren:
  1. die Beschimpfung/Aggression (und selbst aggressiv werden)
  2. die Gefühle/Gedanken (und selbst Gefühle empfinden/Gedanken haben)
  3. die Hilflosigkeit (und dadurch Verständnis entwickeln)
  4. das persönliche Problem (und die Person sogar verstehen und ihr helfen)
▸ Was dahintersteckt: Wer genug Selbstbewusstsein und Selbstwertgefühl hat, der hält auch die Beschimpfungen anderer aus, weil er sie nicht auf sich bezieht (= Ich ziehe mir den Schuh nicht an), sondern weil er sie als Ausdruck eines Problems, einer Notsituation … *des anderen* „entschlüsselt".

Mit dem o. g. Modell können Sie also sowohl Angriffe anderer „übersetzen" (= *inter*kommunikativer Vorgang) als auch eigenes Angriffsverhalten „durchschauen" (= *intra*kommunikativer Vorgang). Somit hat Ihre „Übersetzung" mehrere Ziele:
  a. Verstehen der Vorwürfe, der Angriffe, der Beschimpfungen
  b. Schutz vor diesen Angriffen (weil Sie sie anders deuten)
  c. Förderung des eigenen sozialverträglichen Handelns (= Beginn auf der zweiten Stufe, Gefühle/Gedanken, anstatt auf der ersten, Aggressionen …)

3. Verändern/Umlernen helfen
SchülerInnen brauchen Vorbilder, Beispiele und Training, um von ihren Beschimpfungen zu fairen und konstruktiven Mitteilungen zu kommen. (Näheres siehe R. Miller: „Du dumme Sau!" Von der Beschimpfung zum fairen Gespräch. Ein Schülerarbeitsheft, 1998.)

⮞⮞ **Von wem ich mich beschimpfen lasse, bestimme ich!**

53. Gewaltszenen: Blick auf eigenes Verhalten

Wahrnehmungen

► Umfrage bei Schülerinnen und Schülern (Miller, 2004, S. 13): Sie verletzte es am meisten, wenn LehrerInnen zu ihnen z. B. sagten: „Du bist faul …, blöd …, dumm …" – „Du gehörst in den Wald zum Holzhacken." – „Du bist ein kleiner, dreckiger, dummer Junge." – „Du wirst es nie zu etwas bringen." – „Du Pickelface!" – „Wenn ich dich sehe, fürchte ich um meine Pension.")

► Wenn ich mit Schülerinnen und Schülern zum Thema „Lehrer" ins Gespräch komme, so höre ich häufig: „Wir werden nicht ernst genommen." – „Die Lehrer lassen uns nicht zu Wort kommen." – „Sie machen uns fertig …" – „Sie beschimpfen uns, lassen uns gegenüber die Sau raus …" (siehe auch Krumm in PÄDAGOGIK 2003, Heft 12, S. 30–34):

  – gängiges Muster: Ablehnung statt pädagogische Zuwendung
  – Lehrer reagieren eher hilflos, unreflektiert: sie schimpfen, stellen bloß, werten ab …
  – „Es gibt kaum Schimpfwörter aus der Tierwelt oder Fäkalsprache, die von Lehrern gegen Schüler nicht verwendet werden."
  – „Aversive Maßnahmen sind pädagogisch weitgehend erfolglos, führen bei Schülern aber oft zu Angst, Entmutigung, Schulflucht oder zu Hass, Aggressionen und Rache."

► Eine Untersuchung in Baden-Württemberg 1998 (siehe: Projektgruppe Belastung) kommt zum Ergebnis, dass die beiden größten Belastungen für die SchülerInnen „langweiliger Unterricht" und „abwertendes Lehrerverhalten" sind.

► Auf der anderen Seite: Immer wieder schildern mir LehrerInnen ihre spontanen Verhaltensweisen und sind oft selbst schockiert über ihre gewalttätigen – verbalen – Äußerungen. Sie sind sehr um Änderungen bemüht …

(Hinter-)Gründe

Die (meist verbalen) Gewalttätigkeiten von LehrerInnen sind u. a. auf folgende Gründe zurückzuführen und zu erklären durch

► ihre Persönlichkeit: schwach ausgeprägt und instabil; unklar und ambivalent; leicht erregbar (Typ: Choleriker)

► Bedingungen, denen sie unterworfen sind (Stoffdruck, große Klassen, Erwartungen der Eltern, der Öffentlichkeit …)

► den Kontext, in dem sie sich bewegen („Schule als Glashaus")

► Enttäuschungen und Kränkungen, die sie erleben (müssen): so sehr bemüht – und oft so wenig Erfolg; früher viel besser – heute viel schlechter …

► ungenügende professionelle Distanz und fehlendes Handlungsrepertoire in Konfliktsituationen

► von anderen übernommene Haltungen/Einstellungen (den Willen brechen statt Entwicklungen fördern; Durchsetzung statt Kooperation, Machtgehabe statt Partnerschaft)

► ungenügende Ausbildung im Umgang mit störenden bzw. gewalttätigen SchülerInnen

► Sicherheit auf der Sachebene, Unsicherheit auf der Beziehungsebene

> Ein Lehrer hat seit Monaten in einer 8. Klasse (Fach Deutsch) nur Misserfolge aufzuweisen; die Klassenarbeiten sind eine Katastrophe … Eines Morgens stürmt er in die Klasse, brüllt sie an, wirft ihnen die Klassenarbeit vor die Füße und schreit: „Und eure Arbeiten könnt ihr euch in den Arsch stecken!"

► Seine Gründe des Ausrastens: unsicher in seiner Person, zutiefst enttäuscht über „seine" Misserfolge; Gekränktsein; außer sich vor Wut …; fehlendes Handlungsrepertoire

Klärungen

Aggression, als Ausdruck des „Herantretens" (adgredi, lat. = herantreten, z. B. an Menschen) ist ein Zeichen von Vitalität und gehört zu unserem Menschsein (positiver Aspekt). Wenn aus dem „Herantreten" allerdings ein „Hineintreten" wird (seelisch wie körperlich, Beschimpfungen wie Tätlichkeiten), dann wird daraus Destruktivität.

Schätzen Sie Ihre eigenen „vitalen Aggressionsanteile" ein:

Ich werde ziemlich schnell aggressiv.	4 3 2 1 2 3 4	Ich bin kaum aus der Ruhe zu bringen.

Handlungsempfehlungen

▶ **Günstige Bedingungen schaffen,** damit Sie weniger gestresst sind, ruhiger – und damit angemessener – handeln und den Überblick behalten können („Wer selbst gestresst ist, muss sich nicht wundern, wenn er ausrastet").

▶ **die eigentlichen Ursache wahrnehmen:** Hinter den verbalen Attacken und körperlichen Entgleisungen, hinter den „Handlungen aus dem Affekt" liegen die *eigentlichen* Gründe – wie oben dargestellt (siehe auch: Stoppen – Verstehen – Handeln, S. 122 f.). Der erste Schritt der Verhaltensänderung besteht im Wahrnehmen und Erkennen der *dahinterliegenden* Ursachen:

> Ich brülle …, bin aber eigentlich frustriert.
> Ich beschimpfe …, bin aber eigentlich zutiefst verletzt.
> Ich mache jemanden fertig …, bin aber eigentlich total enttäuscht.
> Ich reagiere arrogant, zynisch …, will mich aber eigentlich schützen.

▶ **Sozialverträglich durch Selbst-Mitteilungen reagieren:** Sagen, wie einem zumute ist, wie man sich fühlt, was man denkt, was man sich wünscht:

statt	besser
Ihr faulen Säcke	Ich bin enttäuscht, dass …
Du Nichtsnutz	Ich habe mich geärgert, weil …
Ihr Saubande	Ich weiß selbst nicht mehr weiter …
Ihr seid ja viel zu blöd	Ich bin gekränkt, weil …
Sie Versager	Ich habe sehr viel von Ihnen erwartet …

Dabei ist es wichtig, den Kontext zu beachten, in dem man sich mitteilt; d. h.: Alles wahrnehmen – und dann entscheiden, wie viel von der Selbst*wahrnehmung* zur Selbst*mitteilung* wird.

▸▸ **Beschimpfungen sind pervertierte Selbstmitteilungen.**

54. Gewalt: Gewinn von Handlungssicherheit

Es wird LehrerInnen bisweilen vorgeworfen, sie würden bei verbaler und vor allem körperlicher Aggression und Gewalt unter SchülerInnen wegsehen, nicht eingreifen, sich raushalten …

Betrachtet man die Berufsbiografie von LehrerInnen, so wird deutlich, dass ihre Arbeit vorwiegend „Unterrichten" ist (mit entsprechender Aus- und Fortbildung in bestimmten Fächern, in Didaktik und Methodik). Sie haben den professionellen Umgang mit aggressiven und gewalttätigen SchülerInnen nicht gelernt: Der Lehrer galt und gilt als „Fach- und Sacharbeiter" und nicht als „Sozialarbeiter".

Grund des „Wegsehens" und des „Sich zurückziehens" ist in erster Linie die Angst vor dem Ungewohnten, dem Neuen und nicht Gleichgültigkeit. Deshalb: Handlungssicherheit gewinnen durch:

Vertrautwerden mit dem Ungewohnten, Bedrohlichen

Seminare zum Thema Gewalt beginne ich häufig mit einem Rollenspiel, in dem sich zwei Kontrahenten beschimpfen und körperlich aufeinander losgehen. Ich bitte die Zuschauer zu notieren, was sie dabei empfinden und was sie tun würden. Am häufigsten wird genannt:

Was ich empfinde	Was ich tun würde
Angst	wegsehen und weglaufen
Ärger, Wut	sie anschreien, brüllen
Zorn	dazwischengehen
Panik	sie auseinander reißen
Hilflosigkeit	Hilfe holen; ich weiß nicht …

Es geht zunächst darum, auf behutsame Art und in kleinen Dosierungen „vertraut" zu werden mit verbaler und körperlicher Aggression und mit Gewalttätigkeiten: sich trauen, hinzusehen, um einen professionellen Umgang zu lernen; Trainingsmaterial sind dabei vor allem Filme, gespielte Szenen (Rollenspiele) und Realsituationen. Aus dem Neuen wird somit Bekanntes und dem Bedrohlichen wird (in Grenzen) der Schrecken genommen.

Selbsterfahrung:
Bitte „betrachten" Sie selbst aggressive und gewalttätige Szenen, Situationen …
1. Die Szenen – wenn möglich – mit anderen ansehen, „erleben"
2. Gemeinsam mit anderen darüber sprechen
3. Szenen spielen (Erfahrung im Schonraum des Trainings)

In diesem *ersten* Schritt geht es darum, dass Sie durch mehrmaliges Ansehen gewalttätiger Szenen oder verbaler Übergriffe mit Ihren eigenen Gefühlen und Reaktionen und mit den Handlungen und Tätlichkeiten vertraut werden – eine wichtige Voraussetzung für späteres angemessenes Verhalten und Intervenieren.

Reflexion eigener Verhaltensweisen
Erst wenn Ihnen die Szenen keinen Schrecken mehr einjagen und Sie sich Ihrer Gefühle bewusst werden, sind Sie handlungsfähig. Wenn Sie eine verbale und/oder körperliche Gewaltszene erleben und einschreiten: Bitte kontrollieren Sie sich selbst.

a. aus dem Affekt:	Körperausdruck	Handlung
grenzenlose Wut	verzerrtes Gesicht	brüllen
Rachegefühle	geballte Faust	zuschlagen

b. aus dem Gefühl:	Körperausdruck	Handlung
Betroffenheit	Stirnrunzeln	Betroffenheit aussprechen
Sorge	Anspannung	dazwischentreten
Angst	Verkrampfung	davonlaufen

Erziehen Sie sich selbst zur sog. „professionellen Distanz"; z. B.:

▶ sich *innerlich* heraushalten und als „Zuschauer", nicht als Beteiligter eingreifen

▶ mit Gefühl, aber nicht im Affekt handeln

▶ es nicht persönlich nehmen: mitfühlen, aber nicht mitleiden!
(Wer persönlich involviert ist, wird „aus dem Verkehr gezogen".)

Änderung der Bedingungen

Was nützen die besten (Handlungs-)Absichten, wenn ungünstige Bedingungen sie zunichte machen: Wer unter Starkstrom steht, gestress ist, sich unter Druck setzen lässt, sich zu viel Arbeit aufbürdet, sich zu wenig Zeit nimmt …, muss sich nicht wundern, wenn er/sie sich schon bei geringfügigem Fehlverhalten der SchülerInnen und erst gar bei Gewalttätigkeiten hilflos fühlt. Deshalb: Bedingungen schaffen, die stressminimierend sind, zur inneren Ruhe führen, Gelassenheit ermöglichen, Handlungsfähigkeit zulassen und die sich beziehungsfördernd auswirken.

Verhaltenstraining

Den Umgang mit gewalttätigen SchülerInnen kann man nicht über Lektürestudium lernen, sondern durch Handeln und durch Training.

Deshalb: Üben, üben, üben – in der Supervisionsgruppe – mit Experten in Trainingskursen, in Fortbildungsseminaren – und in der **Realität**: Lernen durch Erfahrung.

Grenzen

Wer als LehrerIn angetreten ist, Kinder und Jugendliche zu unterrichten, musste zwar damit rechnen, auch mit Disziplinschwierigkeiten konfrontiert zu werden – nicht jedoch mit gravierenden verbalen Beschimpfungen und/oder mit Gewalttätigkeiten.

Heutzutage hat sich die Situation an Schulen verändert und wir wissen, dass es dort psychische und physische Gewalt gibt. Aus meiner Sicht handeln diejenigen, die für die Aus- und Fortbildung von LehrerInnen zuständig sind, verantwortungslos, wenn sie nicht auch Hilfen im Umgang mit Gewalt in der Schule anbieten. (Wenn dies nicht der Fall ist, muss man sich nicht wundern, wenn LehrerInnen unangemessen handeln oder „flüchten"!)

Auf der andern Seite können LehrerInnen nicht gezwungen werden, sich ständig mit Gewalttätigkeiten zu befassen und auseinander zu setzen. Ihr Hauptberuf ist Unterrichten. Deshalb sind ihre Grenzen im Umgang mit Gewalt zu respektieren: Was für den einen machbar ist, muss nicht für die andere realisierbar sein.

55. „Keine Gewalt an unserer Schule!"

Empfehlungen für LehrerInnen

Zur Vorbereitung:

▶ mit den SchülerInnen sprechen: Was tun, wenn jemand ausrastet, verletzt? Wer greift ein, wer hilft, wer holt Hilfe? (In der Deeskalationsphase darüber sprechen – quasi als Vorbereitung wie bei einer Feuer-Alarmprobe!)

▶ keinen Unterricht allein auf einem Stockwerk halten (Lehrer von nebenan als Helfer)

▶ im Klassenzimmer parat haben: Telefon, Handy, Telefonnummernverzeichnis …

▶ Vereinbarungen/Absprachen im Kollegium treffen über individuelles und kollektives Handeln

▶ Warnsignale/Botschaften von Schülern wahrnehmen, mit potenziellen Tätern verständnisvolle Gespräche führen; auf Folgen hinweisen

▶ sich selbst aggressionsfrei verhalten.

Im Akutfall:

▶ den Opfern helfen, sie schützen

▶ abschätzen: Kann ich selbst eingreifen oder brauche ich fremde Hilfe?

▶ rasch entscheiden: anfassen, festhalten – ja oder nein?

▶ überlegen: hat die Maßnahme Erfolg?

▶ entscheiden: muss ich, müssen wir flüchten?

▶ körperlich präsent sein; selbstbewusst und mit aufrechter Körperhaltung, aber nicht drohend auftreten; mit fester Stimme sprechen; Blickkontakt haben (Abstand nicht unter einer Armlänge); sich dem Täter klar und bestimmt zuwenden

▶ nicht affekt- und rachevoll, sondern selbstsicher einschreiten.

Hinweis: Die Schwere und/oder Gefährlichkeit der jeweiligen Handlung rechtfertigt das sofortige Stoppen mit dem Ziel, Opfer zu schützen und Täter vor weiteren Ausschreitungen zu hindern. *(Bitte unterscheiden: Stoppen – anstatt kontern und zurückschlagen …; siehe auch Nr. 52: Umgang mit Beschimpfungen, S.122/123)*

und hinterher:

▶ den Opfern und Tätern Zeit lassen

▶ Gespräche nur in der Deeskalationsphase führen

▶ keine vorschnellen Täter-Opfer-Verurteilungen vornehmen (Täter können auch Opfer sein.)

▶ auf Wiedergutmachung bestehen

▶ soziales Verhaltenstraining durchführen

▶ Gewalt im Unterricht thematisieren

▶ Projekt durchführen: „Keine Gewalt an unserer Schule!

Drei Gewaltpräventionen durch

▶ Stärkung der Schülerpersönlichkeit:
Erfahrung: Ich bin jemand. Ich werde akzeptiert.

▶ Stärkung in der Gemeinschaft/Förderung des Sozialverhaltens:
Erfahrung: Ich bin nicht allein. Ich bin mit anderen zusammen.

▶ Stärkung des Lernens und der Leistung
Erfahrung: Ich entwickle mich … Ich kann …

Geben Sie die nachfolgenden Empfehlungen Ihren SchülerInnen, sprechen Sie mit Ihnen darüber – und ergänzen/modifizieren Sie den Text, je nach Gegebenheit und Lage in Ihrer Schule:

Empfehlungen für SchülerInnen

► Spielt bedrohliche Situationen. Dadurch können sie euch vertrauter und weniger bedrohlich werden.

► Sprecht miteinander über eure Erfahrungen, Erlebnisse, Gefühle, Fantasien, Ängste …

► Wenn du beschimpft wirst, dann stoppe den verbalen Angreifer mit deutlichen Worten; nimm Blickkontakt auf.

► Wenn du körperlich angegriffen wirst, so wäge ab und entscheide:
  – Kann ich mich selbst wehren?
  – Komme ich dabei in Gefahr?
  – Werde ich Erfolg haben?
  – Soll ich Hilfe holen?
  – Soll ich davonrennen? (Fliehen ist keine Schande und Niederlage!)

► Sprich mit dem Angreifer (wenn möglich und für dich ungefährlich!); versuche herauszubekommen, was ihn so aggressiv macht.

► Vermeide selbst Beschimpfungen und Drohgebärden.

► Probier Überraschungen aus, sei kreativ:
  – humorvoll, aber nicht abwertend reagieren
  – auf etwas hinweisen, ablenken …

Auf dem Schulhof griff ein Schüler einen Mitschüler tätlich an, worauf dieser ihn plötzlich anschreit: „Du, dir haben's dein Fahrrad geklaut." – Völlig verdutzt und überrascht über die Mitteilung lässt der Täter von ihm ab – und andere konnten dem Angegriffenen zuhilfe eilen …

Vier Hinweise

1. Hab Mut, Ernstfallsituationen durchzuspielen, auch wenn es komisch aussehen mag: Vorwegtraining gibt Sicherheit – systematisches Training ist absolut notwendig!

2. Deshalb, wenn es möglich ist: Nimm an einem Selbstverteidigungskurs teil! Das stärkt dein Selbstbewusstsein.

3. Wenn du merkst, dass dein Gegenüber völlig ausrastet, absolut nicht mehr ansprechbar ist und (möglicherweise bewaffnet) Amok läuft, dann rette dich und andere durch Flucht und hole rasch Hilfe!

4. Wenn du mitkriegst, dass Mitschüler dich und/oder andere hänseln, beschimpfen, seelisch/körperlich verletzen, mobben, dann sag das unbedingt Erwachsenen, zu denen du Vertrauen hast: deinen Eltern, KlassenlehrerIn, VerbindungslehrerInnen, Streitschlichtern … Das hat nichts mit Petzen zu tun, sondern damit, dass du dich und andere schützt. (Petzen ist, wenn du einen anderen anklagst, nur um selbst gut dazustehen.)

➠ **Und denke daran: Wenn dir jemand Gewalt antut – und wenn du es auch tust: Es ist immer ein MENSCH, der verletzt wird und leidet!**

56. Prinzipien und Prozesse in Gruppen

Beachten Sie, wenn Sie selbst in Gruppen arbeiten oder sie leiten folgende Prinzipien (modifiziert je nach Arbeit in/mit Klassen oder in kollegialen Gruppen):

Teilnehmerorientierung (TN)

Es hat keinen Sinn, über die Bedürfnisse der TN hinwegzugehen, sondern es ist wichtig, sie ernstzunehmen, einzubinden und zu aktivieren. Gegen die Teilnehmenden zu agieren, ist auf Dauer zum Scheitern verurteilt.

Selbstbestimmung/Entscheidungsfreiheit

Sie sind die Grundlage gemeinsamen Arbeitens: Aus dem Ich wird ein Wir, aus dem „einsam" ein „gemeinsam". Ausgangspunkt, aber nicht Ziel des Miteinanders sind Selbstbestimmung und Entscheidungsfreiheit: Ich mache mit, weil ich es will – und nicht, weil ich gedrängt oder genötigt worden bin – und ich entscheide *mich* (und nicht andere *für mich*).

Transparenz

Gerade in Kollegien, in denen meist nicht alle am gleichen Strang ziehen, ist es notwendig, dass die einzelnen Arbeitsgruppen ihre Tätigkeiten transparent machen. Schweigen und Verschleierungen stören das gesamte Beziehungsgefüge und lassen die Fantasien der Einzelnen ins Grenzenlose wachsen …

Ganzheitlichkeit

Dieses Prinzip bedeutet, dass bei den gemeinsamen Ausführungen sowohl die Person als auch die Sache im Blickpunkt bleiben müssen. Beziehungs- und Sachebene bilden eine Einheit, sind zwei Seiten einer Medaille.

Prozess- und Produktorientierung

Es ist sowohl auf den Prozess der Arbeitsgruppe als auch auf deren Produkte zu achten und darauf, dass beide in einer Balance bleiben. Prozessorientierung allein bringt keine Ergebnisse zustande, nur Produktorientierung missachtet die Bedürfnisse der Einzelnen und die „Eigenbewegung" der Gruppe. *(Siehe auch Nr. 88: Themenzentriert arbeiten, S. 198/199)*

Differenzierung und Vielfalt

Die Gruppe muss Differenzierung zulassen, d. h. die Teilnehmenden in ihrer Verschiedenheit und die Gruppe in ihrer Vielfalt belassen. Erst die Fülle bringt reiche Ernte. (Wie langweilig ist beispielsweise eine Wiese voller „Nur-Löwenzahnblumen" oder eine Sinfonie ohne Tonartwechsel!)

Polarität

Es ist besser, in der Kategorie „Dies *und* Das, „Sowohl *als* auch" zu denken und zu handeln als im Schema „entweder-oder". Polaritäten sind normal, Pseudoharmonien und Vereinfachungen verzerren die Wirklichkeit:

- anderen etwas geben *und* von anderen etwas bekommen
- machtvoll sein *und* Macht teilen
- andere enttäuschen *und* von anderen enttäuscht werden
- streiten *und* sich wieder vertragen
- sich mögen *und* sich nicht mögen
- Distanz *und* Nähe erfahren
- gestört werden *und* sich um Klärungen bemühen
- Erfolg *und* Misserfolg teilen
- zusammenkommen *und* sich trennen

Es ist nicht selbstverständlich und einfach, vom (gelernten) Einzelkämpfer zum Mit-Arbeiter/zur Mit-Arbeiterin zu werden. Die Veränderung entsteht aus der Erfahrung und Einsicht, dass Zusammenarbeit sinnvoll, förderlich und erleichternd ist. Die entscheidende Frage ist nicht, wer oder was zwingt jemanden zur Zusammenarbeit, sondern was zieht ihn/sie dorthin:

Ein bekannter Pianist wurde einmal von besorgten Eltern gefragt, wie viele Stunden denn ihr Sohn pro Tag üben müsse, um ein guter Pianist zu werden – und wie viel Druck sie denn ausüben sollten. Darauf bekamen sie zur Antwort: „Er wird nur ein guter Pianist, wenn sie ihn nicht an das Klavier schieben, sondern wenn sie ihn bremsen müssen."

Also: Kein Schieben, Drängen und Zwingen zum Miteinanderarbeiten, sondern ein selbstbestimmtes Wollen … (Es muss ja kein Bremsen sein!) – und dies in

Acht Phasen der Gruppenarbeit (für Kurz- und Langzeitprozesse)
1. Ankommen/Sich orientieren
Da die Teilnehmenden sich vermutlich bereits kennen, genügt eine kurze Phase des Ankommens (Atem holen) und der Orientierung (beim ersten Treffen: Organisatorisches …)
2. Bedürfnisse klären und Ziele vereinbaren
Äußere Klarheit setzt innere voraus: Was sind die Bedürfnisse der Teilnehmenden, was wollen sie, welche Ziele haben sie – und wie sehen die Vereinbarungen aus? Der Weg: Vom Ich zum Wir und zur Sache.
3. Auf Empfindungen und Gefühle achten
Dieser Findungsprozess vollzieht sich nicht immer reibungs- und emotionslos; deshalb: auf die Gefühle achten. Sie sind der „Motor" unseres Handelns.
4. „Spiel"-Regeln erarbeiten
Jede Gruppe braucht Sicherheiten, Absprachen, Verbindlichkeiten – und somit „Spielregeln". Sie sind gleichsam der Zaun, der die Spielwiese umgibt: Schutz nach außen und Freiräume nach innen.
5. Den Arbeitsprozess festlegen
Es wird vereinbart, wer mit wem welche Aufgaben übernimmt, wie die Umsetzung aussieht, welche Arbeitsschritte notwendig sind und in welchem Zeitraum die Arbeit zu tun ist.
6. An die Arbeit gehen
Die Arbeitsschritte werden vollzogen …
7. Auf Durchhänger und Tiefs achten
Beziehungen verhaken sich, die Meinungen klaffen auseinander, Arbeitsprozesse verzögern sich, es kommt möglicherweise zu Konflikten: Dann Halt! – Gärungen zulassen, Hänger und Tiefs akzeptieren und auf der Metaebene die „Hürden" klären, bevor es weitergeht.
8. Den Prozess beenden
Auf den Ausgangspunkt zurückblicken, die Ziele mit dem Erreichten vergleichen (Ist-Soll-Bilanz), die Ergebnisse festhalten, sie ggf. präsentieren – und sich untereinander verabschieden …

▸▸ **Ich und du und die anderen in der Gruppe: Gemeinsam statt einsam!**

 22 / 23 / 24

57. Dynamik in Gruppen

Für die Gruppenarbeit im eigenen Kollegium oder in den Klassen ist es von Vorteil, über die verschiedenen Rollenträger in Gruppen und deren Dynamik Bescheid zu wissen, die Stärken und Schwächen der Einzelnen zu kennen, um angemessen agieren zu können:

Rollenträger in Gruppen

Stärken	Schwächen
1. Trägerrollen	
– aktiv, den Leiter unterstützend	– dominant
– prozess- und produktorientiert	– übers Ziel hinausschießend
– dynamisch/herausfordernd	– überfordernd
2. ausgleichende Rollen	
– vermittelnd, besänftigend	– prozessblockierend
– auf Harmonie bedacht	– nivellierend
– integrierend	– konfliktscheu
3. passive Rollen	
– zurückhaltend	– unterfordernd
– abwartend	– bremsend, hemmend
– beobachtend	– teilnahmslos
4. dysfunktionale Rollen	
– kreativ-unruhig	– störend, verwirrend
– polarisierend	– entzweiend
– kritisch	– verletzend

Anmerkung: Die dysfunktionalen Rollen sind nicht destruktiv, sondern „Bedenkenträger" (in allen Variationen).

Während einer Tagung mit über 100 Personen bat ich jede Einzelne, sich einzuschätzen, mir auf einem Blatt die entsprechende Nummer aufzuschreiben und auf der Rückseite den Namen zu notieren. Am Abend sortierte ich die Blätter nach den vier Rollenträgern und stellte eine Gruppe der „Passiven" zusammen. Anderntags verlas ich die Namen und gab den Betreffenden – mittels der Aquariummethode – eine Gruppenaufgabe. (Nur ich wusste, dass es ausschließlich Personen waren, die sich selbst als „passiv" einstuften.) Nach zögerlichem Beginn arbeitete die Gruppe völlig normal – und alle vier Rollenträger waren vertreten. (Das ist Gruppendynamik!)

Fazit:
a. Personen sind in ihren Rollen nicht festgelegt, sondern flexibel.
b. Eine funktionierende Gruppe braucht alle vier Rollenträger.
c. Wie gut, dass es in Kollegien und Klassen alle vier Rollenträger gibt:

Kollegium:
– die Visionäre und Unterstützer
– die Abwäger und Vermittler
– die Zurückhaltenden
– die Bedenkenträger und „Widerständler"

Klassenzimmer:
– die Klassenbesten, die Mitmacher
– die Harmonischen
– die aufmerksam Schweigenden
– die Querdenker und Abweichler

Der spezifische Charakter einer Gruppen wird durch die Beteiligten geprägt, indem sie

auf der einen Seite	**auf der anderen Seite**
– offen miteinander reden	– versteckt kommunizieren
– einander vertrauen	– misstrauisch/argwöhnisch sind
– aktiv und kreativ sind	– sich verweigern
– sich akzeptieren	– sich ablehnend verhalten
– Initiativen entwickeln	– keine Ideen haben
– zusammenarbeiten	– auseinanderdriften
– sich auf Neues einlassen	– an Altem festhalten
– Konflikte fair austragen	– Konflikte verdrängen
– Rückmeldungen geben	– über Dritte kommunizieren
– Grenzen respektieren	– Grenzen überschreiten

Gruppenleitung

Achten Sie auf sog. „Leiter-Fallen"; z. B.:

▶ sich auf (zu lange) Diskussionen und Rechtfertigungen einlassen;
stattdessen: die eigene Meinung klar zum Ausdruck bringen und Wünsche und Absichten transparent machen

▶ Partei ergreifen; ein (wie auch immer) Ungleichgewicht produzieren;
stattdessen: die unterschiedlichen Sichtweisen der Einzelnen verdeutlichen, ggf. erläutern und kommentieren

▶ für andere sprechen; sie entmündigen; ihnen (zu) rasch zu Hilfe kommen;
stattdessen: sie zu Wort kommen lassen; den Standpunkt Einzelner aufnehmen und der Gruppe wiedergeben

▶ Äußerungen Einzelner loben, tadeln, d. h. also bewerten, taxieren;
stattdessen: den Stellenwert der Äußerungen verdeutlichen; die einzelnen Beiträge aufnehmen und (ein-)ordnen

▶ die eigene Meinung als Gruppenmeinung durchdrücken wollen;
stattdessen: die eigene Meinung transparent machen und nicht als Dominanzfigur in der Gruppe agieren

▶ sich Parteien schaffen, sich anbiedern, sich Bestätigung „erkaufen", um akzeptiert und „geliebt" zu werden;
stattdessen: zu sich stehen, sich wahrnehmen und mitteilen; auf Wirkungen und Feedback achten.

▶ alle Angriffe persönlich nehmen; sich den „Schuh" anderer anziehen;
stattdessen: dissoziieren; den „Schuh" anderer ansehen, aber nicht anziehen; und vor allem: auf Übertragungsphänomene achten *(Siehe Nr. 39: Übertragung als „Dreifach-Irrtum", S. 96/97)*

▶ sich von den Gruppenmitgliedern aufsaugen lassen;
stattdessen: in einer dynamischen Balance von Nähe und Distanz agieren

▸▸ **Als Gruppenleiter (in Klassen/mit Erwachsenen):**
einen eigenen Standpunkt und einen klaren (Über-)Blick,
eine starke Hand und einen langen Arm haben …

 **22 / 23 / 24**

58. Die Arbeit im Team

Viele Augen nehmen mehr wahr, viele können mehr als einer, die Kompetenzen verdichten und die Lasten verteilen sich. Zwei oder drei kommen der Wahrheit näher als einer. Teamarbeit ist also sinnvoll, sei sie in der Schulleitung, im Kollegium oder in Klassen.

Allerdings: Die Mehrheit der LehrerInnen und SchulleiterInnen haben wenig Erfahrungen mit Teamarbeit. Als Schüler/Student: Alleinarbeiter; als Lehrer: Einzelkämpfer; als Schulleiter: einsam an der Spitze …

Allmählich gibt es immer mehr Teamarbeit in Schulen. Dabei ist zu beachten:

▶ Teambildung kann gewünscht, aber nicht erzwungen und die Zusammensetzung nicht verordnet werden. Sie geschieht durch die Beteiligten selbst, sei es aus Sympathie, sei es aus sachlichen/funktionalen Gründen.

▶ Klärung der Einzelnen: Will ich, kann ich im Team arbeiten? Was gebe ich auf, was gewinne ich? Wer passt zu wem?

▶ Der Gewinn (output) muss größer sein als der Aufwand (input), die Entlastung höher als die Belastung – wie in einer guten Ehe:

    ▸▸ **Teamarbeit: Nicht wie in einer Ehe, in der die Partner die Schwierigkeiten gemeinsam lösen, die sie nicht hätten, wenn sie alleine wären!**

Vom „Chaos" zur flexiblen Struktur

1. Teamarbeit muss bewusst gemacht werden und besteht aus der Planung, der Durchführung und der Ergebniskontrolle.
2. Teams haben gemeinsame Ziele, gemeinsame Aufgaben und gemeinsame Produkte.
3. Die Mitglieder bewegen sich zwischen den Polen von Selbstständigkeit (Ich) und Anpassung (Wir/Gruppe).
4. Von Bedeutung sind
   - Die Akzeptanz durch das Kollegium: kein „Gegenwind"
   - Die Transparenz von Prozess und Produkt durch die Teams: keine Verschleierung
   - Die Klärung des Rahmens und der Bedingungen: Sicherheit
5. Das Team braucht von seinen Mitgliedern:
   - ein verbindliches Ja zur Mitarbeit
   - soziale und fachliche Kompetenzen
   - Verantwortungsbewusstsein und Verlässlichkeit
   - Selbstbehauptung und Anpassung
6. Von Zeit zu Zeit Prozess und Ergebnisse evaluieren, um die Entscheidung zu treffen:
   - weiter so, weil …
   - Veränderungen, nämlich: …
   - Abbruch, Beendigung, weil …

    ▸▸ **Teamarbeit: Vom Einzelkämpfer zum Teamplayer**
                     Von der Beliebigkeit zur Verbindlichkeit
                     Von der Belastung zur Entlastung
                     Vom Guten zum (noch) Besseren

Wenn Sie sich zur Teamarbeit entschieden haben, dann ist Folgendes zu tun:

1. Teamarbeit *begründet* anbieten, nach geeigneten Personen Ausschau halten und sie ansprechen
2. Organisatorisches klären, Strukturen aufbauen, günstige Bedingungen schaffen, die Ziele und Aufgaben definieren
3. Die Teams je nach Funktionen, Interessen, Absichten zusammenfinden lassen, die Verbindlichkeiten festlegen und die Arbeit beginnen (Die Teams setzen fachliche Prioritäten und erarbeiten Leitlinien, treffen sich zu Teamsitzungen und sind eigenverantwortlich für den Inhalt, die Verteilung der Arbeit und für die Organisation.)
4. Die einzelnen Teams vernetzen: Erfahrungsaustausch, Kooperation, Zielklärungen, Abstimmungen (Gemeinsames und Unterschiedliches = u. U. auf verschiedenen Wegen zu denselben Zielen gelangen)
5. Kooperieren statt konkurrieren: Wir sitzen alle in einem (Schul-)Boot!

---

10 (goldige) Regeln zur Verhinderung von Teamarbeit

1. Komme immer zu spät zur Schule und gehe früher nach Hause, damit du keine KollegInnen triffst, die dich zur Teamarbeit auffordern könnten.
2. Meide das Lehrerzimmer. Es könnte sein, dass dort über Teamarbeit diskutiert wird.
3. Vermeide Kontakte mit deinem Schulleiter; er könnte dir Teamaufgaben übertragen.
4. Gehe finsteren Blicks durch das Schulhaus, damit du möglichst wenig angesprochen wirst.
5. Verschanze dich in deinem Klassenzimmer und erwecke den Eindruck einer total gestressten Lehrkraft.
6. Sprich immer abfällig über Teamarbeit und gib zu verstehen, dass Gruppendynamik nur etwas für Psychologen ist.
7. Zeige dich nie im Gespräch mit anderen, damit dein Image als Einzelgänger erhalten bleibt.
8. Schreibe anonyme Briefe, in denen steht, dass Teamarbeit nur eine Versammlung von frustrierten Wichtigtuern ist.
9. Schreibe an die Schulhauswände: Gebt Teamern keine Chance!
10. Lasse dich nie dazu überreden, in deinen Klassen Gruppen- und Teamarbeit einzuführen.

„Ich bin mit Vorbehalten in ein Team gegangen", sagte mir ein Lehrer, „weil ich der Meinung war, dass meine individuellen Qualitäten nicht zur Geltung kommen würden. Aber dann merkte ich rasch, dass durch die Zusammenarbeit ganz neue Qualitäten entstanden. Das war schon sehr beeindruckend."

▶ Teamarbeit lohnt sich!

„Wussten Sie, dass Gänse, die in V-Formation fliegen, einander das Fliegen erleichtern und ein Vogelschwarm auf diese Weise 71 % mehr Flugleistung erreicht, als ein allein fliegender Vogel?"
(Lernende Schule 2003, Heft 4, S. 63)

▶ Vorteile der Teamarbeit!

59. Partnerschaft zwischen Elternhaus und Schule

Wenn sich Elternhaus und Schule über ihre Ziele einig sind, so werden Eltern zu wichtigen Verbündeten der Lehrerschaft. Daraus ergeben sich positive Akzentverschiebungen:

- ▶ vom Misstrauen zum Vertrauen
- ▶ von der Verweigerung zur Konfrontation
- ▶ vom Vorurteil zur Offenheit
- ▶ von der Distanz zur Nähe
- ▶ von der Auseinandersetzung zum förderlichen Diskurs
- ▶ von unterschiedlichen Wegen zu gemeinsamen Zielen
- ▶ von unterschiedlichen Ansichten zu gemeinsamen Handlungen
- ▶ von unterschiedlichen Handlungen zu gemeinsamen Lösungen

> ➡ **Vom Igelverhältnis (vorsichtig und distanziert)**
> **über das Beschnuppern (Kennenlernen)**
> **bis zur erfolgreichen Kooperation**

Günstige Bedingungen für Gespräche

a. *Das Plenum* ist der Ort für Informationsvermittlung, für Rückfragen und Klärung, Abstimmung und Vereinbarungen.

b. *Gruppen* sind der Ort für Austausch von Erfahrungen, Diskussion und Aufarbeitung, Interaktionen, Herstellung von Materialien etc. (Im Plenum von 20 bis 30 Personen ist der Zuhöranteil zu hoch, zu gering der Redeanteil „und dann reden sowieso nur die, die schon immer reden".)

c. *Die Meta-Plan-Technik* (= „visualisierte Kommunikation") ist dann sehr sinnvoll und praktikabel, wenn eine größere Anzahl von Personen – mittels beschrifteter Karten und deren Präsentation – miteinander ins Gespräch kommen.

d. Im Rahmen von Elternabenden keine Konfliktgespräche führen. Die Gefahr der Frontenbildung und Tribunalisierung ist zu groß. Mit 30 Personen kann man nicht diskutieren, geschweige denn Konfliktlösungen erreichen.

Deshalb:

- ▶ Konflikte, sei es, dass sie außerhalb oder während der Elternabenden entstehen, dort selbst „nur" kurz ansprechen und die Bereitschaft zur Lösung anbieten
- ▶ Eltern bitten, einige – wenige – VertreterInnen zu wählen, die sich an der unmittelbaren Lösung beteiligen und mit ihnen einen geeigneten Termin vereinbaren
- ▶ Konfliktgespräch(e) durchführen (ggf. einen Vermittler hinzuziehen) und dann schriftlich oder am nächsten Elternabend die Anwesenden über die Ergebnisse informieren

▶ Wirkliche Lösungen ergeben sich nur durch intensive Gespräche in Kleingruppen.
(Siehe auch: „Eltern". In: Lernende Schule, 2000, Heft 10, Seelze)

> ➡ **Wer sich verstanden fühlt, ist offen und frei für Argumente.**
> **Wer frei ist für Argumente, ist bereit zum Dialog und Kooperation.**

Förderliche Einstellungen/Tätigkeiten in der Kooperation mit Eltern:

- ► sich mental vorbereiten
- ► sich sachlich kundig machen
- ► ohne Vorurteile Kontakt aufnehmen
- ► grundsätzliche Wertschätzung zum Ausdruck bringen
- ► wahrnehmen, beobachten, beschreiben (statt interpretieren)
- ► die Mitteilungen als subjektive Botschaften betrachten
- ► (zu-)hören, ohne gleich zu widersprechen
- ► verschiedene Sichtweisen zulassen (Vieles ist Ansichtssache!)
- ► Botschaften übersetzen
- ► ohne Angst und Misstrauen Wünsche äußern
- ► den gemeinsamen Erziehungsauftrag im Auge behalten
- ► auf Fehler und Missstände klar hinweisen (ohne die Person zu beschuldigen)
- ► die gegenseitigen Erwartungen als *Erwartungen* und nicht als Befehle hören
- ► im Dialog Entscheidungen herbeiführen und Vereinbarungen treffen
- ► Emotionen zulassen (Sie sind Zeichen der Vitalität von Menschen.)
- ► gelassen, bisweilen aus der Distanz und mit Humor reagieren
- ► die Tagesarbeit realistisch einschätzen
- ► mit Wünschen leben können: nicht alles ist erfüllbar und machbar!
- ► sich abgrenzen
- ► ggf. Gesprächsvermittler hinzuziehen
- ► akzeptieren, dass es auch ohne einen Teil der Elternschaft gehen muss

➤➤ **Viele LehrerInnen sind auch Eltern. Alle Eltern waren auch SchülerInnen. Viele SchülerInnen werden Eltern. Manche SchülerInnen werden LehrerInnen. Sollte es da kein Verstehen, keine Gemeinsamkeiten geben?**

Kommunikations- und Kooperationsmöglichkeiten
Erstkontakte: Vertrauensbildung
Einzelgespräche: Klärung, Hilfen, Unterstützung
Gespräche mit mehreren Personen: Aktivitäten, Vereinbarungen
Konfliktsituationen: Konfliktlösungen und konstruktive Mitarbeit
Schulkonferenz/Klassenkonferenz: Kooperation, Mitsprache, Beteiligung
Eltern als Experten: Qualitätssteigerung, Lernzuwachs
Gemeinsame L–E–Sch-Aktivitäten: Förderung der Beziehung und des Klimas
Begleitung bei Unterrichtsgängen/Ausflügen: Hilfe und Entlastung
Eltern- oder Förderverein, Sponsoring: Unterstützung

► Gute Schulen: Lehrer – Schüler – Eltern in einem Boot!
(Siehe auch: Henning/Ehinger, Donauwörth 1999)

➤➤ **Schulalltag: Manchmal ohne Eltern, manchmal mit ihnen, aber nie gegen sie!**

 8

60. „Oberlehrer" trifft „Rabenmutter": Ambivalenzen

Die Alltagserfahrungen von LehrerInnen und Eltern reichen von gegenseitigen Vorurteilen und Abneigung über distanzierte Beziehungen bis hin zu spannungsfreien Begegnungen und beeindruckender Zusammenarbeit mit der Maxime: Ohne Elternmitarbeit keine gute Schule!

Zwar sind Eltern in der Regel vorwiegend so lange an Schule interessiert, wie ihre Kinder diese besuchen. Die Zusammenarbeit ist also primär funktional begründet, zweckmässig und zielorientiert – das heißt aber nicht, dass sie deshalb distanziert, kühl, formal sein und „auf Sparflamme" gesetzt werden muss. Die Begegnungen und die Zusammenarbeit wirken sich letztlich für beide Seiten umso förderlicher und entlastender aus, je weniger sie als (notwendige) Forderungen der Eltern und als Pflichtübung der Lehrerschaft gesehen werden, sondern vielmehr als ein sinnvolles und gemeinsames Tun in einer *Balance* zwischen berechtigten Ansprüchen seitens der Eltern und angemessener Arbeit durch die Schule.

Vom Vorurteil zum Verstehen

Die Interessen der Eltern und Lehrer decken sich meist in den Zielen: den Kindern die beste Erziehung und Bildung zu ermöglichen. Was die Wege betrifft, so gehen diese bisweilen weit auseinander. Es kommt zum Konflikt, wenn die Erwartungen der Eltern hinsichtlich der Leistungen ihrer Kinder nicht erfüllt werden, wenn sie der *Meinung* sind, die LehrerInnen hätten nicht das ihnen Mögliche getan oder wenn „pädagogische Kunstfehler" nachgewiesen worden sind oder vermutet werden. Konflikte in den Beziehungen zwischen der Lehrer- und Elternschaft entstehen auch häufig deshalb, weil Botschaften als Vorwürfe geäußert und auch als solche gehört werden. Eine Reihe von Belastungen durch Enttäuschungen, Verhärtungen und Verletzungen lassen sich vermeiden, wenn auf beiden Seiten die Einsicht herrscht:

- ▸ Wir haben verschiedene Erfahrungen, Sichtweisen, Ansichten … und wir teilen sie *als solche* auch mit (und nicht als Vorwürfe oder Anklagen).
- ▸ Wir sind bestrebt, aus den *subjektiven Sichtweisen* im „kommunikativen Ping-Pong" Lösungen anzustreben, *Gemeinsamkeiten* zu finden, Toleranz zu zeigen, aber auch *Verschiedenheiten* zu akzeptieren.

Der Weg von Vorurteilen bis zu offenen Begegnungen und zum gegenseitigen Verstehen ist oft mühsam und beschwerlich, aber lohnenswert und – vor allem im Hinblick auf die anvertrauten Kinder und Jugendlichen – geboten und erforderlich.

> ▸▸ **Verstehen heißt, sich immer mehr der Wirklichkeit des anderen zu nähern – ohne die eigene aufzugeben.**

Das Verstehen der Eltern gegenüber der Schule erhöht sich, wenn man ihnen Einblick in das schulische Geschehen gibt, sie teilhaben lässt an der Arbeit und sie informiert und „aufklärt" über *erzieherische und unterrichtliche* Entwicklungen, Neuerungen und Vorhaben, z. B. so:

Unterricht früher – Unterricht heute:

- ▸ Eltern zu einem Unterrichtsbesuch einladen
- ▸ sie an Pädagogischen Tagen beteiligen
- ▸ sich gemeinsam fortbilden (Kommunikationstraining, Moderationstechniken …)
- ▸ Diskussionsabende, Podiumsdiskussionen veranstalten
- ▸ Alternativen zum gängigen Elternabend anbieten: Aktionen, Exkursionen, Arbeiten ausführen …

Ich habe an manchen Abenden mit Eltern „Unterricht durchgeführt" und ihnen damit ermöglicht, schulische Erfahrungen als Erwachsene zu machen:

- Diktate geschrieben (Angespanntheit, Aufregung, Erfolg/Misserfolg, Ängste)
- gezeichnet, gemalt, gesungen, konstruiert … (Leistung, Kreativität, Freude)
- Mathe gemacht (Herausforderung, Zufriedenheit, Überforderung, Resignation)
- mündlich vor der ganzen „Klasse" abgefragt (Scheu, Unbehagen, Stolz)
- auf Fehler hingewiesen … (Unbehagen, Blamage, Akzeptanz)
- Wettbewerbe veranstaltet (Anstrengung, Sieger, Verlierer, Enttäuschungen)

▶ und hinterher über ihre Erfahrungen mit ihnen gesprochen …

In den Konflikten zwischen Schule und Elternhaus zeigen sich manchmal auch *unverarbeitete Konflikte* aus deren eigener Kind- und Schulzeit:

– Versagensängste	– Hänseleien	– Schuldgefühle
– Strafen/Strafarbeiten	– schlechte Zeugnisse	– Misserfolge
– Überforderungen	– Lernzwang	– Blamage
– Hass auf Lehrer	– Bloßstellungen	– Langeweile

In *Gegenwarts*konflikten mit der Lehrerschaft kommt es deshalb vor, dass alte, frühere Erfahrungen reaktiviert und eingebracht werden *(Phänomen der Übertragung, siehe S. 96 f.)*, z. B.:

- ▶ Im Lehrer A von heute sehe ich Herrn B von früher, den ich negativ in Erinnerung habe.
- ▶ Die Probleme in dieser Schule hier wecken in mir Erinnerungen an meine Schule in Y, in der ich manchmal Schlimmes erlebte.
- ▶ Was ich jetzt mit meinen Kindern erleben muss, ruft in mir Erlebnisse wach, die damals sehr unangenehm für mich als Kind waren.

Und die positiven Erfahrungen:
- ▶ Ich setze mich sehr für die Schule ein – wie damals als Klassen-/Schulsprecher.
- ▶ Ich habe einen guten Draht zu den Lehrern – wie damals in meiner eigenen Schulzeit.
- ▶ Ich kenne die Probleme in der Schule und kann die Lehrer verstehen – wie damals, als ich in der SMV war.

> ➡ **Deshalb genau hinsehen: was ist Realität, was sind Fantasien,**
> **was sind „Spuren aus der Vergangenheit?**

Aus der Vergangenheit spuken also öfters noch *Meinungen, Fantasien und Vorurteile* in den Köpfen der Eltern- und der Lehrerschaft herum. Sie verzerren die Wahrnehmung und produzieren unrealistische Gebilde: Eltern und LehrerInnen beispielsweise als Gegner, Unruhestifter, Dreinmischer, Nörgler, Besserwisser … – aber auch positive: Eltern und Lehrer als Helfer, Unterstützer, sorgende „Väter" und „Mütter" …

Hinweis: Die Einstellungen seitens der Eltern/Erziehungsberechtigten der Schule gegenüber zeigen sich im Spektrum von Desinteresse bis großem Engagement, je nach persönlichen, familiären, sprachlichen, intellektuellen, emotionalen und kulturellen Gegebenheiten. Deshalb muss die Kooperation mit den Eltern heutzutage sehr variabel sein und diesen unterschiedlichen Voraussetzungen Rechnung tragen.

 8

61. Beziehungsklärung zwischen LehrerInnen und Eltern

Für Sie als LehrerInnen: Nachfolgend können Sie Ihre Erfahrungen, Haltungen, Einstellungen Eltern gegenüber überprüfen:

	4 3 2 1 2 3 4	
Beim Stichwort „Eltern" spüre ich		
Anspannung, Unbehagen	4 3 2 1 2 3 4	Lockerheit
Distanz, Abwehr	4 3 2 1 2 3 4	Nähe, Zugang
Belastung	4 3 2 1 2 3 4	Entlastung
Mir geht durch den Kopf		
von den Eltern im Stich gelassen	4 3 2 1 2 3 4	von den Eltern unterstützt
lästige Pflicht	4 3 2 1 2 3 4	erfreuliche Kür
Bedrängung, Überforderung	4 3 2 1 2 3 4	Kooperation
Eltern gegenüber empfinde ich		
Ärger, Missmut	4 3 2 1 2 3 4	Wohlwollen, Freude
Gleichgültigkeit	4 3 2 1 2 3 4	Interesse
Unsicherheit, Angst	4 3 2 1 2 3 4	Sicherheit, Gelassenheit
Meine Erfahrungen mit Eltern sind		
unerfreulich	4 3 2 1 2 3 4	erfreulich
negativ	4 3 2 1 2 3 4	positiv
gemischt	4 3 2 1 2 3 4	bereichernd
Ich möchte am liebsten		
nur Minimalkontakt	4 3 2 1 2 3 4	viel Kontakt
in Ruhe gelassen werden	4 3 2 1 2 3 4	Erfahrungsaustausch
keine Kooperation	4 3 2 1 2 3 4	Kooperation
Ich sehe Eltern als		
Randfiguren	4 3 2 1 2 3 4	Gleichberechtigte
Dreinmischer	4 3 2 1 2 3 4	Mitmischer
Konkurrenten	4 3 2 1 2 3 4	Partner
Eltern sind für mich		
Erziehungslaien	4 3 2 1 2 3 4	Erziehungsexperten
Kontrolleure	4 3 2 1 2 3 4	Unterstützer
Sand im Getriebe	4 3 2 1 2 3 4	Öl im Motor

Kreuzen Sie Ihre jeweilige Position an und verbinden Sie sie von oben nach unten.
Sie erhalten so ein Endprofil, das Aufschluss über Ihre Beziehungen zu den Eltern gibt: Je mehr die vertikale Linie in der Gesamtheit nach links tendiert, umso dringender sind Klärungsgespräche mit den Eltern!

Reflexion:

Das Profil habe ich so erwartet, weil _____

Ich bin schockiert, weil _____

Ich bin verunsichert, weil _____

Ich bin erfreut, weil _____

Ich bin _____ , weil _____

Ich habe vor, … _____

Für die Eltern: Nachfolgend können sie Ihre Erfahrungen, Haltungen, Einstellungen LehrerInnen gegenüber überprüfen:

	4	3	2	1	2	3	4	

Beim Stichwort „Schule/Lehrer" spüre ich

	4	3	2	1	2	3	4	
Distanz, Abwehr	4	3	2	1	2	3	4	Nähe/Zugang
Unwillen/Unbehagen	4	3	2	1	2	3	4	Wohlwollen/Zufriedenheit
Belastung	4	3	2	1	2	3	4	Entlastung

Mir geht durch den Kopf

	4	3	2	1	2	3	4	
von der Schule im Stich gelassen	4	3	2	1	2	3	4	von der Schule unterstützt
lästige Pflicht	4	3	2	1	2	3	4	erfreuliche Kür
langweilige Elternabende	4	3	2	1	2	3	4	fruchtbare Zusammenarbeit

Meine Erfahrungen mit Schule und LehrerInnen sind

	4	3	2	1	2	3	4	
unerfreulich	4	3	2	1	2	3	4	erfreulich
negativ	4	3	2	1	2	3	4	positiv
gemischt	4	3	2	1	2	3	4	bereichernd

Ich sehe die Schule als

	4	3	2	1	2	3	4	
notwendiges Übel	4	3	2	1	2	3	4	wichtigen Ort der Bildung
Belastung	4	3	2	1	2	3	4	Entlastung
Blockade	4	3	2	1	2	3	4	Unterstützung

LehrerInnen gegenüber empfinde ich

	4	3	2	1	2	3	4	
Ärger, Missmut	4	3	2	1	2	3	4	Wohlwollen, Freude
Gleichgültigkeit	4	3	2	1	2	3	4	Interesse
Unsicherheit, Angst	4	3	2	1	2	3	4	Sicherheit, Gelassenheit

LehrerInnen erlebe ich hauptsächlich als

	4	3	2	1	2	3	4	
unnahbar, abweisend	4	3	2	1	2	3	4	nahbar, offen
überheblich	4	3	2	1	2	3	4	partnerschaftlich, zugänglich
weltfremd/inkompetent	4	3	2	1	2	3	4	realistisch, kompetent

LehrerInnen sind für mich

	4	3	2	1	2	3	4	
Konkurrenten, Störenfriede	4	3	2	1	2	3	4	Partner, Ermutiger
Besserwisser, Belehrer	4	3	2	1	2	3	4	Fachleute, Begleiter
Pauker	4	3	2	1	2	3	4	Lernexperten

Kreuzen Sie Ihre jeweilige Position an und verbinden Sie sie von oben nach unten. Sie erhalten so ein Endprofil, das Aufschluss über Ihre Beziehungen zu Schule und den LehrerInnen gibt. Je mehr die vertikale Linie in der Gesamtheit nach links tendiert, umso dringender sind Klärungsgespräche mit den LehrerInnen!

Reflexion:

Das Profil habe ich so erwartet, weil _____

Ich bin erfreut, weil _____

Ich bin schockiert, weil _____

Ich bin verunsichert, weil _____

Ich bin _____, weil _____

Ich habe vor, … _____

 8

62. Eltern-„Abende"

Checkliste zur Vorbereitung und Durchführung von Elternabenden:

Bitte klären Sie, wer einlädt: Normalerweise laden die Elternvertreter ein – meist mit Unterstützung/Hilfe der Klassenlehrerin/des Klassenlehrers.

Zeit: Im Fernsehprogramm blättern: Welcher Wochentag ist ungünstig (Fußball, Krimi …), welcher ist günstig? (Nicht vergessen: auch das voraussichtliche Ende angeben!)

Ort: Ich plädiere für die Schule: Der Elternabend ist eine schulische Veranstaltung. (Die „Kneipe um die Ecke" kann hinterher besucht werden.)

Sitzordnung: Wenn möglich nicht frontal, sondern „kommunikativ": Hufeisenform, Sitzkreis (mit Stühlen und Tischen, die „erwachsenengemäß" sind.)

Begrüßung/Vorstellung: Es begrüßt die/der Elternvorsitzende(r); dann stellen sich die anwesenden LehrerInnen vor, wenn möglich mit einer Mischung aus persönlichen und beruflichen Daten; anschließend wird das „Programm" des Abends bekanntgegeben.

Kennen lernen: Die Palette der Gefühle reicht von „peinlich" über „skeptisch" bis „neugierig" und „erwünscht", wenn es um Vorstellungsmethoden geht. Deshalb: Vorsicht und Einfühlung: Wenn es sich um den Erstkontakt handelt (1. Klasse, weiterführende Schulen), dann ist eine Vorstellungs-/Kennenlernrunde sehr wichtig. Bitte erkundigen Sie sich über Ihr „Eltern-Klientel": gemischt, Schichtzugehörigkeit, Anteil nichtdeutscher Eltern …, um für jede Gruppe geeignete Vorstellungsmethoden (verbal, zeichnerisch/bildhaft, spielerisch …) zu haben.

Vorinformationen: Worüber können die Eltern bereits im Vorfeld schriftlich informiert werden? Welche Informationen sind für die Eltern unerlässlich/wichtig? (z. B.: Notengebung, Versetzung, Berufsberatung, Schulwechsel u. Ä.) Wer informiert: ElternvertreterIn, LehrerIn, SchulleiterIn …? Wie methodenreich wird die Informationsphase gestaltet? (verbal … oder auch visuell … Folien, Plakate)

Wahl der Elternvertreter: Hier ist „alles möglich" – aber nicht immer alles erlaubt: Erkundigen Sie sich über die Vorschriften zur Wahl der Elternvertreter (Vorsitzende/r, VertreterIn) – Wenn es keine Vorschriften gibt, dann nach Vereinbarung mit den Eltern: offen per Handhebung, geheim schriftlich, mehrere Durchgänge u. Ä. …

Einblicke: Geben Sie Einblick in den Lern-Alltag der Kinder:
- ▶ Schulhaus, Gänge, Unterrichtsräume, Klassenraum, Sitzplatz …
- ▶ Ausstellung von Schülerarbeiten, Vorzeigen von Materialien
- ▶ Vorstellung verschiedener Unterrichtsformen
- ▶ Arbeiten Sie mit den Eltern/spielen Sie ggf. „Unterricht": (Wie ist das, wenn sie wieder auf der Schulbank sitzen?; siehe S. 139)
- ▶ Erfahrungen machen lassen: dies erhöht das Verständnis für die Schule, minimiert „Klagelieder" und fördert das Miteinander von Elternhaus und Schule.

Themen: Eruieren Sie Themen, die für die Eltern – und für Sie – von Bedeutung sind:
- ▶ schriftlich im Vorfeld durch Befragung
- ▶ schriftlich oder mündlich am Elternabend (im Plenum oder in Gruppen)
- ▶ Erstellen Sie eine Rangordnung nach Dringlichkeit. Vereinbaren Sie gemeinsame Termine und Themen. Entscheiden Sie, wer für welche Themen fachlich zuständig ist: LehrerInnen, Schulleitung, Elternvertreter, andere Experten.

Gesprächsleitung: Klären Sie, wer die Gesprächsleitung übernimmt: kompetente Elternvertreter oder Sie als Klassenlehrer oder KollegInnen. Verschiedene *Funktionen* können in einer Hand liegen (dann jeweils transparent machen, wenn die Rollen wechseln) – oder von verschiedenen Personen übernommen werden:

- ▶ Gesamtleitung/Moderation: Begrüßung, Bekanntgabe des Verlaufs, Erledigung organisatorischer Angelegenheiten, „Führung" durch den Abend, Verabschiedung *(ausführlich siehe Nr. 85: Der Lehrer als Moderator, S. 192/193)*
- ▶ Informationsvermittlung: Ziele, Themen, Inhalte (mit entsprechenden Methoden und Medien), Rückfragen, Klärungen …
- ▶ Schlichtung (falls Kontroversen auftreten): Als Vermittler sind Sie nicht *beteiligt*, sondern *überparteilich (ausführlich siehe Nr. 51: Streitschlichtung, S. 120/121)*
- ▶ Beratung: mit den Variablen Wahlfreiheit, Entscheidungsfreiheit und Bewertungsfreiheit *(ausführlich siehe Nr. 31: Gut beraten, S. 80/81)*
- ▶ Experten: bringen Wissenswertes, erweitern den Horizont …

Verlauf: Achten Sie darauf, dass der Elternabend – von meist zwei Stunden Dauer – ebenso eine Struktur, einen Verlauf aufweist wie ein (guter) Unterricht; z. B.: Einleitung, Aufgabenstellung und Klärung im Plenum, Arbeit in Kleingruppen, Rückmeldung und Präsentation im Plenum, ggf. „Gesprächsinseln" im Klassenzimmer; wieder Plenum (Mitteilungen aus den Gruppen, Zusammenfassung), Abschluss (Vereinbarungen …).

▶ Es ist Abschied zu nehmen von Elternabenden, die aus langen Lehrermonologen, Dauerstatements einiger weniger und „Zweistunden-Sitzen-Zuhören" bestehen.

Protokoll: Auf jeden Fall ein kurzes Protokoll anfertigen: zum einen als „Erinnerungszeichen" und zum anderen als Nachweis, falls Beschwerden, Klagen o. a. kommen.

Kurze Wege: Manchmal sind, zusätzlich zu den bereits terminierten Elternabenden, Zusammenkünfte notwendig (wichtige Informationen bekanntgeben, Vorfälle besprechen, Entscheidungen rasch treffen müssen …). Deshalb ist es wichtig, kurze Kontaktwege zu vereinbaren:

a. normalerweise Briefe an die Eltern über deren Kinder

b. Adressenliste (nach Zustimmung aller!) den Eltern geben

c. Vereinbarung: wer verständigt in dringenden Fällen (per Telefon/Fax, E-Mail) wen?

Ende: Es besteht (mindestens) aus zwei Phasen:

a. aus einer sog. Feedback-Runde, in der noch, wer möchte, zu Wort kommen kann:

- ▶ Was ich sachlich noch klären will …
- ▶ Wie es mir geht …
- ▶ Was ich sonst noch sagen möchte …

b. aus einer „offiziellen Verabschiedung", z. B. durch Worte der Vorsitzenden, der LehrerInnen; durch Musik, Dias, Filmausschnitt; Spiel oder Darbietung durch SchülerInnen …

Ausklang (inoffiziell): Wer möchte sich noch in der „Kneipe nebenan" treffen?

➠ **Gedanken auf dem Heimweg, von beiden Seiten:**
Mit den Lehrern/Eltern kann man halt (doch) reden …

 8

63. Das kleine 1x1 der Kommunikation

Dieser Schritt bringt „kommunikativ auf den Punkt", was Sie auf dieser 2. Etappe gelesen haben:

1. Wenn wir miteinander reden, können wir nicht *sicher wissen*, was unsere Nachrichten beim Gegenüber auslösen/bewirken. Denn dessen Hören wird beeinflusst von
- seiner eigenen Lebensgeschichte
- seinen zwischenmenschlichen Erfahrungen
- der Art der Beziehung untereinander
- seiner persönlichen Befindlichkeit
- der Sprache, dem Dialekt
- der Situation, dem Kontext
- seinen Hörgewohnheiten
- seinen Fantasien und Vorurteilen

Deshalb: Erschrecken Sie nicht oder sind Sie nicht enttäuscht oder „sauer", wenn das, was Sie sagen, so „ganz anders" ankommt. Dies ist normal!

> ▸▸ **Kommunikation ist Verständigung untereinander.**

2. Weil das Gesagte häufig so „ganz anders" beim Gegenüber ankommt und weil wir keine Macht darüber haben, ob und wie Menschen unsere Nachrichten hören, brauchen wir den Dialog und die Rückmeldung, nach dem Motto: „Sag mir, was du gehört hast, damit ich dir sagen kann, ob ich es auch so gemeint habe!"
Deshalb: Führen Sie, im Bedarfsfall, Gespräche, um zu Klärungen zu kommen.

> ▸▸ **Was ich gesagt habe, weiß ich erst, wenn ich die Antwort kenne.**

3. Menschen reden (mindestens) auf zwei Ebenen miteinander, nämlich auf der Sachebene (= WAS sie sagen) und auf der Beziehungsebene (= WIE sie etwas zu WEM sagen); dabei hat die Beziehungsebene den stärkeren Einfluss auf unser Hören als die Sachebene. (Erst auf dem Boden einer stabilen Beziehung können die Sachen geklärt werden.)
Deshalb: Beachten Sie beide Ebenen und reden und hören Sie bitte (mindestens) zweiseitig.

> ▸▸ **Das WIE ist oft bedeutsamer als das WAS.**

4. Förderliche Gespräche brauchen ein gutes Klima; es besteht aus gegenseitigem Respekt und Vertrauen, aus Echtheit und Einfühlung, Toleranz und Akzeptanz.
Deshalb: Überprüfen Sie, ob Ihre Einstellung zum Gesprächspartner so geprägt ist.

> ▸▸ **Ein gutes Gesprächsklima ist ein weiches Kissen bei harten Gesprächen.**

5. Ohne Verstehen gibt es, vor allem in schwierigen Konstellationen, kein gutes Gespräch. Verstehen heißt, sich immer mehr der Wirklichkeit des Gegenübers zu nähern und sie zu akzeptieren. Wir leben in verschiedenen Welten – und wir können durch Dialog und Verstehen an unseren Welten teilhaben: „Ich bin ich und du bist du. Wir können miteinander in Kontakt kommen und reden, auch wenn es schwierig sein wird", sagte der Kreis zum Viereck.
Deshalb: Akzeptieren Sie Ihre – bisweilen sehr unterschiedlichen – Wirklichkeiten mit dem Ziel der Annäherung.

> ▸▸ **Bei aller Unterschiedlichkeit: Suchen wir BerührungsPUNKTE**

6. Weil das Gesagte nicht immer das Gemeinte ist, deshalb stecken hinter Kritik, Vorwürfen, ja sogar Beschimpfungen immer die eigenen Meinungen der Sprecher; es ist somit sinnvoll, beschimpfende Äußerungen zu „übesetzen" und selbst statt zu DUzen zu ICHzen:

- ► Eltern: „SIE gehen viel zu schnell mit dem Stoff vor!" – bedeutet vielleicht: ICH habe Sorge, dass mein Sohn/meine Tochter nicht mitkommt.
- ► Lehrer: „SIE haben da völlig unrealistische Erwartungen an mich." – bedeutet vielleicht: „ICH kann das, was Sie von mir erwarten, nicht erfüllen.

Deshalb: Sprechen Sie von sich (Fachleute sagen dazu „ICH-Botschaften") und vermeiden Sie die „SIE-Formulierungen".

➠ **Was du über mich sagst, sagt mehr über dich aus als über mich.**

7. Kritik ist kein Vernichtungsakt („Er bekam eine *vernichtende* Kritik."), sondern soll faire Rückmeldung über Verhaltensweisen und Handlungen von Menschen auf dem Hintergrund von Intererese an der Sache und Wertschätzung gegenüber der Person sein. Kritik ist nicht Veränderung *des* anderen, sondern Mitteilung eigener Ansichten *an den* anderen.

- ► Kritiklösung: Ich sehe es so – du siehst es anders. Reden wir miteinander über die verschiedenen Sichtweisen.
- ► Förderliche Kritik ist (Lern-)Hilfe und Angebot, Förderung und Unterstützung, Konfrontation und Zeichensetzung, Warnsignal und Grenzziehung.

Deshalb: Überlegen Sie, mit welcher Einstellung und Haltung und mit welchem Ziel Sie andere Menschen kritisieren.

➠ **Kritik als Veränderungshilfe und nicht als Vernichtungsmaschine.**

8. Wenn wir uns verstehen wollen, müssen wir auch unsere Emotionen kennen.

Deshalb: Lassen Sie Emotionen (Ihre eigenen und die der anderen) zu und verstehen Sie diese als sehr spezifische, besondere Botschaften.

➠ **Emotionen sind der „Motor" für unsere Handlungen.**

9. Es ist manchmal schwer, direkt mit den Konfliktpartnern zu reden: Unsicherheiten und Ängste tauchen auf; man weiß nicht, wie man sich verhalten soll und wie die anderen reagieren; man möchte bisweilen davonlaufen …

Deshalb: Reden Sie *miteinander* statt über Dritte und finden Sie eine Ausgewogenheit zwischen Reden und Zuhören.

➠ **Wer schweigt, lügt nicht; aber wer redet, kann der Wahrheit näherkommen.**

10. Merk-Würdiges im Umgang mit schwierigen Menchen:

- ► Manche Menschen sind nicht nur für Sie schwierig, sondern Sie sind es auch für sie.
- ► Sie können den „Schwierigen" nicht ändern (das muss er schon selbst tun), aber Sie können günstige Bedingungen für sein Verändern schaffen.
- ► Je mehr Sie bei sich bleiben, desto mehr kommt der andere zu sich, die beste Voraussetzung für Dialog und Verständigung. Die Ecken und Kanten, die Besonderheiten und Schwächen sind das Salz in zwischenmenschlichen Beziehungen.

Deshalb: Reden und zuhören; verstehen und akzeptieren; abgrenzen und sich lösen.

Literaturempfehlungen

Eltern. Lernende Schule, Seelze 2000, Heft 10
Gelungene Beipiele, wie Schule und Elternhaus *kooperieren* und eine Fülle von Trainingsangeboten, wie Eltern und Lehrer konstruktiv *miteinander reden.*

Gewalt*ig.* Lernende Schule, Seelze 2001, Heft 13
Informationen, Empfehlungen, Hilfen und Trainingsangebote zum *Umgang mit* verbaler und körperlicher *Gewalt in der Schule.* Dazu: Adressen von Experten. Ansprechpartner und Institutionen zum Thema Gewaltprävention und Krisenmanagement.

Glasl, F.: Konfliktmanagement. Ein Handbuch für Führungskräfte, Beraterinnen und Berater. Bern/Stuttgart [7]2002
Der Klassiker unter den „Konfliktbüchern"; sehr umfangreich, dafür aber finden Sie – in Theorie und Praxis – alles, was Sie für Ihre Arbeit als Lehrer/Berater brauchen.

Langmaack, B./Braune-Krickau, M.: Wie die Gruppe laufen lernt. Weinheim [5]1995
Schon seit vielen Jahren ein *Renner unter den Gruppenbüchern;* besonders gelungen die Mischung aus fundierten Informationen und praktischen Beispielen.

Miller, R.: Beziehungsdidaktik, Weinheim [3]1999
Grundphänomene zwischenmenschlicher Beziehungen und *Modelle* des Beziehungslernens – mit vielen Fallbeispielen

Miller, R.: „Das ist ja wieder typisch!" – Kommunikation und Dialog in der Schule. 25 Trainingsbausteine. Weinheim 2004
Viele Übungsangebote für *Einzel-, Partner- und Gruppengespräche*

Philipp, E.: Teamentwicklung in der Schule. Weinheim [3]2000
Der Autor gibt aus seiner reichen Erfahrung als Schulentwickler konkrete Hilfen zur Teamentwicklung.

Schulz von Thun, F.: Miteinander reden. Reinbek
Bd. I: Störungen und Klärungen, [38]2003
Bd. II: Stile, Werte und Persönlichkeitsentwicklung, [23]2003
Bd. III: Das „innere Team" und situationsgerechte Kommunikation, [11]2003
Pflichtlektüre für alle, die mit Menschen zu tun haben und förderliche Gespräche führen wollen.

Träbert, D.: Starke Eltern – erfolgreiche Schüler. Reinbek 2003
Eine Gebrauchsanweisung für Eltern nach der PISA-Studie

DRITTE ETAPPE

Sachkompetenz:
Erfolgreich unterrichten

Im Mittelpunkt der Schule stehen die Kinder und Jugendlichen, die in der Organisations-
form *Unterricht* – in vielfältiger Ausprägung realisiert – lernen und sich weiterentwickeln.
Der Lehrer ist dabei *Lehr- und Lern-Experte*:

Selbstkompetenz — Beziehungskompetenz — Fachkompetenz

didaktisch-metho-
dische Kompetenz — **Der Lehrer als Fachmann für Unterricht** — Unterstützung durch
Ressourcen, Personen

mediale und organisa-
torische Kompetenz — **Zielgruppe: SchülerInnen** — Fortbildung
Weiterbildung
Supervision

Ich habe viele Lehrerinnen und Lehrer gefragt, woran sie denn messen, ein *erfolgreicher*
Lehrer zu sein, und habe zwei Richtungen zu hören bekommen:

a. gemessen am Erfolg der SchülerInnen
Wenn SIE

  ▶ motiviert sind und mitmachen
  ▶ lernen und Leistungen erbringen
  ▶ gute Noten erzielen
  ▶ das Klassenziel erreichen
  u. Ä.

▶ Der Lehrer – in seinem Erfolg abhängig
von den SchülerInnen

b. gemessen am eigenen Tun
Wenn ICH

  ▶ fachlich auf dem Laufenden bin
  ▶ mich gut vorbereitet habe
  ▶ die Schüler in ihren Bedürfnissen wahrnehme
  ▶ gut erkläre, auf Fragen eingehe …
  u. Ä.

▶ Der Lehrer – in seinem Erfolg relativ unabhängig von den SchülerInnen

▶ Woran messen Sie beispielsweise den Erfolg eines Arztes:
  a. an der hohen Gesundheits- und niedrigen Sterberate seiner Patienten?
  b. an der Qualität seiner Arbeit?
  ▶ an seinem *Tun* oder an seiner *Wirkung* – oder an beidem? (Wechselspiel)

  Eine Lehrerin meinte: Ich messe meinen Erfolg daran, ob ich einen guten Job mache – und
  nicht am Notendurchschnitt meiner Schüler.

  ▸▸ **In diesem Sinne erfolgreich unterrichten:
  Verantwortungsvoll gute Arbeit leisten**

Dazu alles Weitere auf den nächsten 36 Schritten:

64. Der Lehrer als Bildungsexperte

Die Ernüchterung in der Schule

Schüler sind an guten Noten und Schulabschlüssen interessiert.

Eltern sind an guten Leistungen und Noten ihrer Kinder interessiert.

Lehrer interessiert am *Bildungs*plan vorwiegend der *Fächer*kanon.

Schulleiter sind an guten Lehrern interessiert.

Die Schulverwaltung ist an einem reibungslosen Schulablauf interessiert.

Wer ist eigentlich wirklich an Bildung interessiert?

Viele Schulfachleute – und nicht nur die – glauben zu wissen, was Bildung ist; wenn sie aber befragt werden, kommen sie ins Stottern oder tummeln sich auf Allgemeinplätzen.

Ich habe Personen aus der Schule, Schulverwaltung und Wissenschaft befragt, was sie unter Bildung verstehen (Näheres siehe: Miller, 1999, S. 19); z. B.:

- ▶ die Fähigkeit, am öffentlichen Leben gestaltend teilnehmen zu können und es auch zu wollen
- ▶ sich in Zukunft in der Gesellschaft zurechtzufinden auf der Basis eines solidarischen und demokratischen Umgangs miteinander
- ▶ die Aneignung von Wissen in möglichst vielen Bereichen, um das Leben vielfältig gestalten zu können
- ▶ die Aneigung von Kulturgütern, die für die einzelne Person und für die Gesellschaft von Bedeutung sind
- ▶ die Summe von Wissen und Verhaltensweisen, über die ein Mensch zur erfolgreichen Bewältigung gesellschaftlicher Anforderungen verfügen muss
- ▶ die Vernetzung von Kenntnissen und Verhaltensweisen, die den Menschen befähigen, in seiner Lebenswelt zu bestehen und sie kompetent mitgestalten zu können
- ▶ das Zusammenwirken von Wissen, Fertigkeiten und Verhaltensweisen, die es dem Einzelnen ermöglichen, selbstständig zu sein und gesellschaftliche Belange mitzugestalten
- ▶ „Bildung ereignet sich in der Begegnung des Menschen mit der kulturellen Wirklichkeit." (Klafki)
- ▶ Bildung ist, (1) was der sich bildende Mensch aus sich zu machen versucht; (2) was dem Menschen ermöglicht, in einer geschichtlichen Welt und (3) in der Gemeinschaft zu leben (H. v. Hentig).

Sie sehen: Es werden formale Aussagen gemacht, die sehr breit interpretierbar sind, und es gibt keine konkreten Inhalte. Allen Sichtweisen gemeinsam sind jedoch vier Bereiche, nämlich

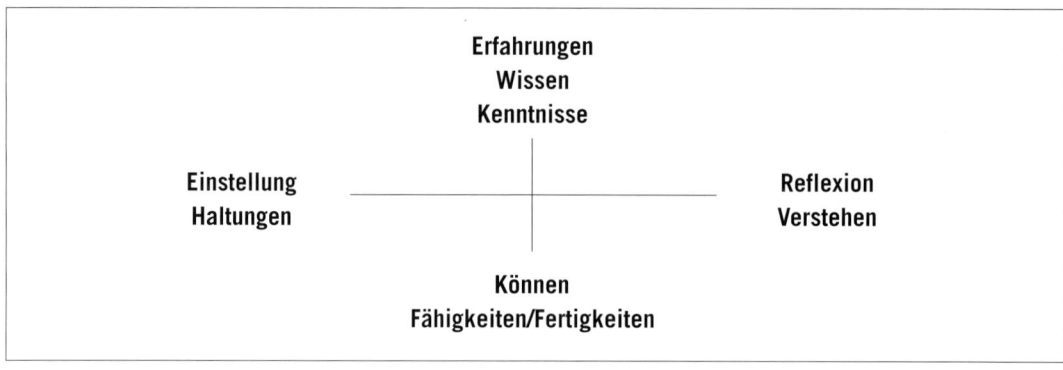

Bildung ist also eine *Vernetzung dieser Bereiche* und ein *Prozess*, sodass ein gebildeter Mensch nicht ein „fertiger", „reifer" Mensch ist (wie man früher der Ansicht war), sondern eine Person, die mit ihrem Wissen und Verstehen, mit ihrem Können und ihren Haltungen „auf dem Weg" ist …

Aus vergangenen Zeiten schwingt vielleicht immer noch die Vorstellung von einem *Bildungs*bürgertum mit, das verknüpft ist mit einem breiten Allgemein*wissen*, geisteswissenschaftlichen Denkweisen und „schönen Künsten", ohne große Einbeziehung der Naturwissenschaften und des „praktischen Lebens". (Fragen Sie einen „gebildeten Akademiker" von damals, was er über naturwissenschaftliche Phänomene weiß oder ob er einkaufen und kochen, einen Autoreifen wechseln, ein Fußballabseits erklären oder eine Wiese mähen kann.)

Die Realisierung

Und dennoch: Kein Unterricht ohne Bezug zur Bildung. Sie ereignet sich konkret dann, wenn LehrerInnen den SchülerInnen

- ▶ zeigen, wie sie sich (ergänzend zu anderen Wissensagenturen) *Wissen* aneignen können
- ▶ *Reflexions- und Verstehensprozesse* ermöglichen
- ▶ Räume geben, damit sie *Fertigkeiten und Fähigkeiten* (= Können) erlangen
- ▶ Beispiel geben, damit sie zu persönlich sinnvollen und sozialverträglichen *Haltungen Einstellungen* kommen.

Dabei werden die einzelnen Inhalte entweder in Bildungsplänen kundgetan oder sie ergeben sich situativ aus dem unterrichtlichen Geschehen.

➠ **LehrerInnen als Bildungsexperten – und SchülerInnen
bereits Gebildete in der Schule – und nicht erst im reifen Lebensalter!**

Ich kenne eine Frau, inzwischen über achtzig Jahre alt, von der ich mit Fug und Recht behaupte, dass sie gebildet ist, obwohl sie „nur" einen Volksschulabschluss hat; denn: Sie hat sich im Laufe der Zeit ein umfangreiches Wissen angeeignet (über „Gott und die Welt"); sie denkt darüber nach und versteht, was sie tut; sie hat annähend 65 Jahre ihr Leben selbstständig durch vielfältiges Können bewältigt (Kriegerwitwe, Kinder groß gezogen; sich und sie ernährt) – und das alles mit einer beeindruckend menschlichen und religiös gebundenen Haltung.

- ▶ Bildung wird nicht bestimmt, sondern ge- und erlebt.

Damit dies intensiv geschehen kann, sind folgende *Themen* immer wieder neu aufzugreifen, zu vertiefen und durch Diskurs und Vereinbarungen im schulischen Alltag inhaltlich konkret umzusetzen:

- ▶ Bildung und Erziehung, Werte, Normen und Regeln, Leitgedanken und Bildungsstandards, Kompetenzen, Ziele und Bildungsinhalte
- ▶ Praxisrelevanz, Rahmenbedingungen, Schwierigkeiten, Hindernisse und Grenzen schulischer Arbeit
- ▶ Aspekte des Lehrens und Lernens, Leistungsbewertung und -benotung, Schullaufbahn und Abschlüsse
- ▶ Aufgaben der Schule und des Elternhauses
- ▶ Schulentwicklung, interne und externe Evaluation und Möglichkeiten der Optimierung der Schule als lernende Organisation.

65. Bildungsstandards: Chancen und Blockaden

Jetzt, da ich an diesem Buch arbeite (Frühjahr 2004), ist die nationale Bildungsdebatte – auf dem Hintergrund der PISA-Ergebnisse (mit dem heißen Eisen „Bildungsstandards") voll im Gange. Ich würde zu gern heute schon wissen, wie die Bildungslandschaft der BRD in zehn Jahren aussehen wird … Verweilen wir in der Gegenwart: Politiker hektisch in Aktion, Bildungsplaner fleißig am planen, Schulverwaltung mäßig irritiert, Lehrerinnen und Lehrer schwankend zwischen leiser Neugier, starker Verunsicherung und resignativem Abwinken.

Informatives zum derzeitigen Stand

Begriffsbestimmung: Standards sind eine Richtschnur, ein Maßstab für erwünschte, erwartete Kompetenzen. Nach Böttcher vermitteln „starke Standards Schülern, Lehrern und Eltern eine klare Vorstellung davon, was Schüler z. B. in einem Kurs, einer Lerneinheit, einem Schuljahr lernen sollen. Diese Ziele sollten angemessen, realistisch, relevant und stimmig sein. Sie sollen außerdem rigoros in dem Sinne sein, dass sie für alle Schüler gelten … Damit Standards den Unterricht positiv beeinflussen können, müssen sie „unterrichtbar" sein." (Lernende Schule 2003, Heft 24, S. 6)

Merkmale guter Bildungsstandards

Fachlichkeit: BS sind jeweils auf einen bestimmten Lernbereich bezogen und arbeiten die Grundprinzipien der Disziplin bzw. des Unterrichtsfaches klar heraus.

Fokussierung: Die BS decken nicht die gesamte Breite des Lernbereiches bzw. Faches in alle Verästelungen ab, sondern konzentrieren sich auf einen Kernbereich.

Kumulativität: BS beziehen sich auf die Kompetenzen, die bis zu einem bestimmten Zeitpunkt im Verlauf der Lerngeschichte aufgebaut worden sind. Damit zielen sie auf kumulatives, systematisch vernetztes Lernen.

Verbindlichkeit für alle: BS drücken die Mindestvoraussetzungen aus, die von allen Lernern erwartet werden. Diese Mindeststandards müssen schulformübergreifend für alle Schülerinnen und Schüler gelten.

Differenzierung: Die BS legen aber nicht nur eine „Messlatte" an, sondern differenzieren zwischen Kompetenzstufen, die über und unter bzw. vor und nach dem Erreichen des Mindestniveaus liegen. Sie machen so Lernentwicklungen verstehbar und ermöglichen weitere Abstufungen und Profilbildungen.

Verständlichkeit und *Realisierbarkeit*: Die BS sind klar, knapp und nachvollziehbar formuliert und sollen mit realistischem Aufwand erreichbar sein.
(Quelle: Bundesministerium für Bildung und Forschung, Hrsg.: Zur Entwicklung nationaler Bildungsstandards, Berlin 2003, S. 24 f.)

Problematisches

► Die BS sind an Unterrichts*fächer* geknüpft. Die Tendenz besteht, fächerübergreifendes Lernen zu vernachlässigen.

► Die Subjektivität jeglicher Beurteilung wird zu wenig berücksichtigt. (K. H. Ingenkamp lässt, seit fast 30 Jahren, grüßen!) Bereits die „Messlatte" der Standards entsteht meist auf Grund subjektiver Erfahrung – und weit weniger durch empirische Daten.

► Es gibt für die Schulen mehr Arbeit, mehr interne und externe Kontrolle.

► Kinder, die die Standards nicht erreichen, brauchen intensive Unterstützung, die derzeit zu wenig gewährleistet ist. (Personalmangel!) Die Individualität der Lernenden könnte in den Hintergrund treten.

► Die Eingangsvoraussetzungen (Persönlichkeit, Herkunft, Migration, Leben in Urbanität oder ländlicher Region …) der SchülerInnen und die Rahmenbedingungen in den einzelnen Schulen sind unterschiedlich und werden in den BS vernachlässigt.

➧ **Ein Unterricht wird nicht besser, je mehr Standards man vorgibt.**

Bisher positive Effekte von Standards (nach Gandal/Vranek, in: Lernende Schule 2003, Heft 24, S. 8): *Standards*

▶ generieren ein reicheres und anspruchsvolleres Curriculum
▶ verbessern die Dialoge und Zusammenarbeit zwischen Lehrern und zwischen Schulen
▶ erleichtern einen produktiveren Austausch zwischen Lehrern und Eltern und
▶ fokussieren pädagogische Aktivitäten auf die Leistungsverbesserung der Schüler

Meine Empfehlungen für die Schulen:

▶ Zu allererst: Die Standards nicht als Schreckgespenst, sondern als Chance für mehr Bildungsgerechtigkeit und Leistungsüberprüfung sehen; deshalb: Offenheit, kritisch-konstruktives Herangehen
▶ Keine „Top-down-Implementation", sondern aus den BS und Kerncurricula werden Curricula in der Schule entwickelt.
▶ Sie haben weitaus mehr Gestaltungsspielraum und Verantwortung als bisher. **Deshalb:** In der eigenen Schule beginnen, die praktizierten Standards unter die Lupe zu nehmen (Wie kommen wir an unserer Schule zu Leistungseinschätzungen, Bewertungen, Beurteilungen, Noten …?)
▶ Schulcurricula, Schulprofile, Kontingenzstundentafeln, neue Lehr- und Lernverfahren bilden eine Einheit.
▶ Die Unterrichtsorganisation richtet sich nach den Standards und Curricula.
▶ Eine Reduzierung der sozialen und kognitiven Selektivität wird angestrebt. Ungleichheiten sollen vermindert, Gleichheitschancen erhöht und das Leistungsniveau gehoben werden.
▶ Und vor allem: Immer die Schülerinnen und Schüler im Auge behalten!

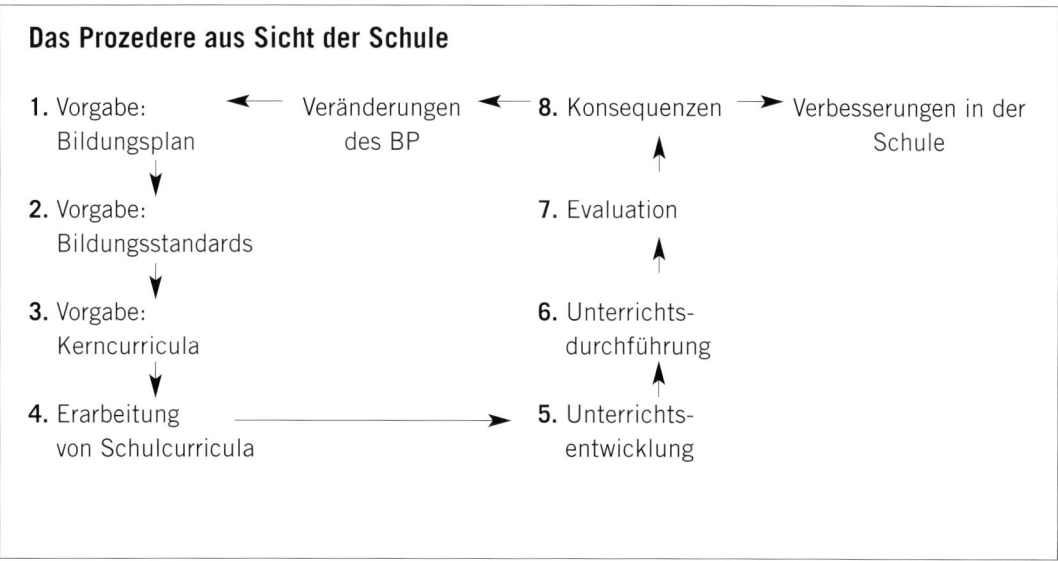

Das Prozedere aus Sicht der Schule

1. Vorgabe: Bildungsplan ← Veränderungen des BP ← 8. Konsequenzen → Verbesserungen in der Schule

2. Vorgabe: Bildungsstandards   7. Evaluation

3. Vorgabe: Kerncurricula   6. Unterrichtsdurchführung

4. Erarbeitung von Schulcurricula → 5. Unterrichtsentwicklung

66. Schulentwicklung: Was kommt hinter der nächsten Kurve?

Wenn die Konsequenzen, wie im „Prozedere …" (S. 153) gezeigt, in Richtung „Verbesserungen in der Schule" gehen, dann ist häufig „Schulentwicklung angesagt" – und das heißt: kein sporadisches und beliebiges, sondern ein den den vier **p**'s verpflichtendes Vorgehen (Rolff, 2001):

pädagogisch, d. h. letztlich auf die SchülerInnen gerichtet
präzise, d. h. bewusst und gezielt
pragmatisch, d. h. nützlich und sachbezogen
praktikabel, d. h. umsetz- und realisierbar

Schulentwicklung

ist demnach ein langfristiger, systematischer und geplanter Prozess, bestehend aus Analyse, Problemlösevorhaben und Erneuerungsaktivitäten, im Spannungsfeld zwischen den Vorgaben und Vorschriften der Administration und der Selbststeuerung der Beteiligten mit ihren Visionen und Zielen, Wünschen und Absichten mit den zwei Hauptzielen

> ▸▸ **persönliche Zufriedenheit aller und Förderung der Entwicklung und Leistungsfähigkeit der Schülerinnen und Schüler**

Dabei entsteht ein Spannungsfeld zwischen ALT und NEU:
Wir träumen von *neuen* Schulzeiten und sind noch in *alten* verhaftet:

Von alten (Schul-)Zeiten …	zu neuen (Schul-)Zeiten
(von denen manche auch heute noch ihre Stärken haben)	*(in die aufzubrechen notwendig ist)*
– zufällige Entwicklung	– gezielte Entwicklung
– Statik, Beharren	– Dynamik, Flexibilität
– Zentralisierung	– Dezentralisierung
– Steuerung von oben	– Steuerung von unten
– Organisation von außen	– Organisation von innen
– konstante Berufsrolle	– sich verändernde Berufsrolle
– begrenztes Lernen	– lebenslanges Lernen
– Stunden-Pläne	– Lern-Pläne
– Schwerpunkt: Wissensvermittlung	– Schwerpunkt: Lernprozesse
– abfragender Unterricht	– offene Unterrichtsformen
– Fachkompetenz	– Fach- und Sozialkompetenz
– Lehren und Belehren	– Lernförderung, Lernhilfe
– (zu häufiges) Eingreifen	– Entfaltenlassen
– (zu viele) Vorgaben	– Schaffung günstiger Bedingungen
– lehrerzentrierter Unterricht	– schülerorientierter Unterricht
– Medienarmut	– Medienvielfalt (Computer/neue Medien)

Im Übrigen bin ich der Ansicht, dass wirkliche Veränderungen Zeit brauchen, nicht im Hauruck-Verfahren geschehen, sondern eher unspektakulär und in kleinen Schritten. Also: Geduld mit sich und anderen haben!

Dieser Weg von ALT nach NEU bedeutet für die Schulen:

1. pädagogisch: Freiheit in der Gestaltung der Lehrpläne, Inhalte und Ziele
2. personell: Mitbestimmung in der Auswahl der Lehrpersonen
3. finanziell: Verfügung über Schulkonten, Grundmittel, Budgetierung
4. organisatorisch: Freiräume für Deputate, Klassengrößen, Vertretungen
5. verwaltungstechnisch: Zuständigkeit für Bau, Mobiliar, Hauspersonal
6. überprüfend: Durchführung von Selbst- und Fremdevaluation

Diese Schulentwicklung (SE) als *Veränderungsprozess* wird nicht immer einhellig von einem Kollegium Zustimmung finden. Deshalb ist es förderlich, den beabsichtigten Weg transparent zu machen und in angemessenen Schritten zu gehen – ggf. auch mithilfe von SE-Moderatoren. Folgender, idealtypischer, Verlauf kann als „Fahrplan" dabei dienen:

Artikulationsphase:	Äußerung von Zufriedenheit/Unzufriedenheit, Interessen, Wünschen, Erwartungen, Kritik und Veränderungsabsichten (Problemerkennung)
Kontakt- und Kontraktphase:	Klärungsgespräche und Vereinbarungen über die Aufgaben der Beteiligten (z. B. Bildung einer Planungsgruppe) und über das gesamte Vorgehen
Diagnosephase:	Wahl der Diagnoseinstrumente, Durchführung der Datenerhebung (u. a. Ist-Analyse) Auswertung der Ergebnisse und Datenrückkoppelung an die Beteiligten
Planungsphase:	Zielvereinbarungen und Absprachen über die verschiedenen Handlungsschritte (Aktionsplan)und Vorgehensweisen (Methoden)
Realisierungsphase:	ggf. Vorlauf (Erprobungen); Durchführung der geplanten Arbeitsschritte, Zwischenbilanzierung
Evaluationsphase:	Ist-Soll-Vergleich, Ergebnis- und Erfolgskontrollen, Endbilanzierung
Abschlussphase:	Rückblick und Gesamtbewertung; Entscheidung über Beendigung oder Weiterführung des Prozesses

Nach einem guten Jahrzehnt Schulentwicklung, nach Abklingen der Anfangseuphorie und unrealistischer Höhenflüge hat sich die Erkenntnis durchgesetzt, dass die Schulentwicklung nach wie vor wirksam ist, wenn Schulleitung und Kollegium

▶ anfangen, auch wenn nicht alle mitmachen
▶ nicht zu schulferne Visionen und zu hohe Erwartungen haben
▶ kleine Schritte mit Pausen, statt pausenlos große Schritte gehen (sonst geht die Luft aus)
▶ die Unebenheiten, Schwierigkeiten und Hürden als Teil des Prozesses sehen
▶ sich Zeit nehmen, sich Zeit lassen – und

▸▸ **Lieber kurzfristige Wege gehen als langfristige gar nicht!**

67. Ein Prozess ist ein Prozess

Eine Kollegin sagte zu mir: Ich bin ganz unglücklich. Unser Schulentwicklungsprozess geht gar nicht voran … Und ich antwortete lapidar: „Ein Prozess ist halt ein Prozess."

▶ und meinte damit: Alles, was geschieht, *ist* Prozess, gehört dazu: die (unterschiedlichen) Ziele, die (notwendigen) Absprachen, das Aushandeln des Vorgehens, die Schnellen und die Langsamen, die Ungeduldigen und die Geduldigen – und deshalb:

▸▸ **Don't push the river!**
Er hat seine eigene Fließgeschwindigkeit.

Nun hat sich ein Kollegium – oder ein Teil davon – für einen SE-Prozess entschieden.

Acht Zentralfragen
können dabei ein Leitfaden bei ihren Veränderungsabsichten sein:
1. Was wollen wir behalten, bewahren? Bleibendes gibt Stabilität
2. Was möchten wir verändern? Veränderungen bringen Bewegung
3. Was befürchten wir? Befürchtungen produzieren „Widerstand"
4. Welche Ziele haben wir? Ziele weisen die Richtung
5. Welche Vereinbarungen treffen wir? Vereinbarungen ebnen den Weg
6. Wie werden wir vorgehen? Wegbeschreibungen geben Sicherheit
7. Was haben wir erreicht? Evaluation zeigt Erfolge/Misserfolge auf.
8. Wie geht es weiter?

Zentrale Bestandteile sind auf diesem „fragenden Klärungsweg" die *Diagnose* des Istzustandes eines Kollegiums (= Wie es derzeit bei uns aussieht) und die *Zielfindung* (Wohin wir wollen). Ich stelle Ihnen drei Methoden vor, durch die Diagnose und Zielfindung durchgeführt werden können:
a. Die **SOFT**-Methode: Analyse von Stärken und Schwächen in Kollegien
   - **S**atisfactions = Zufriedenheit; bisher befriedigende Ergebnisse
   - **O**pportunities = Möglichkeiten der Veränderung, Chancen
   - **F**aults = Fehler, Probleme, Unzulänglichkeiten
   - **T**hreats = Bedenken, Bedrohungen, Gefahren, Ängste
   ▶ sehr geeignet als Einstieg in langfristige SE-Prozesse
b. Die **B-V-B**-Methode: Analyse von Ist-Zuständen und Veränderungsabsichten
   - Was wollen wir **b**ehalten, bewahren? Was hat sich bisher bewährt?
   - Was wollen wir **v**erändern?
   - Was **b**efürchten wir, welche Bedenken haben wir?
   ▶ sehr geeignet bei mittel- und kurzfristigen SE-Prozessen
c. Die **P-U-B-O**-Methode: Darstellung von Veränderungsabsichten in vier Feldern
   - Veränderungen der einzelnen **P**ersonen
   - Veränderungen des **U**nterrichts
   - Veränderungen der **B**eziehungen untereinander
   - Veränderungen in der schulischen **O**rganisation
   ▶ sehr geeignet für kurzfristige Prozesse; rasche Handhabung

Alle drei Methoden bestehen aus umfangreichen Datenerhebungen, wie z. B.: schriftliche Befragungen (Fragebogen, Multiple-Choise, Kartenabfrage u. Ä.); Open-Space-Verfahren (Erfahrungsaustausch in großen Kollegien); Interviews, Feedbackformen (Blitzlicht, Rundgespräch); Aquarium (Aktive im Innenkreis, Beobachter im Außenkreis); Podiumsdiskussion (Aktive und Zuhörer im Wechselspiel); Meta-Plan-Techniken (Visualisierte Kommunikation); Kleingruppenarbeit (mit Präsentation der Ergebnisse im Plenum).

Am Ende eines Prozesses steht die Evaluation. Sie umfasst folgende Bestandteile (Burkhard/ Eikenbusch, zitiert in Helmke, 2003, S. 152; (siehe auch S. 161):
> ▶ „eine systematische Erfassung
> ▶ der Durchführung oder der Ergebnisse
> ▶ eines Programmms oder einer Maßnahme
> ▶ verglichen mit vorgegebenen Standards, Kriterien, Erwartungen oder Hypothesen
> ▶ mit dem Ziel der Verbesserung des Programms oder der Maßnahme"
▶ wobei auch der *Prozess der Evaluation* evaluierbar ist.

▸▸ **Evaluation, mit dem Ziel: sehen, was ist, um zu belassen oder zu verändern**

Die Durchführung einer Evaluation besteht aus einem Zyklus (ebd.) von acht Phasen:
> ▶ Ausgangspunkt: Planung eines Evaluationsprogramms
> ▶ Bestimmung des Ziels
> ▶ Identifikation der Zielgruppe
> ▶ Planung der Durchführung (Zeit, Geld, Personal, Genehmigungen)
> ▶ Datenerhebung (Tests, Fragebögen, Interviews, Statistiken)
> ▶ Analyse und Interpretation der Daten
> ▶ Nutzung der Daten für Veränderungen
> ▶ Modifizierung des Evaluationsprogramms (Feedback-Schleife)

Nun sind SchülerInnen, nolens, volens, mit Evaluation fast täglich konfrontiert, LehrerInnen nur zu Examenszeiten. Unbehagen und „Widerstand" bereits bei der Erwähnung von Evaluation (vor allem, wenn es um Fremdevaluation geht), ist verständlich. Trotz allem: Die Vorteile der Evaluation sind augenscheinlich, denn:
> ▶ sie bringt Bestätigung der Arbeit: Wir freuen uns und feiern!
> ▶ sie bringt Schwächen und Fehler an den Tag: Es kommt nicht unbedingt Freude auf, aber doch die Einsicht, dass Veränderungen sinnvoll, ggf. sogar notwendig sind.

▸▸ **Evaluation ist wie beim TÜV:**
Kommen wir durch: Super
Kommen wir nicht durch: Schade!
Aber nachfolgende Unfälle wären schlimmer!

▶ Was wollen Sie lieber: Dass der TÜV Ihren profillosen Reifen bemerkt – oder dass Sie möglicherweise bei geplatztem Reifen mit Ihrem Wagen von der Straße abkommen …?

68. Schulprogramm: Das Gesicht einer Schule

Es kann nun sein, dass Sie Ihre Prozesse in einem Schulprogramm festhalten, darstellen und veröffentlichen wollen (wie ein Künstler bei seinen Veranstaltungen, um zu zeigen, was er kann und was auf die Besucher zukommt). Dann gibt es

Zwölf Schritte zu einem Schulprogramm

1. Ein Schulprogramm wollen

Es kann nicht von oben verordnet werden, sondern muss von Schulleitung und Kollegium gewollt sein. Dabei ist darauf zu achten, dass das Programm von einer breiten Mehrheit getragen und mitvollzogen wird. (Wie wird eine Musik klingen, wenn vom gesamten Orchester nicht einmal die Hälfte mitspielt?)

2. Eine Begleit-(Steuer-)Gruppe wählen

Sie hat u. a. folgende Aufgaben:

- ▶ die Umsetzung organisieren, die Zeitabläufe planen
- ▶ Ansprechpartner für Einzelne oder Gruppen sein
- ▶ Impulse geben, initiieren, führen, Aufgaben delegieren
- ▶ die Tätigkeiten der einzelnen Gruppenleiter koordinieren
- ▶ mit der Schulleitung in Kontakt sein; sie informieren
- ▶ Konferenzen vorbereiten und leiten
- ▶ ggf. externe Berater einladen und instruieren
- ▶ mit SchülerInnen und Eltern zusammenarbeiten
- ▶ für die Öffentlichkeitsarbeit zuständig sein

3. Die Betroffenen beteiligen

Kein „Top down", sondern Befragung, Einbindung und Mitarbeit der Beteiligten: Das Schulprogramm muss das Programm der „Künstler" sein und nicht das des (geschäftigen) Impresarios!

4. Daten erheben, ordnen, bündeln, auswerten

Daten sind die Grundlage für weiterführende Aktivitäten: Wünsche, Bedürfnisse der Beteiligten … Je vielfältiger die Daten, desto bunter der Schulprogrammteppich.

5. Leitgedanken, Ziele finden

Ohne Ziel kein Weg! (Wer nicht weiß, wohin er will, muss sich nicht wundern, wenn er ganz woanders ankommt.):

- ▶ Leitgedanken drücken gleichsam die „Philosophie" einer Schule aus.
- ▶ Ziele verdeutlichen diese Philosophie und weisen den Weg.

6. Inhalte, Aufgaben und Verfahrensweisen festlegen

Sie sind die Grundlagen auf dem SE-Weg:

- ▶ Um welche Inhalte, Themen geht es?
- ▶ Welche Aufgaben kommt auf das Kollegium, auf die einzelnen Mitglieder zu?
- ▶ Welche Verfahrensweisen werden zur Realisierung gewählt?

7. Kontroversen zulassen und klären

„Umwege" erhöhen die Ortskenntnisse! Lieber vor der Reise Hindernisse aus dem Weg räumen, als während der Reise darüber stolpern und sich verletzen …

8. Zu Vereinbarungen kommen

Wo kämen wir hin, wenn alle in verschiedene Richtungen gingen?

9. Überprüfungsmodalitäten festlegen

Wer überprüft wann mit welchen Mitteln die Ziele und Umsetzungen?

10. Das Schulprogramm erproben

Anfangen – gehen – ausprobieren – Erfahrungen machen – revidieren … – und sich für ausführliche Gespräche (jedoch nicht zum Totreden) Zeit nehmen!

11. Die sechs W festschreiben

Wohin? (Zielklärung) – Wer? (Gruppenleitung) – mit Wem? (Teilnehmende) – Was? (Thema/Themen) – Wie? (Verfahren) – Wie lange? (Zeit)

12. Das Schulprogramm veröffentlichen (mit folgendem Inhalt):

▶ Präambel: Pädagogische Grundsätze und Leitideen
▶ Informationen über die Schule mit ihren Spezifika
▶ Ziele, Inhalte, Methoden und Schwerpunkte der Arbeit
▶ Regeln und Rituale des Zusammenlebens
▶ Evaluationsverfahren

Und dann:

⇥ **Feierstunde mit Schülern, Eltern und Lehrern:
„Unsere Schule hat ein Programm!"**

(Übrigens: Künstler dürfen – wenn es der Kunst dient oder die Umstände es erfordern – auch ihre Programme ändern!)

Einschätzungen

Seit über 25 Jahren gibt es in der BRD die *schulinterne* Lehrerfortbildung (SCHiLF) und daraus erwuchs, etwa 15 Jahre später, die *Schulentwicklung* (SE). Nach dem PISA-Schock stellt sich vermehrt die Frage nach dem Erfolg und dem Qualitätszuwachs an Schulen.

Meine Einschätzung:

SCHiLF ist zum festen Bestandteil der Lehrerfortbildung geworden, und wenn sie keinen „Muttertagseffekt" (= ein Tag im Jahr genügt) erzeugt, sondern *kontinuierliches* Arbeiten an schulrelevanten Themen bedeutet, dann ist sie sehr wirksam.

Die SE hat sich in den *Anfängen* zu sehr an der Organisationsentwicklung im Profitbereich orientiert. Viele Schulen (rsp. Schulleitungen) haben zu fest auf's Tempo gedrückt, der Entwicklung zu wenig Zeit gelassen – und manchen ist dabei die Luft ausgegangen (Ausnahmen bestätigen die Regel.) In der Zwischenzeit ist eine gewisse Konsolidierung eingetreten. Meine Empfehlung lautete bereits 1998 (als Überschrift eines Aufsatzes): „Von SCHiLF zur Schulentwicklung und zurück." Damit meinte ich: Nicht so große Sprünge machen – kleine haben auch Erfolg. Und vor allem: SE braucht *Zeit*, ist nicht zum Nulltarif zu haben und schon gar nicht als „Unterricht plus", was bedeutet: Nicht zusätzlich *zur* Arbeit, sondern integrativ *als* Arbeit des Lehrers.

Die Ansätze u. a. von Klippert (Methodentraining und EVA = Eigenverantwortliches Arbeiten), von Meyer (Unterricht), von Philipp (Teamentwicklung), von Schratz (Schulentwicklung und Schulqualität) und von mir selbst (SCHiLF und Beziehungsdidaktik) zeigen, dass die Zeit der „großen Entwürfe" vorbei ist, aber die beharrlichen Innovationen in den einzelnen Schulen gute Früchte tragen, wenngleich die Breite der Schulen noch nicht erfasst ist (siehe z. B. Löw, 2003).

⇥ **Deshalb: Step by step – kontinuierlich und beharrlich:
Steter Tropfen höhlt den Stein!**

69. Unterrichtsentwicklung: work in progress

Unterrichtsentwicklung ist ein Teil der SE. Da es nicht *den* guten Unterricht gibt, ist ein Diskurs, sind Abstimmungen und Vereinbarungen von den LehrerInnen über Verständnis und Qualität „guten" Unterrichts unabdingbar. Horster/Rolff (in Helmke, 2003, S. 194) nennen einige

Prinzipien der Unterrichtsentwicklung

- ▶ ein gemeinsames Bild von Unterricht entwickeln (sog. „Minimalkonsens")
- ▶ Kriterien und Indikatoren vereinbaren (Bestimmung: „guter" Unterricht)
- ▶ gemeinsam Unterrichtsvorhaben planen (Einzelstunden, Projekte)
- ▶ das Methodenrepertoire erweitern (Information, Training für Lehrer und Schüler)
- ▶ die Inhalte verändern: sinnhaftes und effizientes Lernen ermöglichen (Lebensnähe)
- ▶ den Unterrichtsprozess und seine Ergebnisse evaluieren

Bei der Auswahl und „Passung" (Abstimmung) von Zielen, Inhalten und Methoden gibt es mehrere Zugänge:

1. Geht es um Ziele, dann: Auf welchen Wegen (= Methoden) können die SchülerInnen sie erreichen?
2. Geht es um Inhalte, dann: Wie lauten die Ziele und auf welchen Wegen können sie vermittelt werden?
3. Geht es um Methoden, dann: Wie lauten die Ziele und mit welchen Inhalten können sie erreicht werden?

▶ Oder ganz anders: Liebe SchülerInnen, „fahrt" mal los – ich bin gespannt, was ihr entdeckt und mitbringt!

> ⮞ **Unterricht im „Dreierpack": Wissenserwerb – Verstehen – Handeln**

Weinert warnt vor Gefahren, Unterricht zu polarisieren (siehe Helmke 2003, S. 238) und plädiert für eine Ausgewogenheit der verschiedenen Sichtweisen von Unterricht (leicht gekürzt):

- ▶ nicht autoritär und auch nicht egalitär – sondern autoritativ
- ▶ weder Fehlertabuisierung noch Fehlerkult, sondern Fehlertolerierung (in Lernphasen) und Fehlerkorrektur (in Konsolidierungs- und Übungsphasen)
- ▶ weder eine Maximierung offenen Unterrichts noch direkter lehrergesteuerter Instruktion, sondern eine unterschiedliche Dosierung beider Unterrichtsformen
- ▶ eine Ausgeglichenheit kognitiver wie sozial-emotional-motivationaler Bereiche
- ▶ eine ausgewogene Mischung aus Fachwissen und Lernstrategien
- ▶ nicht nur rezeptiv, nicht nur aktiv, sondern Lernen in vielerlei Gestalt
- ▶ Lehrende sind sowohl Instrukteure als auch Berater/Mitgestalter, Begleiter.

Wie alle Entwicklungen so ist auch die Unterrichtsentwicklung nie abgeschlossen, sondern „work in progress". Für das Kollegium einer Schule bedeutet dies *Optimierung des Unterrichts* durch folgende „Entwicklungsspirale":

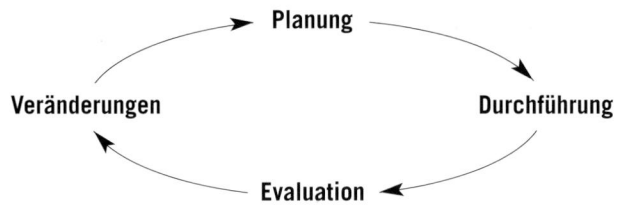

Evaluation

Sie steht am Ende eines (Teil-)Prozesses und ist eine *systematische* Vorgehensweise, die aus gezielten Beobachtungen, Bewertungen/Interpretationen von erhaltenen Daten und Schlussfolgerungen besteht, mit dem Ziel der Qualitätsverbesserung von Schule und Unterricht. Sie kann als Selbst- und Fremdevaluation geschehen unter Berücksichtigung folgender Aspekte *(siehe auch Nr. 67: Ein Prozess ist ein Prozess, S. 156)*:

- Evaluation benötigt die Einwilligung und Akzeptanz derjenigen Personen, deren Verhaltensweisen und Leistungen evaluiert werden.
- Beobachtete und Beobachtende bestimmen gemeinsam die Ziele/Absichten, Verfahrensweisen und Auswertungsmodalitäten.
- Wichtig ist die Unterscheidung und deutliche Trennung von Beobachtung, Beschreibung, Dokumentation/Präsentation, Interpretation/Deutung, Auswertung und Schlussfolgerungen (Veränderungswünsche/-notwendigkeiten).
- Vorteile: Stärken entdecken, Schwächen aufdecken, Fehler abstellen, Hilfen zur Veränderung geben, Qualität verbessern.

Aktivitäten der Selbst- und Fremdevaluation (siehe auch ausführlich, mit vielen Beispielen: Schratz, 2002, S. 163 ff.):

- ▶ **Befragungen:** mündlich (Interviews), schriftlich (mittels Fragebogen)
- ▶ **Begleitung:** (Schüler, Lehrer, Schulleitung): A erlaubt B, ihn zu begleiten und zu beobachten (im Schulhaus/Schulhof, im Klassenzimmer/Lehrerzimmer), im Unterricht
- ▶ **Beobachtungen:** persönlich (Notizen, Checklisten), medial (Tonband, Videoaufzeichnungen)
- ▶ **Blitzlicht:** Gesprächsumfrage zur Befindlichkeit und zu bestimmten Themen
- ▶ **Brainstorming:** Mitteilungen von Assoziationen zu einem vorgegebenen Thema
- ▶ **Dokumentationen:** Bilder, Fotos, Filme, Videos
- ▶ **Gesprächsformen:** Pro und Kontra, (Podiums-)Diskussionen, Aquarium (Innen- und Außenkreissitzordnung)
- ▶ **Mind Maps:** Grafische Darstellung von Beobachtungen
- ▶ **Peer Review:** gegenseitiges kollegiales Feedback zur Ermittlung von Verhaltensweisen und Leistungen (Schwerpunkt: Unterricht)
- ▶ **Portfolio:** Sammlung von selbst erstellten Dokumenten schulischer Arbeiten
- ▶ **Simulations- und Rollenspiele:** spielerisches Darstellen von Beobachtungen (inkl. anschließender Auswertung)
- ▶ **Tagebuch:** persönliche Aufzeichnungen
- ▶ **Tests:** mündlich und schriftlich
- ▶ **Visualisierung** (mittels Karten, Posters) von Beobachtungen, Informationen

---

▶▶ **Keine Weiterentwicklung ohne Überprüfung des Entwicklungsstandes!**

70. Hirnforschung und Lernen

▸▸ **Wer wirkungsvoll Lehren will, muss vorher über das Lernen von Menschen Bescheid wissen:**

Aus Sicht der Neurobiologie

besteht die Lernfähigkeit des Menschen darin, Erfahrungen für künftiges Verhalten zu speichern und zu verwerten, wobei diese Leistung an das Gedächtnis gebunden ist. Um dies zu ermöglichen, werden die Außenreize, also alles, was „auf den Menschen zukommt", über die *Sinne*, die die Eingangskanäle bilden, aufgenommen. Was wahrgenommen wird, entsteht im Gehirn, ist dessen *Konstruktion* und *keine Abbildung* der Außenwelt im Sinne einer fotografischen Aufnahme. Dies erklärt u. a. die Tatsache, dass beispielsweise dieselben Reize bei Menschen unterschiedliche Reaktionen (= Gehirnleistungen) hervorrufen.

Somit besteht die Fähigkeit des Gehirns aus folgenden Aktivitäten: Wahrnehmung der Sinnesreize – Aufmerksamkeit – Einschätzung/Bewertung – Speicherung (Gedächtnis) – Erinnern/Erkennen – Abrufen/Handeln.

Anlage und Umwelt beeinflussen sich gegenseitig, d. h., die Gene/Erbinformationen „bewegen" sich in einer bestimmten Umwelt, sind also flexibel und anpassungsfähig. Beispiel: Zwei Sonnenblumen entwickeln sich unterschiedlich, wenn sie verschiedene Standorte haben: viel/wenig Sonne; viel/wenig Regen, lockerer/fester Boden; geschützt/ungeschützt ... Für das Wachstum, die Entwicklung gibt es zwar Prognosen, aber keine sicheren Vorhersagen, gibt es Wahrscheinlichkeiten, aber keine Gewissheiten, auf keinen Fall ein „Wenn so ..., dann so ...!" (Das ist es, was das Lehren und Lernen so unberechenbar, aber auch so spannend macht!)

Das Gehirn hat Zentren für Logik, Analytik, Linearität, Zahl, Zeit, Folge, Sprache, Bilder, Fantasien, Raum, Rhythmus, Farben, Ganzheit. Für das Lernen ist wichtig, dass möglichst viele *Verknüpfungen* erfolgen können, also beispielsweise Analytik *und* Ganzheit, Lineariät *und* Raum, Logik *und* Fantasie, Rationalität *und* Emotionalität ...

Beispiele für Verknüpfungen:

„links"	„rechts"
753	Rom kroch aus dem Ei (sich einen Reimdaraus machen!)
333	bei Issos Keilerei
Zahl Pi: 3,1415926 ...	How I want a drink, alcoholic of course
(Buchstaben pro Wort)	(3 1 4 1 5 9 2 6)
Texte	Unterstützung durch Bilder, Farben, Muster ...
Begriffe	eine (Fantasie-)Geschichte daraus machen

Lernen bedeutet hirnphysiologisch: neuronale Verknüpfungen schaffen, vertiefen, löschen, wieder aufnehmen usw. (Zu dieser Leistung verbraucht das Gehirn etwa 20 % der Gesamtenergie des Körpers!) Und da die Gefühle lebenswichtige Reaktionen auf Umwelteindrücke sind und schneller als Verstandesreaktionen sind, haben sie bei Lernprozessen eine hohe Bedeutung.

> Lehrer zu Schülern: „So, jetzt haben wir ein Rollenspiel gemacht; nun lasst uns wieder vernünftig lernen."

▶ Schade dass *dieser* Lehrer so wenig von Hirnforschung weiß.

» **Das Hirn lernt immer – und vor allem (nur) das,
was (über-)lebenswichtige Bedeutung hat.** (M. Spitzer)

Beeindruckend für mich, welche ethischen Konsequenzen der Hirnforscher W. Singer zieht (in: Spiegel Spezial, 2003/4: Die Entschlüsselung des Gehirns, S. 25): Respekt vor der Singularität des menschlichen Gehirns, mit demütiger, bescheidener und toleranter Haltung. „Unglaubwürdig sind die, die vorgeben, sie wüssten, wie das Heil zu finden ist."

Konsequenzen für Schule und Unterrricht
- Vor uns sitzen alles *einmalige* Lernpersönlichkeiten! Das Kontaktkind (der kleine Liebling aller) ist nicht besser oder schlechter als das Rückzugskind (der kleine Forscher und Grübler).
- Jedes Kind hat seine eigene Welt und ist sein eigener Hirnspezialist mit verschiedenen Intelligenzen: sprachliche, räumliche, körperlich-kinästhetische, logisch-mathematische, musikalische, interpersonale. Deshalb vor allem: Keine „Gehirngleichrichtung"!
- Das Gehirn ist plastisch und demzufolge zu Anpassung (als Eigenleistung) fähig – und es wehrt sich gegen den Zwang als Veränderung durch Außendruck.

Bedeutung für den Lehrer:
- Jedes Kind genau beobachten – bevor es ans Lehren geht
- nicht die Homogenität, sondern die Heterogenität als Normalfall betrachten
- ein Lerntraining „Lernen lernen" anbieten
- von Stundenplänen zu Lernplänen kommen
- Sozialformen angemessen einsetzen
- als Fachexperte *und* als Methoden-Multi agieren
- auf förderliche Beziehungen achten und „mit Gefühl" unterrichten
- Bezüge zur Lebens- und Lernwirklichkeit der SchülerInnen herstellen

Wie unterschiedlich Hirne arbeiten:
Die Lehrerin zeigt den Schülern eine Katze (ohne Schwanz) und fragt: Was fehlt denn der Katze? Ein Junge sagt „der Schwanz" – ein anderer sagt: Ein Schüsselchen Milch."
Ich besuche mit meiner Frau eine Vasarely-Ausstellung. Vor einem Bild bleiben wir fasziniert stehen. Sie sagt zu mir: „Schau, wie sich die Linien nach innen verengen!" – Ich antworte: „Eigenartig. Für mich weiten sie sich nach außen."

- Hirne haben ihre eigenen Ansichten.

Spezielle Literatur:
Linke, D.: Das Gehirn. München 1999 – knapp und informativ: von den Leistungen des Gehirns bis zu psychologischen und philosophischen Konsequenzen
Roth, G.: Das Gehirn und seine Wirklichkeit. Frankfurt/M. 2001 – umfangreich und detailliert: ein Reiseführer durchs Hirn mit überraschenden Konsequenzen
Singer, W.: Der Beobachter im Gehirn. Essays zur Hirnforschung. Frankfurt/M. 2003 – eine Sammlung von Vorträgen, die einen grandiosen Einblick in die Welt des Gehirns geben
Spitzer, M.: Lernen – Gehirnforschung und die Schule des Lebens. Heidelberg 2002 – das zum Bestseller avancierte Buch liest sich spannend wie ein Krimi – und bietet für die Schule eine Fülle von Anregungen, Ideen – und auch manche Widersprüche

71. Lernpsychologie und didaktische Konsequenzen

Es gibt bestimmte Grundformen des Lernens (ausführlich in: Edelmann, 2000):

a. **das assoziative Lernen:** Darunter versteht man vor allem das Reiz-Reaktion-Lernen. Das Gehirn sucht sich „Verknüpfungspunkte": Du erinnerst mich an …; was fällt dir ein, wenn du an eine grüne Wiese denkst …? Plötzlich kommt ein Hund auf Sie zugelaufen … (Freude, Schrecken, Angst) – Wenn ich dich schon sehe, dann …

b. **das instrumentelle Lernen:** Es besteht im Einsatz von Mitteln/Instrumenten. Die wichtigsten sind: Verstärkung (z. B. Anerkennung), Löschung (z. B. Nichtbeachtung), Bestrafung (unangenehme Konsequenzen), wobei die Wirkung von „Instrumenten" nicht vorhersehbar ist; es gibt höchstens Vermutungen und Wahrscheinlichkeiten.

c. **das Modell-/Imitationslernen:** Damit ist vor allem die Nachahmung i. w. S. gemeint: Aneignung durch Aufmerksamkeit, Lernen durch Beispiel und Vorbild, durch Beobachtung und Identifikation: Ich mache es so wie … Ich möchte so sein wie … (Vorbild für jemanden wird allerdings nur derjenige, der bereits den eigenen Vorstellungen sehr nahe ist!)

d. **das kognitive Lernen:** Hier besteht das Lernen aus Informationsaufnahme und Verarbeitung, nämlich: Kategorisierung, Begriffs- und Hierarchiebildung, Entwicklung von Lern- und Denkstrategien, Wissenserwerb … mit dem Ziel, zu einer klaren, stabilen und geordneten Wissensmenge zu gelangen.

e. **das handelnde Lernen:** Es besteht aus dem Planen und Problemlösen, aus Versuch und Irrtum, aus Lernen durch Handeln und Erfahrung, aus Erkennen durch Tun.

Lernblockaden können durch sog. Interferenzen entstehen

a. **Vorwärtshemmung:** Inhalt 1 verhindert die Aufnahme von Inhalt 2 (Weil 1 interessant, dominant, spannend … war, ist man davon noch „besetzt".)

b. **Rückwärtshemmung:** Inhalt 1 wird überdeckt von Inhalt 2 (Weil 2 so beeindruckend war, vergisst man rasch 1.)

c. **Ähnlichkeitshemmung:** Moor – Mohr, Meier – Meyer, Stalagmiten – Stalaktiten (Weil die Wörter so ähnlich sind, fällt es schwer, sie beim Lernen zu unterscheiden.)

d. **Gleichheitshemmung:** Lernen *und* Lärm (Das eine kann das andere blockieren.)

e. **Affekt-/Gefühlshemmung:** Lernprozesse werden durch Angst und Stress be-/verhindert.

Gedächtnisarten

a. **das Ultrakurzzeitgedächtnis:** Wahrnehmung und Aufnahme von elektrischen Schwingungen von etwa 10–20 Sekunden Dauer

b. **das Kurzzeitgedächtnis:** Wahrnehmung und Aufnahme der Schwingungen (bei bestimmter „Unterstützung") von etwa 20 Minuten

c. **das Langzeitgedächtnis:** Behalten als biochemischer Vorgang; Speicherung in Milliarden von Nervenzellen

Positive Einflussgrößen auf das Langzeitgedächtnis sind: Bedeutsamkeit des Inhalts, emotionale Verbindung, Anzahl der Erfolgserlebnisse, Schwierigkeitsgrad, Wahl der Eingangskanäle, Identifikation; instruktives *und* selbstständiges, intrinsisches *und* extrinsisches, selbstmotiviertes *und* fremdmotiviertes, lustvolles *und* schweißtreibendes Lernen (Wasser macht nass *und* durstig; Leistung kostet Anstrengung *und* bringt Erfolg.).

Didaktische Konsequenzen

1. Lernende sind Subjekte ihres eigenen Lernens. Sie konstruieren ihre eigenen Lernwelten und gehen die ihnen eigenen (hirn-)gemäßen Lernwege.

Dieser Freiheitsgewinn führt jedoch nicht zu Beliebigkeit, sondern zu hoher Verantwortung. Bildungs- und Lehrpläne eröffnen Spielräume *und* deren Grenzen, jedoch keine Grenzenlosigkeit.

2. Es ist Abschied zu nehmen von einem Unterricht als „Nürnberger Trichter": Der Lehrer schüttet oben Wissen hinein und unten kommen die stereotypen Reaktionen heraus. Die „Schöpfer" dieses Unterrichtsstils gehen davon aus, dass die Schülerinnen und Schüler eine relativ homogene Lerngruppe sind. Dies ist nicht der Fall. Die „Vielwirklichkeit" in den Klassenzimmern erfordert ein prinzipielles und strukturelles Umdenken und eine Veränderung des gesamten Lehr- und Lernverhaltens, was nicht ausschließt, Vereinbarungen, Axiome, vorgegebene Konstruktionen zu vermitteln – allerdings in methodisch angemessenen Formen, die den unterschiedlichen Gehirnen der SchülerInnen gerecht werden.

3. Offenes Lernen lässt keine sicheren Prognosen zu, kein: „wenn …, dann …", keine Linearität.

Das heißt u. a.:

- ▶ die SchülerInnen genau beobachten (Diagnose)
- ▶ ihr individuelles Lernverhalten in Erfahrung bringen
- ▶ die individuellen Konstruktionen der SchülerInnen zulassen
- ▶ über die verschiedenen Lernwege und Ergebnisse diskutieren
- ▶ die individuellen Leistungen, die individuellen Entwicklungen einschätzen
- ▶ das Lernverhaltensprofil einer ganzen Klasse ermitteln

4. Zu beachten ist die Struktur der Lehrenden und der Lernenden. Lernen ist die „Eigengestaltung empfangener Energie". Der Lernende selbst bestimmt sein Lernen, wobei die Lehrenden sowohl günstige Bedingungen schaffen als auch Fachleute in bestimmten Fächern sind, ihre Erfahrungen und ihr Wissen zur Verfügung stellen und die Lernprozesse der SchülerInnen begleiten.

▶▶ Postulate:
Individualisierung, Differenzierung, Integration, Förderung, Ermutigung

Nach Brophy/Good (zitiert in Helmke, 2003, S. 63–64, gekürzt) lernen Schüler besser, wenn

- ▶ mehr Unterrichtszeit zur Verfügung steht
- ▶ LehrerInnen die Bedeutsamkeit von Unterricht und Lernen betonen
- ▶ eine effiziente Klassenführung vorherrscht
- ▶ kontinuierliche Erfolgserfahrungen gemacht und Frustrationen vermieden werden
- ▶ Übersicht und Orientierung gegeben sind
- ▶ die Redundanz ausreichend groß ist
- ▶ Material und Informationen gut strukturiert sind
- ▶ die Lehrkraft als stimulierend erlebt wird
- ▶ angemessen gefordert wird (keine Unter-und Überforderung)
- ▶ alle Schüler gleichermaßen in Frage-Antwort-Sequenzen einbezogen werden
- ▶ Feedback gegeben und die Leistung gewürdigt wird
- ▶ Beiträge ernst genommen werden

72. Heterogenität als Normalfall

1949, 1. Klasse Volksschule: Ich bin einer unter 50 Schülern (die Mädchenschule ist ein paar Straßen weiter); bis auf zwei Flüchtlingskinder stammen alle aus dem selben Ort; alle katholisch; die Meinungen des Lehrers, des Pfarrers, der Eltern weisen kaum Unterschiede auf. Die gibt es höchstens in den Verhaltensweisen, vom Lausbub bis zum stillen Träumer, und in den Leistungen, vom Besten bis zum Sitzenbleiber.

▶ Heterogenität kein Thema
  2003: In einer Grundschule einer Großstadt: Die Kinder (einschließlich ihrer Eltern) stammen aus insgesamt 28 Nationen – und das heißt: unterschiedliche Lebenserfahrungen, Wissensbestände, Verhaltensweisen und Einstellungen.

▶ Homogenität kein Thema

Heutzutage sind die Unterschiede weitaus größer und vor allem: sie sind sichtbarer geworden. Auf sehr unterschiedlichen Ebenen „finden sich Unterschiede in den
  ▶ kognitiven Lernvoraussetzungen,
  ▶ allgemeinen sprachlichen Kompetenzen und in der deutschen Verkehrssprache im Besonderen,
  ▶ sozialen Kompetenzen,
  ▶ Interessen und Neigungen, in der Leistungsmotivation und den Erwartungen an Lehrer, Gleichaltrige und Schulinhalte,
  ▶ Auffassungen vom „richtigen" Jungen- und Mädchenverhalten,
  ▶ physischen und gesundheitlichen Voraussetzungen" (Preuss-Lausitz, 2004, S. 17).

> ▸▸ **In einer offenen Gesellschaft ist Heterogenität in Schule und Klassenzimmer der Normalfall und offenes Lernen die angemessene didaktische Konsequenz.**

Wir finden also Heterogenität, intellektuell – emotional – sozial – ethnisch-kulturell vor, zeigen aber noch lange nicht die nötigen Reaktionen:
  ▶ Die Lehrerausbildung hinkt in den didaktischen Angeboten noch weit hinterher (mit Ausnahme im Sonder- und Grundschulbereich).
  ▶ Das Lehrpersonal kann derzeit die geforderten Maßnahmen und Methoden nur begrenzt anwenden (z. B. nur *eine* Lehrerin für 29 Kinder im Unterricht; keine Zusatzkräfte, kaum Teamarbeit).
  ▶ Nachweislich ist der Frontalunterricht (im herkömmlichen Sinn) immer noch die Nr. 1 unter den Unterrichtsformen.
  ▶ Deshalb gibt es auch kaum *individuelle* Förderpläne.
  ▶ Die Lernziele sind pauschal formuliert („die Schüler sollen …") und in keiner Weise heterogen beschrieben.
  ▶ Die Notenpraxis beruht hauptsächlich auf Vergleichsnoten und nicht auf individuellen Leistungsbeschreibungen.
  ▶ Sitzenbleiben gehört in den Schulen zum jährlichen Alltag.

> ▸▸ **„PISA zeigt, dass wir im Umgang mit Heterogenität Weltspitze im negativen Sinne sind."** (PÄDAGOGIK 2003, Heft 9, S. 8)

Heterogenität des Lernens

Sie zeigt sich auch darin, wie *verschieden* unsere Hirne (ver-)arbeiten (lernen):

> Ein Physiklehrer erklärt den SchülerInnen einen Sachverhalt und merkt, dass ihn die meisten nicht verstehen. Er bittet einen Jungen, der ihn verstanden hat, den Mitschülern den Sachverhalt zu erklären, was diesem problemlos gelingt, während ihn diesmal der Lehrer nicht versteht.

▸ Hirnbiologische Erklärung: Die Schülerhirne funktionierten untereinander ähnlicher als das Lehrerhirn und die Schülerhirne. Heterogenität also auch zwischen Lehrern und Schülern!

Heterogenität bedeutet auch verschiedene Lerngewohnheiten der SchülerInnen. Zwar ist der „Lerntypen"-Begriff durch die Hirn- und Kognitionsforschung nicht mehr im strengen Sinne haltbar (= zu sehr Festlegung auf „Typen"), aber LehrerInnen können ihren SchülerInnen jedoch *Zugangswege* des Lernens zeigen, und zwar: Du „lernst"

> ▸ mit den Augen, verstehst und behältst besser, wenn du etwas siehst (Bilder, Texte, Tafelanschrieb)
> ▸ mit den Ohren, verstehst und behältst besser, wenn du etwas hörst, bzw. zuhörst (Vortrag, Musik)
> ▸ durch Reden, verstehst und behältst besser, wenn du ein Gespräch führst oder mit anderen diskutierst
> ▸ durch Tun, verstehst und behältst besser, wenn du etwas anfertigst, herstellst (Bilder, Collagen, Gegenstände …)

▸ Und vielleicht kannst du noch besser lernen, wenn du „verknüpft" arbeitest, z. B.: Einen Text *siehst*, ihn dabei laut *liest*, dann mit anderen darüber *redest* und den Inhalt (in einer Szene) *spielst* … oder umsetzt (= *handelst*).

> ⇢ **Wenn ich weiß, wie ich lerne, dann kann ich auch erfolgreicher lernen!**

Helfen Sie also Ihren SchülerInnen

> ▸ Bescheid zu wissen, wo es Wissen zu holen gibt
> ▸ herauszufinden, wie man es sich aneignen und verarbeiten kann
> ▸ fähig zu werden, es abzurufen und zu verwerten
> ▸ allmählich selbst zum Lernfachmann/zur Lernfachfrau zu werden.
> ▸ viele Methoden zur Verfügung zu haben

Wenn Schülerinnen und Schüler über ihr eigenes Lernen Bescheid wissen, individuelle Lernstrategien anwenden und ihr Lernen selbst in die Hand nehmen, dann bedeutet das für sie und die LehrerInnen Entlastung: Sie selbst sind weniger abhängig von den LehrerInnen und diese müssen nicht immer in Aktion sein.

> ⇢ **Heterogenität: Gewinn für alle: Chancen und Förderung**
> **für die SchülerInnen – Entlastungen für die LehrerInnen!**

In „Akzente", einer Lehrerzeitung über berufliche Bildung (München 2003/12, S. 23) las ich zum Thema „Gesunde Lehrer – Wege aus der Belastungsspirale" Folgendes: Prof. Peter Paulus „untermauerte mit empirisch gewonnenen Daten, dass der Lehrerberuf sehr anstrengend sei. So müssten z. B. in einer durchschnittlichen Unterrichtsstunde ca. 200 Entscheidungen getroffen und 15 erzieherische Konfliktsituationen bewältigt werden."

▸ Das ist m. E. aber nur dann der Fall, wenn der Lehrer glaubt, Kapitän, Steuermann, Ruderer und Lotse in einem sein zu müssen.

73. Vom Senden zum Speichern

Stoffvermittlung ist „Aussenden", aber noch lange nicht „genauso Ankommen". Dass es hohe „Übernahmewahrscheinlichkeiten" gibt, hängt damit zusammen, dass Sender und Empfänger (Lehrer und Schüler) ähnliche Hirnstrukturen, gemeinsame Erfahrungen, Sprache, Kultur ... haben. Dies ändert jedoch nichts an der Tatsache, dass Lernen die *Eigengestaltung empfangener Energie* ist. Nur der Lernende kann sein Lernen selbst bestimmen – und der Lehrer kann ihm dabei helfen (= Lehr*anteile* in einem *Lernprozess!*)

Wenn der Lehrer Stoff vermittelt, also Informationen und Instruktionen gibt, geschieht folgender Prozess:

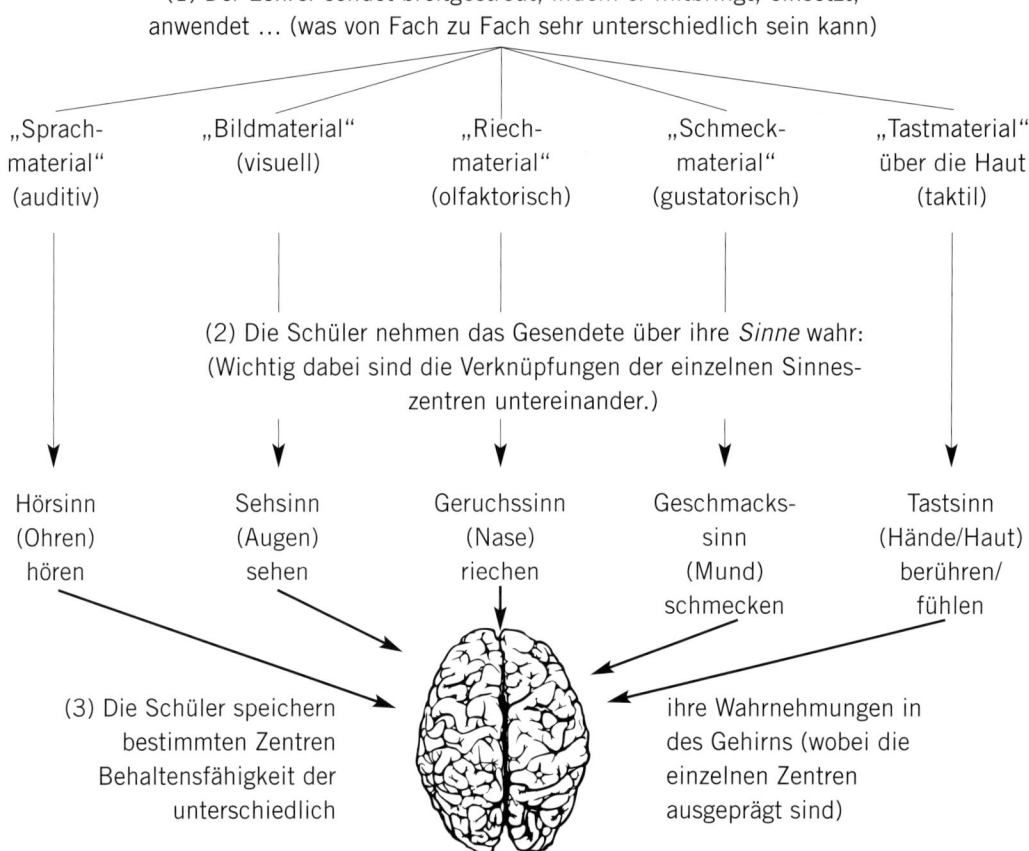

(1) Der Lehrer sendet breitgestreut, indem er mitbringt, einsetzt, anwendet ... (was von Fach zu Fach sehr unterschiedlich sein kann)

„Sprachmaterial" (auditiv)   „Bildmaterial" (visuell)   „Riechmaterial" (olfaktorisch)   „Schmeckmaterial" (gustatorisch)   „Tastmaterial" über die Haut (taktil)

(2) Die Schüler nehmen das Gesendete über ihre *Sinne* wahr: (Wichtig dabei sind die Verknüpfungen der einzelnen Sinneszentren untereinander.)

Hörsinn (Ohren) hören   Sehsinn (Augen) sehen   Geruchssinn (Nase) riechen   Geschmackssinn (Mund) schmecken   Tastsinn (Hände/Haut) berühren/ fühlen

(3) Die Schüler speichern bestimmten Zentren Behaltensfähigkeit der unterschiedlich

ihre Wahrnehmungen in des Gehirns (wobei die einzelnen Zentren ausgeprägt sind)

... und rufen sie dann – *entsprechend ihrer eigenen Konstruktion!* – nach Bedarf ab

➤➤ **Lernen mit allen Sinnen!**

Dazu kommen noch: Wahrnehmungen des Körpers (Atem, Muskeln, Haltung, Bewegungen). Auch diese für das Senden und Speichern, für das Lernen nutzen!

➤➤ **Je breiter gestreut die „Sende-Angebote" des Lehrers sind, desto höher ist die Wahrscheinlichkeit, dass die Eingangskanäle der Schüler angesprochen werden und dass sie ihre Wahrnehmungen langfristig speichern können.**

▸▸ **Die Speicherungen müssen nicht mit den Impulsen des Senders (Lehrers) übereinstimmen, da Empfangen und Speichern subjektive, selektive und konstruktive Verarbeitungsvorgänge sind.**

Dieses Verarbeiten geschieht in der Klasse in verschiedenen Sozialformen: die einen wollen allein „verdauen", die anderen zu zweit oder in Gruppen und wieder andere sind froh, im Klassenverband zu arbeiten.

Eine gute Unterrichtsstunde/ein guter Unterrichtsvormittag enthält deshalb mehrere Sozialformen:

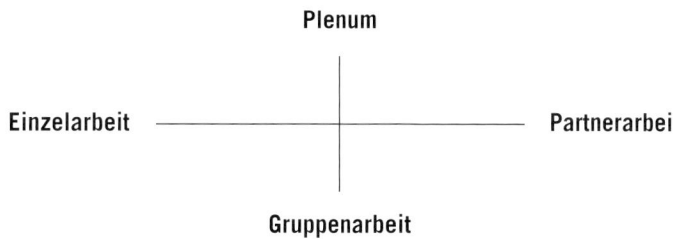

▸▸ **Im (Nur-)Frontalunterricht geht ein gut Teil der SchülerInnen unter ...**

Dieses veränderte Verständnis von Lehren, Lernen und Unterricht, basierend auf der Grundüberzeugung, dass Lernen *Eigen*bewegung und *Selbst*organisation ... ist, sieht dadurch auch die Tätigkeiten der Lehrenden anders, neu ...

a) Die Vorbereitung und Planung des Unterrichts (u. a. LehrerInnen und SchülerInnen gemeinsam) wird in Zukunft einen breiteren Raum einnehmen als bisher, wird jedoch eine wesentliche *Arbeitsentlastung* für die Lehrenden *während* des Unterrichts mit sich bringen.

b) Die Rolle der LehrerInnen erfährt eine Akzentverschiebung:
   ▸ vom Besserwisser zum Mehrwisser (Fachmann/-frau)
   ▸ vom Lehren zum Lernfördern (Lernhelfer)
   ▸ vom Eingreifen zum Entfaltenlassen (Lernbeobachter)
   ▸ vom Korrigieren zum Arrangieren (Lernmoderator)
   ▸ vom Belehren zum Begegnen, vom Lenken zum Führen, vom Dirigieren zum Begleiten ...
   ▸ vom „über die Schulter schauen" zum „Nebeneinander gehen" (M. Wagenschein: „Unterricht ist das gemeinsame Anschauen einer Sache ...")

Ein Kamerateam filmte eine 3. Grundschulklasse, in der die Kinder bereits sehr selbstständig, allein und/oder in Gruppen intensiv lernten. Der Lehrer saß an einem Tisch und arbeitete an seinem Computer. Die Reporterin war verwirrt und fragte: „Ja, was lernen denn die Kinder bei Ihnen, wenn Sie nicht unterrichten, sondern am Computer sitzen?" Darauf antwortete der Lehrer: „Sie lernen, wie man konzentriert arbeitet und mit einem Computer umgeht."

▸ Verändertes Lehren, verändertes Lernen ...

74. Die konstruierte Wirklichkeit

Einen breiten Raum des Lehrens in der Schule nehmen Instruktionen ein: Anweisungen, Anleitungen, Lernsteuerung von außen. Der Lehrer informiert die SchülerInnen und sagt ihnen, was sie tun sollen. Aus kommunikationspsychologischer Sicht gibt es allerdings keine *Sicherheit*, dass die Instruktionen beim Empfänger (den SchülerInnen) auch genauso ankommen und aufgenommen werden, wie sie der Sender (der Lehrer) mitteilt. Deshalb gibt es häufig Fragen an den Lehrer, wie z. B.: Wie geht das? Wie haben Sie das gemeint? Was haben Sie gesagt? … Rückfragen und Dialoge erhöhen zwar die *Wahrscheinlichkeit* des gegenseitigen Verstehen, bringen aber nicht zwingend „*Verstehenssicherheit*". Denn: Die *Theorie des Konstruktivismus* besagt u. a., dass Menschen die Instruktionen von anderen in *eigene Konstruktionen* umwandeln, die Wirklichkeit also selbst erfinden und konstruieren.

Drei Beispiele:

> In einem Interview erzählt der Dirigent Daniel Barenboim u. a., dass er in einem sehr musikalisch geprägten Elternhaus aufwuchs. Seine Eltern waren beide Klavierlehrer. Alle Menschen, die zu „Besuch" kamen, konnten Klavierspielen. Und so kam er zur Ansicht, dass alle Menschen Klavierspieler seien.

▶ Barenboims Welt (Wirklichkeit) bestand nur aus Klavierspielern.

> Zwei Theaterkritiker berichten über ein- und dasselbe Stück:
>
> A: „Es fasziniert durch seine brillante Sprache, den kühnen Bau, die intelligente, offene und doch stringente Verknüpfung der Schicksale, die flüssige Form, in der die Figuren hoch-theoretisch und poetisch in starken Bildern über ihre Situation sprechen."
>
> B: „Der Regisseur buchstabiert die konfusen Wendungen der Vorlage nach, und auch seine gelegentlichen Versuche, den dürren Text durch szenische Pointen ein wenig aufzuhelfen, unterstreichen die Schwäche, statt sie zu verdecken. Die Auswahl der Argumente ist völlig beliebig und zeigt ebenfalls eine gewisse Neigung des Autors zu trendbewussten Zeitgeistproblemen."

▶ Der eine Mensch nimmt so, der andere ganz anders wahr.

> Instruktion der Lehrerin: Malt eine Ferienlandschaft. Ein Erstklässler malt u. a. einen grünen See. Auf die Frage der Lehrerin, warum er ihn denn nicht – wie die anderen – blau malen würde, antwortete er: „Weil, da wo ich in den Ferien war, da war der See ganz grün."

▶ Für den einen sieht eben die Wirklichkeit „grün", für den anderen „blau" aus.

Wahrnehmungen und Erkenntisse sind subjektgebundene und konstruktive Vorgänge und nicht Abbildungen von Vorgefundenem. Die Wahrnehmungen von Menschen entstehen dadurch, dass Sinnesrezeptoren durch entsprechende Vorgänge in der Außenwelt oder im Körper des Menschen gereizt werden und elektrische Impulse in das Gehirn senden (was wir allerdings nicht *empfinden).* Unsere Gehirne sind also die Konstrukteure unserer Welt. (Und auch dieser Satz ist bereits wieder Konstrukt! = Wir können nicht nicht konstruieren.) Es ist somit Abschied zu nehmen von der Vorstellung (der Illusion, dem Glauben), es gäbe ewige Wahrheiten, endgültige Aussagen, und die Kategorien „richtig" und „falsch" wären *die* Tragpfeiler in Bildung und Erziehung, in Wissenschaft und Forschung *(siehe auch Nr. 37: Über Beurteilungen und Beurteiler, S. 92/93).*

Weil wir ähnliche Gehirne, eine gemeinsame Sprache, Kultur, Umfeld … haben, deshalb erhöht sich die Wahrscheinlichkeit gegenseitigen Verstehens. Dies ändert aber nichts *grundsätzlich* daran, dass wir die Welt konstruieren:

⇥ *Konstruktionen* spielen beim Lernen eine größere Rolle als *Instruktionen.*

Der Mensch ist in seinen Handlungen nicht berechenbar; ist keine „triviale Maschine" und kein „Input-Output-Mechanismus". Er ist nicht determiniert, sondern variabel (und sein Hirn plastisch!). Der Einzelne ist für seine Konstruktionen und für sein Handeln selbst veranwortlich. Um ein Auseinanderdriften und um einen puren Solipsismus zu verhindern, sind Kontakt, Beziehung und Vereinbarung vonnöten, d. h. also *Eigen*bewegungen aufeinander zu und keine von außen herbeigeführten (= determinierten) Fremdbewegungen. Zum Beispiel.: *Wirkliche* Versöhnung zweier Streithähne geschieht von ihnen aus und nicht auf Drängen des Lehrers: „Nun gebt euch die Hand und vertragt euch wieder!"

Entwicklungen können nicht von außen erzwungen werden, sondern sie geschehen von innen. (Zwänge sind nur dann *not*-wendig, wenn es sich um Schutz, Gefahrenabwendung und/oder Gefahrenminimierung handelt.) Jede Einzelveränderung wiederum verändert das Ganze, vergleichbar mit einem Netz: Wenn sich die einzelnen Knoten bewegen, bewegt sich das ganze Netz – oder einem Schachspiel: Wenn sich einzelne Figuren bewegen, hat dies Auswirkungen auf das ganze System.

Erkenntnisse

- ▸ Es gibt kein „Uni"-Versum, sondern es gibt viele Multi-Versen (H. Maturana).
- ▸ Es gibt keine Normalbiografien, sondern es gibt viele, *unterschiedliche* Biografien.
- ▸ Es gibt nicht *die* Wirklichkeit, sondern *viele* Wirklichkeiten.
- ▸ Es gibt nicht *die* Wahrheit, sondern *viele* Wahrheiten.
- ▸ Wir finden nicht Wirklichkeiten vor, sondern wir konstruieren sie.
- ▸ Wir leben nicht allein auf isolierten Wirklichkeitsinseln, sondern wir sind aufeinander bezogen und angewiesen.

⇥ Und diese Erkennisse sind *meine* Konstruktionen!
(und die Konstruktionen des Konstruktivismus)

Deshalb ziehe *ich* daraus die Konsequenzen: Ein Umdenken der Lehrerrolle, ein Verändern der Verhaltensweisen und eine im *Grundsatz* veränderte Lehrerbildung – und das heißt: eine fundamentale Revision der Lehr- und Lernweisen in Hochschule, Seminar und Schule, z. B.:
- ▸ zum Informieren und Instruieren auch das Konstruieren zulassen
- ▸ die Konstruktionen der Lernenden zum Thema machen und sie als Potenzial nutzen
- ▸ Lernen als *Eigen*konstruktion verstehen und sie didaktisch verwerten
- ▸ die Konstruktionen der Einzelnen in Verbindung/Kontakt bringen und vernetzen
- ▸ sich von – wie auch immer gearteten – Objektivitäten – verabschieden

⇥ Es gibt kein 1:1-Lehren-Lernen

75. Lernen durch Instruieren und Konstruieren

Gerade den deutschen Lehrerinnen und Lehrern wird in der PISA-Studie vorgeworfen, sie würden zu einseitig lehren, die Stoffvermittlung bevorzugen und eigenständiges, prozessuales Lernen der SchülerInnen vernachlässigen. Dabei kann man das eine mit dem anderen didaktisch sinnvoll verbinden.

Das eine sind die Instruktionen:

    Der Lehrer informiert, stellt dar, erklärt, unterstützt, weist und leitet an …

Das andere sind die Konstruktionen:

    aktive, selbstgesteuerte Lernprozesse der SchülerInnen, indem sie entdecken, herausfinden, probieren, verwerfen, vergleichen …

Die Instruktionen sind der „Stoff" für die Konstruktionen.

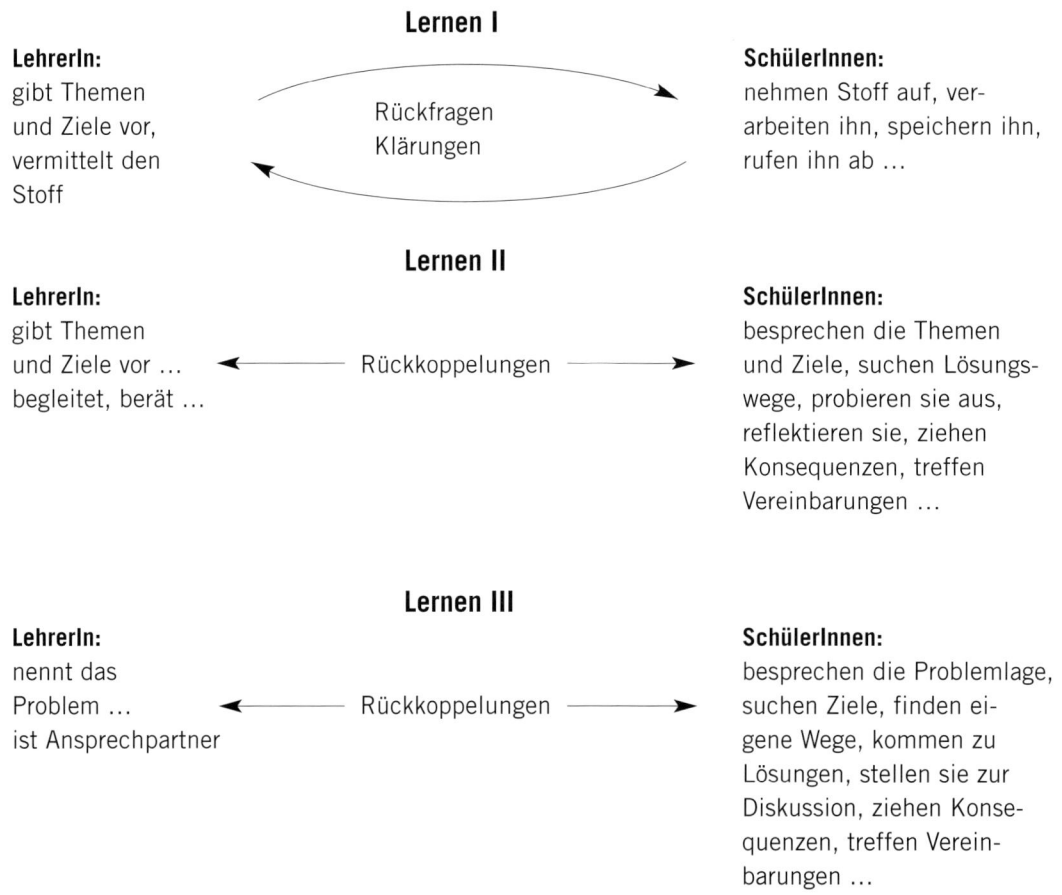

Lernen I

LehrerIn:	SchülerInnen:
gibt Themen und Ziele vor, vermittelt den Stoff	nehmen Stoff auf, verarbeiten ihn, speichern ihn, rufen ihn ab …

Rückfragen Klärungen

Lernen II

LehrerIn:	SchülerInnen:
gibt Themen und Ziele vor … begleitet, berät …	besprechen die Themen und Ziele, suchen Lösungswege, probieren sie aus, reflektieren sie, ziehen Konsequenzen, treffen Vereinbarungen …

Rückkoppelungen

Lernen III

LehrerIn:	SchülerInnen:
nennt das Problem … ist Ansprechpartner	besprechen die Problemlage, suchen Ziele, finden eigene Wege, kommen zu Lösungen, stellen sie zur Diskussion, ziehen Konsequenzen, treffen Vereinbarungen …

Rückkoppelungen

(Wobei die SchülerInnen in allen drei Lernstufen die ihnen gemäße Sozialform wählen und nach eigenem Lerntempo vorgehen!)

▶ Ein „guter" Unterricht besteht aus Instruktionen und Konstruktionen, wobei das Mischverhältnis von den Zielen, Themen, Inhalten und Lerndispositionen der SchülerInnen abhängt.

Lernen als Theater

a. Lernen I: Der Lehrer gibt das „Stück" vor und die genauen Regieanweisungen: Aufnahme der Instruktionen; Kontrolle, ob der von ihm dargebotene Stoff entsprechend von den Schülern aufgenommen, gespeichert und wiedergegeben wird. z. B. Mathematik: Axiome, Formeln; Geschichte: Fakten, Daten; Sprachen: Vokabeln, Grammatik- und Rechtschreibregeln …

b. Lernen II: Der Lehrer gibt das „Stück" (= das Thema) vor und die SchülerInnen verarbeiten es in eigener „Regie", z. B. Aufsatz schreiben, Probleme lösen, Versuche durchführen, Texte interpretieren …

c. Lernen III: Die SchülerInnen verfassen das „Stück" selbst (= Bestimmung der Ziele und Inhalte) und setzen es in eigener Regie um, z. B. Projektarbeit, Exkursionen, Aktionen …

▶ Die Berücksichtigung der Heterogenität der Lerngruppe/Klasse nimmt von Lernen I bis Lernen III zu: Von der (begründeten) Engführung zur lernoffenen Weite …

> ⇒ **Lernen bedeutet Anstrengung, ist mühsam, schweißtreibend …,**
> **bringt aber auch Erfolge, stärkt das Selbstbewusstsein und**
> **ist befriedigend, freud- und lustvoll, spannend …**

Exkurs: Die Armhebmethode

Sie ist auch bekannt unter der Bezeichnung *fragend-entwickelnder Unterricht* – und nimmt immer noch (in Sek. I/II) die erste Stelle in den Unterrichtsformen ein.

Dazu meine Einschätzung:

1. Ich frage SchülerInnen nicht, wenn ich etwas selbst weiß; stattdessen informiere ich sie oder gebe ihnen die Möglichkeit, sich selbst zu informieren. (Aus meiner Sicht ist es unfair: Ich als Lehrer weiß etwas, was du nicht weißt und frag dich so lange, bis du es mir sagst. – Ausnahme: Ich weiß etwas – und möchte es jetzt – z. B. aus didaktischen Gründen – noch nicht sagen.)

2. Anstelle von Fragen bitte ich um Informationen und Rückmeldung:

   a. Sag mir bitte deine Erfahrungen zum Thema X, deine Vermutungen, Ideen, Vorschläge, deine Kritik.

   b. Sag mir, was du weißt, damit ich weiß, ob und wie ich im Unterricht fortfahren kann.

3. Fragen sind sinnvoll in Tests, in Prüfungssituationen, um Wissen und Kompetenzen der SchülerInnen zu eruieren.

4. Didaktischer Unfug: Wenn ich frage, 11 oder 23 von 30 SchülerInnen heben den Arm und eine(r) antwortet, dann weiß ich als Lehrer nur von ihm/ihr, wie seine/ihre Antwort ist: richtig, falsch oder (ganz) anders … (Die meisten Lehrer fahren dann im Unterricht fort, wenn sie von *einem* Schüler die richtige Antwort bekommen oder fragen so lange, bis sie die – von ihnen erwünschte – Antwort erhalten oder das Fragen beenden, weil sie – ob der Unwissenheit der Schüler – frustriert sind – und geben dann genervt selbst die Antwort. Diese „Spiele" sind didaktisch unwirksam.

5. Ich benütze SchülerInnen nicht als mein Sprachrohr im Unterricht. Dies würde für mich unzulässige Instrumentalisierung bedeuten.

6. Aus Schülersicht: Ständig gefragt – oft den Arm gehoben – selten drangekommen: und dann total frustriert.

76. Merkmale guten Unterrichts

Wenn Sie Ihr eigenes Wissen, Ihre Unterrichtserfahrungen und die hier angebotenen Informationen und Tipps in ein didaktisches Reagenzglas geben, dann müsste eigentlich ein grandioser Lehr- und Lern-Cocktail herauskommen! Meyer (2003) nennt in *seinem* „Mischmodell" zehn Merkmale und dazugehörige Indikatoren:

1. **Klare Strukturierung des Lehr-Lernprozesses**
   Genaue Definition der Rollen; verständliche Lehrersprache; präzise Aufgabenstellung und Vergewisserung, ob die SchülerInnen sie verstanden haben; plausible Untergliederung des Unterrichtsinhalts; deutliche Markierung der Unterrichtsschritte; klare Körpersprache und Raumregie; gute Vorbereitung und Bereitstellen von Lernmaterialien

2. **Intensive Nutzung der Lernzeit**
   Der Lehrer bleibt beim Thema und lässt die Schüler arbeiten; sie sind aktiv und konzentriert bei der Sache; wenig Disziplinstörungen

3. **Stimmigkeit der Ziel-, Inhalts- und Methodenentscheidung**
   Lehrziele werden zu Lernzielen; Methoden passen zu den Zielen; gutes Timing; innere Differenzierung

4. **Methodenvielfalt**
   Sozialformenmix: Kombination von lehrgangsförmigem und strukturiertem Lernen (vom Lehrervortrag bis zum Projekt, vom Frontalunterricht bis zum fächerübergreifenden Experimentieren …)

5. **Intelligentes Üben**
   Der „Übungsgegenstand" muss für den Schüler Bedeutung haben und dieser zu ihm einen emotionalen Bezug; variierte Übungsmethoden; keine Interferenzen; regelmäßiges Üben; und schließlich: mehr Zeit zum Üben (auch während des Unterrichts = dafür die Stoffvermittlung reduzieren)

6. **Individuelles Fördern**
   Lernstandsdiagnosen als wichtigste Voraussetzung (Ermittlung von Kompetenzstufen, Stärken und Schwächen); Förderung *aller*; Einzel-, Partner- und Gruppenarbeit; Wiederholen; Kontrollieren

7. **Lernförderliches Unterrichtsklima**
   Gemeinsame Orientierung auf die gestellten Aufgaben (positive Arbeitshaltung); verantwortungsvoller Umgang mit Personen und Gegenständen; Gerechtigkeit; eine zufriedene und fröhliche Grundstimmung; Höflichkeit und Respekt

8. **Sinnstiftende Unterrichtsgespräche**
   Die Ziele und Inhalte müssen für den Schüler „Sinn machen"; deshalb: Vorhandenes mit neuem Wissen verknüpfen; den Schülern erlauben, eigene Interessen einzubringen

9. **regelmäßige Nutzung von Schüler-Feedback**
   Feedback ist keine „Einbahnstraße"; Verfahren: schriftlich, mündlich, medial, visuell (siehe auch Nr. 92: Feedback im Unterricht, S. 206/207)

10. **Klare Leistungserwartung und -kontrollen**
    Lernentwicklungsberichte; Verbalbeurteilungen und Bewertungsgespräche; Beobachtungsbögen; Portfolios (= vom Schüler selbst hergestellte Dokumentation seiner Arbeit)

Und ich ergänze

– Die Lernvoraussetzungen/Lerndispositionen der SchülerInnen von Zeit zu Zeit feststellen, um über ihr (unterschiedliches) Lernverhalten Bescheid zu wissen:

▶▶ **Das Lernen bestimmt die Art und Weise des Lehrens!**

– Günstige Lernbedingungen schaffen: Gestaltung der Räume, der Umgebung, der Situationen; Beachtung des Lernrhythmus
– Sich von „Nur-Stundenplänen" verabschieden und alternative Lernarragements anbieten
– Möglichst viele Lernkanäle der Lernenden ansprechen und auf Lernkanal-Verknüpfungen achten; systematisch und kontinuierlich Lern-/Arbeitsmethoden vermitteln
– Bewertungen und Benotungen als subjektives Handeln verstehen und sich von der Meinung verabschieden, Benotungen wären objektiv
– Bei Lehr- und Lernprozessen nicht nur die Sachebene (den Stoff), sondern auch die Beziehungsebene (die Bedürfnisse/Gefühle der Beteiligten) wahr- und ernstnehmen

▶▶ **Ziel: Starke Ausprägung der Merkmale
und dadurch beste Lernvoraussetzungen für die SchülerInnen**

Wenn Sie feststellen wollen, ob Ihr Unterricht möglichst viele dieser Merkmale aufweist, so können Sie dies am besten durch eine Kombination aus Selbst- und Fremdwahrnehmung/-kontrolle:

    a. Selbstwahrnehmung: Vogelperspektive, innerlich neben sich stehen, während des Unterrichts Notizen machen …
    b. Fremdwahrnehmung: Ton-/Videoaufzeichnungen, Beobachtungen durch SchülerInnen und KollegInnen:

▶ und dann Vergleich: Selbstwahrnehmung und Fremdwahrnehmung (mit oder ohne Sich-Wundern!)
▶ Und das beste Trainingslager: Die Unterrichtshospitation (Nr. 97, S. 216/217)

▶▶ **„Im Unterrichtsprozess muss das Kunststück gelingen,
zwischen den Lehrabsichten des Lehrers und den Lernabsichten
der Schüler(innen) zu vermitteln** H. Meyer, 2003, S. 42

Meyer unterscheidet zurecht: „Lernprozess und Unterricht sind zweierlei Ding."
Das heißt: Ohne guten Unterricht keine wirksamen Lernprozesse. Oder: Für guten Unterricht ist der Lehrer verantwortlich, für die Lernprozesse die SchülerInnen selbst – und das eine bewirkt das andere …

▶▶ **Jetzt kommt es „nur" noch auf die Umsetzung an!
Viel Erfolg!**

77. Unterrichtsplanung

Wer kennt das nicht aus der eigenen Schulzeit: Der Unterricht beginnt mit der Frage des Lehrers: Wo waren wir denn in der letzten Stunde stehengeblieben? – Oder er beginnt ihn mit den Worten: „Guten Morgen, Bücher raus, Hefte raus, es geht los." Wie viel Vorbereitung wohl hinter dieser Frage und Aussage liegen mag?

> ▸▸ **Wer nicht weiß, wohin er will, muss sich nicht wundern,**
> **wenn er ganz wo anders ankommt.**

Dieser Satz von R. Mager aus den 60-er Jahren darf nicht das Motto zur Planung von Unterricht sein – höchstens sporadisch bei bestimmten Unterrichtsexperimenten. Deshalb:

Genaue Vorbereitung durch den Lehrer

Die Merkmale guten Unterrichts (S. 174/175) fließen in die Vorbereitung mit ein:

- ▸ wissen, was man lehren will und was die Schüler lernen sollen (Lernvoraussetzungen der Schüler, Ziele, Sachkenntnisse)
- ▸ einen Zusammenhang zwischen vorgegebenen Zielen und relevanten Inhalten herstellen (Stimmigkeit der Ziel- und Inhaltsentscheidung)
- ▸ Bezug zur Lebenswelt der Schülern finden; ggf. die Lerninhalte entsprechend transformieren
- ▸ Methoden, Materialien und Medien so auswählen, dass sie lernfördernd sind (differenzierende Maßnahmen; sinnvolle Tätigkeiten, Zeitrahmen)
- ▸ vor lauter Ziele den Weg nicht aus den Augen verlieren
- ▸ Überprüfungen im Unterricht und Hausaufgaben festlegen

Klare Planung der Unterrichtsabfolge
(als Einzel-/Doppelstunde, Projekt …)

1. Das Thema/die Ziele bekanntgeben (Transparenz) und unterscheiden zwischen Lehr- und Lernzielen: Wenn Schüler wissen, um was es geht und wohin sie gehen sollen, dann bekommen sie Klarheit, reduzieren Ängste und können sich auf die Vorgaben einstellen.
2. Den Lehr- und Lernprozess vorbereiten
   - ▸ Methoden bekannt geben, Zeitrahmen festlegen
   - ▸ Medien/Materialien bereitstellen
   - ▸ Differenzierte Arbeitsweisen bekanntgeben
3. Das Thema bearbeiten:
   - ▸ informieren, instruieren,
   - ▸ die Schüler mit der Materie befassen lassen (arbeiten, konstruieren, wiederholen, üben, …)

   Sozialformen:
   { alleine, zu zweit
   in Gruppen
   im Plenum
4. Die Ergebnisse präsentieren, überprüfen, erörtern, mit den Zielen vergleichen, Konsequenzen ziehen, den Lernerfolg/-zuwachs feststellen
5. Die Lerneinheit abschließen (Rückfragen aufnehmen, Hausarbeiten geben; Ausblick …

> ▸▸ **Sind Sie ein Planungsriese und ein Realisierungszwerg – oder umgekehrt:**
> **Ein Planungszwerg und ein Realisierungsriese – oder halten Sie die Balance?**

Raster zur Unterrichtsdurchführung (Kurzskizzierung):

Thema: _____

Lehr-Ziele: _____

Lern-Ziele: _____

Datum: _____ Klasse: _____ Stunde: _____ Fach: _____

Zeit Lehreraktivitäten   Schüleraktivitäten   Sozialform   Bemerkungen

_____

_____

_____

_____

Vorsicht: Engführung

Beispiel: Planung einer 90-Minuten U-Einheit zur Wissensvermittlung, mit Wahl eines U-Themas, das sich für eine 90-Minuten-Einheit eignet mit Schwerpunkt Gruppenarbeit (Quelle: irgendwo „aufgelesen"):

Zeitpuffer	5 Minuten
Vor-/Darstellung des geplanten Verlaufs	5 Minuten
Bildung der Stammgruppen und Themenwahl	5 Minuten
Wechsel zu Expertengruppen	5 Minuten
Lesezeit in den Expertengruppen	15 Minuten
Zeit für Diskussion und persönliche Vorbereitung	10 Minuten
Wechsel zu den Stammgruppen	5 Minuten
Wissensvermittlung (3x10 Minunten)	30 Minuten
Verarbeitungszeit (Sortieraufgabe, Lehrervortrag)	10 Minuten
Summe	90 Minuten

▶ Stärke: äußerst sauber geplante Stunde

▶ Schwäche: zeitlich gelenkt, Differenzierung vernachlässigt, Heterogenität kaum berükksichtigt

⏩ **Gefahr der starken Lenkung:**
Die Angst des Lehrer, es könnte nicht das herauskommen, was er will!

Der Dirigent

Ich schaffe Bedingungen, dass die Orchestermusiker ihre Musikalität ausdrücken können. Hundert Orchestermusiker sind hundert verschiedene Menschen mit hundert verschiedenen Reaktionen auf ein und dieselbe Partitur. Diese Reaktionen müssen mit der Idee des Komponisten zusammengehen. Diesen Prozess versucht und steuert der Dirigent. (S. Celibidache)

Der Lehrer

Ich schaffe Bedingungen, dass die Schüler ihre Lernpotenziale und Kreativität ausdrücken können. 30 Schüler sind 30 verschiedene Menschen mit 30 verschiedenen Reaktionen auf die Ziele und Inhalte des Bildungsplanes. Diese Reaktionen müssen mit der Idee des Bildungskommissionen zusammengehen. Diesen Prozess versucht und steuert der Lehrer.

78. Mentale Vorbereitung

Sie kommt im Schulalltag von LehrerInnen viel zu kurz. Es ist wie beim Schi laufen: Eine Abfahrt wird *gedanklich vorausgefahren,* um sie in schwierigen Passagen zu bewältigen. Auf den Unterricht übertragen heißt das: Er wird mental (und nicht nur sachlich) vorbereitet, um die „Lehrer-Schüler-Abfahrt" erfolgreich zu bestehen.

1. Klärung der Befindlichkeit

Hier geht es um die Wahrnehmung von persönlichen Belastungen, von Empfindungen und Stimmungen und um Möglichkeiten der Entlastung: Was können Sie tun, was brauchen Sie, um für den Unterricht fit und persönlich gut vorbereitet zu sein? Unterrichten kann schwerlich gelingen, wenn Sie als Lehrerin/Lehrer selbst sehr belastet sind.

2. Artikulation der Ziele und Anforderungen

LehrerInnen sind häufig frustriert, weil SchülerInnen Ziele nicht erreichen, die *sie* für diese ausgesucht haben. Ich unterscheide deshalb:

Ziele der LehrerInnen:

Es geht um Ziele, die *Sie* selbst erreichen wollen – und nicht um die, die Sie für *andere* haben. (Wir können nicht für andere Menschen Ziele haben; die müssen diese schon selbst suchen und finden – wir können ihnen jedoch helfen, sie zu erreichen!)

Ziele (z. B.): Für den Unterricht gut vorbereitet sein, die Übersicht behalten, für Klarheit sorgen, in unvorhergesehenen Situationen flexibel bleiben, sich an den Unterrichtsverlauf halten, auf Schülerfragen eingehen usw. Wenn wir Ziele für *andere* haben, sind wir abhängig von ihnen – und frustriert, wenn sie diese nicht erreichen.

- Lehrer: Ich kann dir zeigen, wie man schreiben lernt. *(Lehrziel)*
- Schüler: Ich möchte schreiben lernen. *(Lernziel)*

> In Seminaren und Kursen zum Thema „Belastung/Stress" äußern LehrerInnen immer wieder, wie frustriert, enttäuscht, sauer, gekränkt, fertig … sie sind, wenn SchülerInnen nicht das erreichen, was sie von ihnen erwarten, wenn die Arbeiten schlecht ausgefallen sind, wenn die SchülerInnen „faul" sind …

Es ist gesundheitsschädlich, wenn wir unser Befinden, unsere Stimmungen und Gefühle von den *Leistungen,* den Erfolgen/Nichterfolgen der *anderen* abhängig machen. Gerade als LehrerInnen kämen wir dann aus diesem Teufelskreis nie heraus. Hier ist die Fähigkeit der *Disidentifikation* von großer Bedeutung, nämlich zwischen den eigenen Leistungen und denen der anderen zu trennen. Wir sind nur Herr über unser eigenes Tun, nicht aber über das der anderen, wir sind verantwortlich für unser eigenes Verhalten, nicht aber für das der anderen. Wir können bewirken, aber nicht bestimmen.

> Ein unglücklicher Lehrer: Jetzt habe ich es schon wieder nicht geschafft, dass alle meine Schüler das Abitur bestanden haben.

Wünsche, Anforderungen an die SchülerInnen

Selbstverständlich ist es in der Schule legitim, dass LehrerInnen Wünsche, Erwartungen Anforderungen, Aufgaben … an SchülerInnen haben – und diese entscheiden dann, ob sie sie erfüllen oder nicht. (Würde die Entscheidung fehlen, würde es sich um Befehle handeln, bei denen es ja keinen Entscheidungs- und Spielraum gibt.)

Wünsche, Anforderungen (z. B.): dass die SchülerInnen motiviert und offen für meine Angebote sind, Interesse zeigen, selbstständig lernen, mit anderen zusammenarbeiten, eigene Gedanken entwickeln, sozialverträglich sind …

Sie tun das Ihre – und falls die SchülerInnen Ihre Wünsche, Anforderungen … nicht (kaum, wenig anders) erfüllen, kommen Sie nicht sofort aus dem Gleichgewicht …

3. Klärung der Einstellung und Haltung

Sie haben es in den Klassen mit sehr unterschiedlichen Personen zu tun: vertraute und weniger vertraute, freundlich und weniger freundlich gesinnte, aktive und passive, unterstützende und ablehnende, sympathische und weniger sympathische … Deshalb ist es wichtig, die eigene Einstellung und Haltung den SchülerInnen gegenüber zu überprüfen, denn sie leiten (bewusst und/oder unbewusst) unsere Handlungen. Die Klärung Ihrer Einstellungen und Verhaltensweisen versetzt Sie in die Lage, klarer, sicherer und angemessener zu handeln.

▶ Ich denke jetzt an die Klasse _____
  Ich denke besonders an die Schülerin/den Schüler _____
▶ Meine Haltung/Einstellung ist Folgende:
  – Ich komme eigentlich mit der ganzen Klasse gut zurecht.
  – Bei einigen (N. N.) weiß ich nicht, wie ich dran bin.
  – Auf P. und K. habe ich eine Wut, weil …
  – S. kann mir gestohlen bleiben, weil …
  – Um F. und R. werde ich mich besonders kümmern.
  – A. und S. mag ich sehr, weil …

Erst wer sich der *eigenen* Stimmungen und Gefühle, der Einstellung und Haltung bewusst ist, kann sie ggf. verändern. Dabei ist es hilfreich, wenn Sie *hinter* die Verhaltensweisen derjenigen SchülerInnen sehen, die Sie besonders belasten, z. B.:

▶ Ich kann die Unlust von S. verstehen, wenn ich an sein Zuhause/seine familiären Verhältnisse denke …
▶ Mir macht die Aggression von P. nicht mehr so viel aus, seitdem sie mir von ihren Belastungen erzählt hat …
▶ Ich bin geduldiger mit K., seitdem ich mehr von seiner Lebensgeschichte weiß …

So wie wir uns auf die „Sachlage" (Sachlogik) im Unterricht einstellen, so können wir uns auch auf die „Beziehungslage" (Psychologik) einstellen und uns mit ihr vertraut machen.
▶ Und nun: Alles Gute bei Ihrer „realen Unterrichtsabfahrt"!

 1

79. Von Stunden-Plänen zu Lern-Plänen

Vergleichen Sie selbst: Welche Pläne sind lernfördernd, welche lernhemmend?
Und: Wie ginge es *Ihnen* als SchülerIn dabei – und wie *geht es Ihnen* als LehrerIn?

Beispiel I: 7. Klasse Hauptschule: Stunden-Plan

	Mo	Di	Mi	Do	Fr
1. Std.	Wi-Lehre	Deutsch	Sport		Chemie
2. Std.	Deutsch	Mathe	Sport	Förder-U.	Deutsch
3. Std	Mathe	Englisch	Mathe	Englisch	Mathe
4. Std.	Englisch	Erdkunde	Musik	Biologie	Physik
5. Std.	Gesch/Gk	Gesch/Gk	Deutsch	T/HTW	Wi-Lehre
6. Std.	Religion	Religion	Deutsch	T/HTW	
7. Std.	Sport	Bild. Kunst		T/HTW	

▶ Ein vitaler Mensch sucht sich bei diesem „Reihenangebot" lebenserhaltende Auszeiten …

Beispiel II: Ein Schulvormittag (Montag) einer Hauptschülerin/eines Hauptschülers

Man beachte besonders die Spalte „Tätigkeit"!

Stunde	Fach	Thema	Tätigkeit (in jeweils 45 Minuten)
1.	Englisch	Halloween	– Arbeitsblatt gelesen – AB alleine bearbeitet – AB besprochen (Plenum)
2.	Religion	Sekten	– Diskussion im Plenum – Text alleine gelesen – Text von der Tafel abgeschrieben
3.	Mathe	Grundwerte und Diagramme	– Besprechung (Plenum, Tafel) – Alleinarbeit (Heft und Buch) – Besprechung (Plenum)
4.	Deutsch	ss oder ß	– Text gelesen (Plenum) – Regeln erarbeitet (Plenum) – AB alleine bearbeitet
5.	Gk	Bundestagswahlen	– Diskussion (Plenum) – AB zu zweit bearbeitet – Besprechung (Plenum)
6.	Musik	Beatles	– Film gesehen
7.	Sport (Mädchen)	Volleyball	– Aufwärmphase und Spiel

▶ Sitzen, zuhören, Blätter bearbeiten …

Beispiel III: 11. Klasse Gymnasium: „Toleranz haben wir schon gemacht!"

1. Stunde: Englisch: „Slavery in the South"
2. Stunde: Physik: „Trägheitsgesetz"
3. Stunde: Ethik: „Toleranz"
4. Stunde: Erdkunde: „Kollisionsgebirge Himalaja"
5. Stunde: Mathe: „Nullstellen"
6. Stunde: Deutsch: „Vater-Sohn-Problematik bei Kafka"

▶ Und das *alles* an *einem* Vormittag!

Als die Ethiklehrerin zwei Tage später wieder an das Thema „Toleranz" anknüpfen wollte, meinte ein Schüler. „Frau X, Toleranz haben wir doch schon am Mittwoch gemacht."

Diese „45-Minuten-Takt-Didaktik" setzt LehrerInnen unter Druck und richtet sich nach Stoff-plänen, nicht jedoch nach den individuellen Lernfähigkeiten und -bedürfnissen der Schüle-rInnen, zumal auch die einzelnen LehrerInnen nicht wissen, was – inhaltlich *und* methodisch – *vor* ihrer eigenen Unterrichtsstunde war und was *danach* folgt!

Beispiel IV: Ein Schritt in die richtige Richtung: Doppelstunden-Modell (Kl. 10)

		Mo	Di	Mi	Do	Fr
1.	Block: 8.00 – 9.30	D	Ph	E	D	Ma
2.	Block: 9.45 – 11.15	Fr.	Ch	Fr	R	E
3.	Block: 11.30 – 13.00	Eth	Ma	G	Lat.	GM
4.	Block: 13.40 – 15.10	Lat.	–	–	Sp	
5.	Block: 15.20 – 16.50	Bio	–	–	–	–

Doppelstunden:

Nachteile: fehlende Abwechslung für SchülerInnen in Bezug auf Fächer und Lehrer; größere zeitliche Abstände zwischen den U-Stunden/Fächern; 2-stündig = einmal pro Woche: Prob-lem im Sommerhalbjahr wegen der häufigen (Donnerstags-)Feier- und Ferientage; Fremd-sprachen/Anfangsunterricht: keine täglichen Übungsphasen; bei U-Ausfall entfallen immer zwei Unterrichtstunden; mehr Pausenaufsicht durch zwei große Pausen.

Vorteile: Beruhigung des Schulalltags, weniger Wechsel (= weniger Lärm auf den Gängen); mehr Sauberkeit/Ordnung, weniger Vandalismus; Vorteile bei zeitaufwändigen, experimentellen, projektartigen, schülerzentrierten U-Methoden; mehr Muße und Raum für Klassengeschäfte und soziales/fächerverbindendes Lernen; konzentriertes und intensives Lernen durch we-niger Fächer bzw. Klassen pro Schultag (keine Interferenzen); mehr Zeit für schriftliche und konzentrierte Stillarbeitsphasen; mehr Zeit für mehr Methoden; keine Lärm-/Absprache-probleme bei zweistündigen Klassenarbeiten; Rhythmisierung des Schulalltags; Erleichte-rung für Vertretungslehrer, wenn Aufgaben und ASB hinterlegt werden; Möglichkeit zum Blockunterricht (4 stg. für ein Viertel-/Halbjahr); intensivere Vorbereitung seitens der Schü-ler (eine Stunde kann man „überstehen", zwei nicht ...)

▶ Fazit: Die Vorteile überwiegen allemal – der „Doppelstundenplan" lohnt sich. (Erfahrungen des D. Bonhoeffer-Gymnasiums, Wertheim)

Beispiel V: Vom Stundenplan zum Lernplan

	Mo	Di	Mi	Do	Fr
1. Std.	WT	WT/Kur	WT/Kur	WT/Kur	WT/Kur
2. Std.	Lekt.: F	Lekt.: m/p	Lekt.: m/p	Lekt.: m/p	Lekt.: m/p
3. Std.	Lekt.: F	Lekt.: m/p	Lekt.: m/p	Lekt.: m/p	Lekt.: m/p
4. Std.	Lekt.: F	Lekt.: m/p	Lekt.: m/p	Lekt.: F	Lekt.: F
5. Std.	Lekt.: m/p	Lekt.: F	Lekt.: F	Lekt.: F	Lekt.: F
6. Std.	Lekt.: m/p	Lekt.: F	Lekt.: F	Lekt.: F	WT

Dazu: Di, 2stg., nachmittags, Wahlbereich: in Projekte integriertes erweitertes Bildungsangebot

▶ Ein fester äußerer Rahmen mit einem Wechsel von gelenkten, offenen und freien Phasen. Schlüssel: WT: Wochen- und Tagesanfang, Wochenausklang – Kur: Kurse in Mathematk, Rechtschreiben, Sprachkunde, Englisch – Lekt. m/p: Lektionen musisch-praktischer Bereich – Lekt. F: Lektionen übrige Fächer (G, Bio, Ch, D). *Siehe: Scheufele, U. (Hrsg.): Weil sie wirk-lich lernen wollen. Weinheim 1999, S. 160 ff.*

 2

80. SchülerInnen kennen lernen

Wenn Sie wirksam unterrichten wollen, so benötigen Sie u. a. auch Informationen über die Lebensumstände und das Lernverhalten ihrer SchülerInnen. Ein Fragebogen kann – in Verbindung mit persönlichen Gesprächen, Aktionen, Spielen, Unternehmungen u. Ä. – Aufschluss über deren Lernbedingungen und Schullust/Schulunlust geben und richtungsweisend für hilfreiche Maßnahmen sein.

Hinweis: Damit nicht der Eindruck entsteht, Sie fragen persönliche Daten ab, sollte der Fragebogen mit den Eltern besprochen und dann – entsprechend der Gegebenheiten in der eigenen Schule – modifiziert werden.

Liebe(r)_____
Du bist neu in unserer Schule: Herzlich willkommen!

Damit wir Lehrerinnen und Lehrer dich und die anderen in deiner Klasse besser verstehen, selbst gut unterrichten können und du möglichst viel Erfolg beim Lernen hast, möchten wir dich/euch näher kennen lernen. Zusätzlich zu den persönlichen Gesprächen geben wir dir/euch deshalb einen Fragebogen, weil wir Interesse an dir/euch haben:

▶ Lies ihn bitte in Ruhe zuerst einmal durch.

▶ Beantworte nur das, was du auch wirklich beantworten kannst und willst.

Fragen zu deiner Person, zu dir selbst

1. Gehst du zur Zeit gern in die Schule?
   - ☐ Ja, weil _____
   - ☐ Geht so, weil _____
   - ☐ Nein, weil _____

2. Hast du diese Schule wählen können?
   - ☐ Ja
   - ☐ Nein, weil_____
   - ☐ Meine Eltern haben die Schule bestimmt.

3. Wenn du an die Schule denkst:

   Worauf freust du dich?   Wovor hast du Angst?

   _____   _____

   _____   _____

4. Welcher Satz stimmt für dich?
   - ☐ Ich gehe gern in die Schule.
   - ☐ Mal gehe ich gern, mal nicht gern in die Schule.
   - ☐ Wenn's nach mir ginge, würde ich überhaupt nicht in die Schule gehen,
     weil _____

5. Was machst du am liebsten in deiner Freizeit? (Hobbys …)

   _____

6. Weißt du jetzt schon, was du einmal werden möchtest?
   - ☐ nein ☐ ja:_____

7. Bist du am Nachmittag lieber allein für dich oder lieber mit anderen zusammen (oder teils/teils)?
   - ☐ lieber allein   ☐ lieber mit anderen   ☐ teils/teils

Fragen zu deinem Zuhause

1. Um wie viel Uhr stehst du an Schultagen auf? Etwa um: _____
2. Frühstückst du
   ☐ mit deinen Eltern/Geschwistern   ☐ gar nicht?
   ☐ allein

3. Wie viele Minuten brauchst du, um in die Schule zu kommen? Etwa ____ Minuten
4. Hast du ein Zimmer für dich allein?   ☐ ja   ☐ nein
5. Hast du einen Lernplatz/Schreibtisch für dich allein? ☐ ja   ☐ nein

Fragen zu deinen Lerngewohnheiten

1. Lernst du am Nachmittag
   ☐ allein   ☐ mit anderen?
2. Hilft dir jemand bei deinen Hausaufgaben?
   ☐ nein   ☐ wenn ja, wer: _____
3. Welche Schulfächer magst du am liebsten, welche überhaupt nicht?

   am liebsten   *überhaupt nicht*

   _____   _____
   _____   _____
   _____   _____

4. Wie viel Zeit brauchst du täglich für die Erledigung deiner Hausaufgaben?
   Durchschnittlich ungefähr_____Stunden

Fragen zu deinen Interessen/Wünschen …

1. Wie sollte deiner Meinung nach dein Klassenzimmer, deine Schule aussehen?
   Du kannst darüber schreiben, eine Zeichnung anfertigen, ein Bild malen, ganz wie du willst
   und kannst. (Benütze die Rückseite dieses Blattes.)
2. Was möchtest du uns Lehrerinnen/Lehrern noch zusätzlich mitteilen?
   Welche Wünsche hast du an uns? (Bist du mit uns „zufrieden"?)

   _____
3. Was sollten wir auf gar keinen Fall tun?

   _____

Danke für deine Mühen, die du dir gemacht hast.

Beobachten Sie bitte zusätzlich:

Wer lernt gern mit anderen?
Wer zieht sich zurück, lernt gern allein?
Wer ist schriftlich/mündlich wesentlich besser?
Wie unterschiedlich rasch nehmen die SchülerInnen Informationen auf?
Wer sind die „Schnellen", wer die „Langsamen" – in welchen Fächern?
Wer ist eher spontan, wer eher zurückhaltend?
Wie weit sind die Einzelnen in ihrer intellektuellen Entwicklung?
Wie weit sind die Einzelnen in ihrer emotionalen und sozialen Entwicklung?
Wie viele kommen jeweils aus welchen Kulturkreisen/Religionszugehörigkeiten?

81. Diagnose als Lernstandserhebung

Wer erfolgreich unterrichten will, muss sowohl über die Lern*dispositionen* als auch über die Lern*ergebnisse* der SchülerInnen Bescheid wissen. „Guter" Unterricht ist somit eingebettet zwischen Diagnose und Evaluation, ein Regelkreis zwischen Ursache und Wirkung:

Nun haben LehrerInnen schon immer auch „diagnostiziert" durch Beobachtungen, durch mündliche Befragung und schriftliche Arbeiten. Aber all dies war mehr sporadisch als systematisch, mehr zufällig als gezielt. Seit PISA wissen wir, dass der Diagnose aber eine besondere Bedeutung zukommt – und nicht nur, wie bisher, im Sonder-/Förderschulbereich.
Nun gelangen deren Erfahrungen, Erkenntnisse und Impulse – völlig zurecht – auch in den Bereich der Allgemeinbildenden Schulen. Nicht die Defizitorientierung ist das Ziel, sondern die angemessene, dem Einzelnen gerechtwerdende Förderung und Entwicklung:

> „Zu einem veränderten Konzept von Schule gehört auch ein anderes Verständnis von Diagnose. Im Mittelpunkt muss die systemische und ganzheitliche Sichtweise von Kindern stehen. Das Lernverhalten von Schülern sowie aufgabenspezifische Schwierigkeiten sind nur dann sinnvoll zu beobachten und zu beurteilen, wenn Lehrer von einer einmaligen, normorientierten Statusdiagnose wegkommen, hin zu einer mehrperspektivischen Betrachtungsweise, in der sowohl die lebensweltlichen Systeme, die das Verhalten von Kindern maßgeblich bestimmen, als auch kontinuierliche Lernprozessbeobachtungen Berücksichtigung finden." (Eberwein, 1997, S. 223)

Am Anfang steht die Beobachtung
1. **Arten der Beobachtung:** gelegentlich,, spontan, sporadisch, gezielt, kurzzeitig, langfristig, systematisch, standardisiert.
2. **Mittel:** Augen und Ohren des Beobachters, Gesprächsprotokolle, Tonband, Video
3. **Beobachtungsmerkmale der SchülerInnen:** Wahrnehmungsfähigkeit, Aufmerksamkeit,Kokzentration, Anstrengungsbereitschaft, Ausdauer, Arbeitsplanung, Arbeitstempo, Arbeitsauffassung und- ausführung, Selbstständigkeit, Interessen/Vorlieben, soziales Verhalten (Näheres siehe: Weigert, 1996)
4. **Besonderes Augenmerk** liegt dabei auf
   ▸ der Wechselwirkung zwischen Umwelt (Familie, Schule, Freundeskreis, Alltag …)
   ▸ der Herkunft, Lebensgeschichte und Sozialisation
   ▸ dem Kontext und das Eingebundensein
   ▸ der intellektuellen, sozialen, emotionalen Verfasstheit der SchülerInnen (die sehr unterschiedlich sein können):
     – Peter, hochintelligent, emotional sehr zurückhaltend, wenig Kontakt zu anderen
     – Lisa, normal intelligent, sehr lebendig, hat viel Kontakt zu anderen
     – Jakat, gehört zu den lernschwachen Kindern; emotional völlig unkontrolliert, sozial in einer Breite von „bist mein Freund – bist mein Feind"

Es gibt keine Normalbiografie von Kindern; jeder Schüler hat eine individuelle Lebensgeschichte: Die „Orientierung an einem sog. Normalschüler ist eine Fiktion" (Eberwein ebd. S. 229).

5. Zu beachten ist:
- ▸ Die genaue Trennung von Beobachtung, Beschreibung und Interpretation/Deutung
- ▸ Kein Defizitblick: statt auf die Behinderungen auf die Fähigkeiten sehen
- ▸ Die Subjektivität des Beobachters. Er ist Teil des diagnostischen Prozesses, Teil der Beobachtung: Ein anderer Beobachter kann zu ganz anderen Ergebnissen kommen: ein und dasselbe Verhalten wirkt auf den Beobachter lebendig, aktiv, kreativ, überschäumend, sprudeln, hektisch, hyperaktiv … *(siehe auch Nr. 37: Über Beurteilungen und Beurteiler, S. 92/93)*

▸▸ **Deshalb: Beschreiben statt bewerten!**
(… und die Wahrnehmungsfähigkeit durch Training und Sensibilisierung erweitern)

6. „Fallen"
- ▸ Die Verführung ist groß: man misst nur, was man messen kann und lässt anderes außen vor.
- ▸ Voreingenommenheit, (sympathisch, unsympathisch)
- ▸ Vorurteile/Erwartungen (self-fulfilling-prophecy)
- ▸ von Einzelverhalten auf andere Merkmale schließen: weil so, deshalb unbedingt auch so (ein gescheites Kind ist unsportlich, ein sportliches aggressiv, ein aggressives faul …)

7. Und schließlich:
Es gibt kein „Wenn …, dann …", keine Linearität in der Erziehung, im Lernprozess, etwa nach dem Motto: Wenn die Diagnose folgendermaßen aussieht und die Lernhilfe so und so, dann muss das Verhalten so und so werden …
Es gibt zwar Wahrscheinlichkeiten, aber keine Gewissheiten. Es besteht keine lineare Kausalbeziehung zwischen Diagnostik, Förderung und Verhaltensänderung. Unsere Erfahrungen zeigen, dass etwas ganz anderes – positiv und negativ – herauskommen kann. Lehren und Lernen stehen in keinem 1:1-Verhältnis (im Gegensatz zu früher, als man meinte, Senden (= Lehren) sei identisch mit Ankommen (= Lernen)). Wir müssen einsehen, dass wir keine Verfügung über die Gehirne anderer haben.
Allerdings können wir Bedingungen schaffen, Anregungen und Unterstützung geben, damit die SchülerInnen lernen können. Um diese Bedingungen möglichst optimal zu gestalten, brauchen wir die Diagnose (Eberwein/Knauer, 2003).

▸▸ **Mehrere Beobachter zeichnen zwar kein objektives Bild
des Schülers, verdichten aber die Subjektivität ihrer Beurteilung.**

82. Aufhören, andere zu motivieren

Das Thema Motivation (lat: movere = bewegen) hat über Generationen hinweg die Lehrerschaft beschäftigt – und manchmal schier zum Verzweifeln gebracht: „Wie kann ich meine Schüler motivieren?", lautete die Hauptfrage – und die LehrerInnen unternahm alles Mögliche und Unmögliche, dies zu erreichen – bis in die heutige Zeit, in der es Lehrer geben soll, die mit allen Gottschalks konkurrieren wollen. Meist vergebliche Liebesmüh! Und das ein langes Lehrerleben …

> Vor über 30 Jahren unterrichtete ich als junger Lehrer in einer 5. Klasse (HS) u. a. auch das Fach Deutsch. Beim Kontrollieren der Hausaufgaben bemerkte ich eines Tages, dass Bernd sie nicht gemacht hatte, und ich bat ihn, sie mir am nächsten Tag zu zeigen. Als er sie nicht vorweisen konnte, bekam er den Auftrag, sie doppelt anzufertigen. Wieder Fehlanzeige. Mein nächster Schritt: zwei Stunden Nachsitzen. Bernd schwänzte. Ein Machtkampf zwischen ihm und mir zeichnete sich ab. Weitere Schritte: Brief an die Mutter, Alleinerziehende – Gespräch mit der Mutter – Gespräche mit Bernd … Ich wurde immer unsicherer, war hilflos, empfand mich ohnmächtig, wusste nicht mehr weiter, bis ich schließlich kapitulierte und von Bernd keine Hausaufgaben mehr verlangte. – Im nächsten Deutschaufsatz schrieb er eine Zwei …

Diese Erfahrungen brachten meine Einstellung zum Thema Motivation erheblich ins Wanken … Ich begann, keinerlei Zwang mehr auf Lernende auszuüben, ließ Bestrafungen weg, wenn sie keine Hausaufgaben hatten, ließ mich auf keinerlei Machtkämpfe ein …
Allerdings: Ich stellte weiterhin den Anspruch an mich, gut zu unterrichten; ich machte unterschiedliche und für die SchülerInnen abwechslungsreiche Lernangebote, schuf ein lernfreundliches Klima, vertiefte meine Wahrnehmungsfähigkeit, war offen für Rückmeldungen, machte Vorschläge, gab Hinweise, Empfehlungen, Tipps – und hin und wieder auch „Stupser", rüttelte wach, forderte auf und heraus, das heißt: Ich verstärkte ihre eigenen Erfahrungen und Lernabsichten, ganz nach dem Motto: Sie trinken Wasser – und ich spritze sie auch manchmal an. (In der didaktischen Fachsprache heißt das intrinsische und extrinsische Motivation.)

- ▶ **intrinsisch:** innere Anreize, Beweggründe: Ich bewege mich selbst, weil *ich* es will.
- ▶ **extrinsisch:** äußere Anreize, Impulse: Ich bewege mich, weil ich es will – und die Anreize von außen sind mir Ansporn, unterstützen mich (vergleichbar mit dem Trainer, der an der Außenlinie Impulse gibt durch Klatschen, Zurufen …)
- ▶ In beiden Fällen bewegt sich die Person jedoch selbst = sie wird nicht von anderen bewegt!

> ⇥ **Man kann andere Menschen nicht wirklich motivieren (= bewegen);**
> **das müssen diese schon selbst tun.**

(Motivation durch Druck: sobald dieser jedoch nachlässt oder ausbleibt, kommen die früheren Verhaltensweisen wieder zum Vorschein.)

Zum Ausprobieren: Verschränken Sie die Arme und lassen Sie diese von anderen „öffnen":
a. durch Zwang: entweder es geht nicht – oder Sie müssen nachgeben.
b. „dem anderen zulieb": weil *er* es will.
Beide Male haben Sie nicht freiwillig entschieden.

- ▶ Was ist, wenn Zwang und „dem anderen zulieb" wieder wegfallen?

Menschen haben „Triebfedern" (Motive), die sie zu *Eigen*bewegungen veranlassen (Motivation), die Außenstehende fördern können (Motivationshilfe). Ethisch abzulehnen ist Manipulation (= Ich krieg dich schon noch dorthin, wohin ich dich haben will.), ethisch fair, angemessen und verantwortlich jedoch sind Offenlegen der Absichten und Vereinbarungen über gemeinsame und/oder getrennte Vorgehensweisen.

Selbstbewegung statt Fremdbewegen

Es gehört nicht zu den Aufgaben von LehrerInnen, andere Menschen

- ▶ zu zerren und zu ziehen, zu schleppen und an ihnen zu schnitzen, um sie zu verändern
- ▶ aus ihrer Verantwortung für ihr eigenes Tun zu entlassen
- ▶ gegen ihren Willen zu steuern
- ▶ mit Instruktionen, Impulsen und Appellen zu überhäufen, um sie dorthin zu bringen, wohin sie sie haben wollen.

Solche Art von Kommunikation ist für *beide Seiten kontraproduktiv*: Die einen müssen dauernd schieben – und verlieren dadurch Kräfte für andere Aktivitäten – und die anderen werden dauernd geschoben – und können sich dadurch kaum gemäß ihrer eigene Individualität entwickeln.

Bewegtwerden und Zwangsveränderungen von außen sind tödlich für einen lebendigen Organismus. Wie viele Lebewesen wurden schon „getötet", weil andere meinten, sie durch Außen- und Zwangsmaßnahmen verändern zu können/zu müssen.

> Ein Bauer konnte es nicht mehr erwarten, bis seine Rüben groß wurden. Deshalb zog er sie zu zeitig aus der Erde – mit dem Ergebnis einer mickrigen Ernte. – Er bewegte die Pflanzen, statt sie sich bewegen zu lassen …

Übertragen auf die Forderung an Sie, liebe Lehrerin, lieber Lehrer, aufzuhören, andere zu motivieren, heißt das, dass Sie

- ▶ keinen Menschen *wirklich* zwingen können, sich zu verändern, zu lernen
- ▶ nicht „machen" können, dass andere etwas von sich aus „machen"
- ▶ niemanden bewegen (= in diesem Sinne „motivieren") können
- ▶ günstige Bedingungen schaffen können, damit andere sich bewegen
- ▶ Menschen bei Ihren Selbst-Bewegungen begleiten können
- ▶ die Entwicklung einer Persönlichkeit, die ein Vorgang von innen nach außen ist, somit fördern können
- ▶ nicht für das *Lernen* der anderen verantwortlich sind.

⇒ **Hinter dem Wunsch, andere zu bewegen, steht die Angst,
sie würden sich nicht dorthin begeben, wohin man sie haben möchte.**

⇒ **Ich kann nicht für dich gehen, aber ich kann für günstige Bedingungen
sorgen und dich bei deinem Gehen begleiten.**

⇒ **Sich selbst bewegen – statt andere bewegen!
Sich selbst bewegen – und anderen Selbstbewegung ermöglichen!**

83. Akzentverschiebungen im Unterricht

Es gab einmal eine Zeit, da wusste man noch wenig über Lernvorgänge der Kinder und Jugendlichen; da war Unterrichten eine Tätigkeit des Lehrers mit dem Grundgedanken: alles für alle gleich – und das war so anstrengend für ihn, dass er nicht einmal das Pensionsalter erreichte, sondern vorzeitig die Schule verlassen musste …

Unterrichten bisher (in vielen Fällen):

LehrerIn:

a. Ankündigung des Themas und Stoffdarbietung/-vermittlung

b. fragend-entwickelnder Unterricht: Lehrer ruft auf …

Oder:

c. Arbeitsaufträge … (Buch, Hefte, Arbeitsblätter)

d. Abfrage der Ergebnisse (u. a. Lernzielkontrolle)

e. Zusammenfassung/Hausaufgaben

SchülerInnen:

▶ „Anhörung" durch die Schüler

▶ Schüler heben den Arm (oder auch nicht) und antworten …

▶ Reproduktion: Bearbeitung nach Vorgabe

▶ Beantwortung durch die Schüler (nach Meldung)

▶ „Anhörung" durch die Schüler

Bei diesem Lehrmuster hat der *Lehrer* „viel gegeben und letztlich doch wenig bewirkt. Dieses Missverhältnis von Aufwand und Ertrag erleben die meisten Lehrkräfte tagtäglich in ihrem Unterricht. Die daraus resultierenden *Belastungen und Frustrationen* sind enorm." (Klippert, 2002, S. 12, Hervorh. R. M.) Es gibt immer noch zu viel Frontalunterricht (derzeit etwa zwei Drittel, Sek. I/II; siehe PÄDAGOGIK 2003, Heft 2, S. 37). Die Quantität erschlägt die Qualität und verhindert Differenzierung, Tiefe, Genauigkeit; deshalb: Abschied von der (Un-)Menge.

▶ Wie geht es Ihnen – und wie viel Kraft müssen Sie aufbringen – wenn ein Großteil Ihrer Tätigkeit darin besteht, die SchülerInnen zu motivieren (= zu bewegen) und sie so lange (oft gegen deren Widerstand!) zu schieben, zu drängen, bis Sie sie dahin gebracht haben, wohin *Sie* wollen? (Weil diese nicht wollen, was sie wollen sollen!)

Unterrichten: Akzentverschiebungen

Am Anfang des Lehrens stehen viele Beobachtungen, Wahrnehmungen (= Diagnosearbeit), um zu sehen, wie SchülerInnen denken und fühlen und welche Lernvoraussetzungen sie mitbringen, damit sie nicht in die Denk- und Fühlschemata der Erwachsenen gezwängt werden. Erleichternd, sinnvoll und letztlich wesentlich wirksamer: Sie stimmen Ihr Lehren auf die Lernfähigkeit Ihrer SchülerInnen ab (= Sie da abholen, wo sie sind.) Als Lehrende informieren Sie, bieten an, zeigen auf, weisen hin, geben Orientierung, lassen eigene Lernwege (= Konstruktionen) zu; helfen, begleiten, fördern, verdeutlichen Grenzen …, alles selbstbestimmte und keine fremdbestimmenden Tätigkeiten (wobei manche Tätigkeiten auch Schülerinnen und Schüler übernehmen können). Dadurch gelangen LehrerInnen zu veränderten Verhaltensweisen und Rollen in Bezug zu ihren SchülerInnen:

  ▶ sie selbst suchen lassen
  ▶ ihnen beim Finden helfen
  ▶ sie etwas ausprobieren lassen
  ▶ sie zum Durchhalten ermutigen
  ▶ ihnen auch das „Pauken müssen" zumuten
  ▶ ihnen Freiräume eröffnen und Grenzen zeigen

Wie entspannend und gesund kann solches Tun doch sein – z. B. weil LehrerInnen andere nicht mehr zwingen (müssen). Und als Unterstützung dazu:

▶ Veränderung der Organisation des Lernens, Umgestaltung der Stundenpläne (Einzel- und Doppelstunden, Projektvormittage/Projekttage/Projektwochen …)

▶ modifizierter Einsatz der Lehrkräfte (u. a. Teamarbeit)

▶ Projekt für die SchülerInnen: das Lernen lernen

▶ Angebote für soziales Lernen: gute Beziehungen als Voraussetzung für effektives Sach- und Fach-Lernen

▶ Individualisierung und Integration als didaktischer Normalfall durch *individuelle Lern-/Förderpläne* und *Lernen in Gruppen*.

▶ Heterogenität als Chance sehen, die Unterschiede nutzen, die Gemeinsamkeiten stärken *(siehe auch Nr. 72: Heterogenität als Normalfall, S. 166/167 und: Friedrich-Jahresheft 2004, Thema Heterogenität: umfassende und praxisorientierte Informationen!)*

Ich bin überzeugt – und viele Erfahrungen von LehrerInnen bestätigen es hinreichend: Veränderung des Lehrens und Lernens, der Rhythmisierung der Lernzeiten, Selbstständigkeit der SchülerInnen, Methodenwechsel, „Entstaubung" der Lehrpläne … wirken sich sehr entlastend auf Lehrende und Lernende aus. Deshalb

Statt	**Besser**
▶ Selbstüberforderung	▶ Entlastung durch Abgabe an Verantwortung
▶ exzessive Verausgabung	▶ eine Balance zwischen Tun und Lassen
▶ viele *Lehr*anteile	▶ viele *Lern*anteile
▶ viel Puschen und Appellieren	▶ Zulassen und Freiräume geben
▶ kurze Leine (aus Angst)	▶ lange Leine (aus Zutrauen)
▶ verminderte Erholungsfähigkeit	▶ Zeiträume für Erholung
▶ Einschränkung der Belastbarkeit	▶ angemessene Belastungsfähigkeit.

(siehe auch PÄDAGOGIK 2003/12, S. 59: „Jeder zweite Lehrer leidet an Stress.")

Wenn Lehrkräfte Akzentverschiebungen vornehmen und damit die Schulentwicklung konkret fördern, dann verändert sich die schulische Landschaft. Für manche der Beteiligten ist dies ungewohnt (SchülerInnen), verunsichernd (KollegInnen) oder sogar neu (Eltern) und es kann zu Ablehnung und „Widerstand" kommen. Deshalb:

▶ die Bedenken und „Widerstände" verstehen und thematisieren

▶ offen sein für Kritik, Anregungen, Änderungswünsche

▶ „Aufklärungsarbeit" leisten und informieren, die Vorgehensweisen begründen

▶ die Absichten und Veränderungen transparent machen

▶ und vor allem: ein moderates Tempo anschlagen

➡ **Konservativ ist mir Fortschritt genug.** (irgendwo gehört)

Als junger Lehrer habe ich Bestrafungen aus meinem Repertoire gestrichen.
Schüler („Sie müssen uns strafen!"), Kollegen („Mensch, das geht doch nicht; wo kämen wir da hin.") und Eltern („Geben Sie ihm/ihr nur saftige Strafen!") waren teilweise dagegen. Es brauchte viel Zeit und Gespräche, um die Akzentverschiebung „Von der Bestrafung zum konsequenten Handeln" plausibel zu machen und vorzunehmen.

2

84. Auf dem Weg zum selbstständigen Lernen

Wenn SchülerInnen selbstständig lernen können, dann sind sie in der Lage, eigene „Lernpfade" zu beschreiten. Die Lehranteile des Lehrers gehen zurück, die Lernanteile der SchülerInnen nehmen zu, ebenso die Verantwortung für ihr eigenes Lernen:

> Erfahrungen aus der eigenen Schulzeit: Mir hat keine Lehrerin, kein Lehrer jemals gesagt, gezeigt ..., wie man lernt: Vokabel auswendig lernen, Texte behalten und verstehen, rationell arbeiten, Tabellen anfertigen, Inhalte dokumentieren und präsentieren ...

► Es gab damals, und es gibt heute noch immer nicht das „Unterrichtsfach Lernen".

> Beispiele aus Schulen: In den gesamten Wochenstundenplan (das ganze Jahr hindurch) integrieren die LehrerInnen das Thema „Das Lernen lernen" (verschiedene Lerntypen, Bedingungen, Motivation, Konzentration und Gedächtnis, Lerntechniken).

► Die SchülerInnen lernen, selbstständig zu arbeiten.

Lehrer und Schüler als Tandem

Wenn Sie das selbstständige Lernen zum Unterrichtsgegenstand machen wollen, ohne dies in einem fächerverbindenden, vernetzten, im Schulkonzept verankerten Kontext zu tun, dann bilden Sie mit Ihren Schüler/innen ein „Tandem" und fahren mit folgendem „Programm" los:
   1. Analyse des Lernverhaltens der SchülerInnen.
      ► Schülerorientierung
      ► Beobachtung, Beschreibung, Deutung
   2. Trainingsplan mit folgenden Inhalten:
      ► Motivation und Konzentration
      ► Gestaltung des Lern-/Arbeitsplatzes
      ► Beschaffung und Anwendung von Arbeitsmaterialien
      ► Zeitmanagement
      ► Planung des Lernens
      ► Wiederholungslernen
      ► Ausgewählte Lernmethoden der Informationsbeschaffung und -verarbeitung, der gehirngerechten Aneignung und der Präsentation
      ► Arten der Problemlösung
      ► Wissensspeicher und Ordnungssysteme
      ► Erledigung der Hausaufgaben
      ► Vorbereitung auf Klassenarbeiten
      ► Ausarbeitung von Referaten und Jahresarbeiten
   3. Feedback der SchülerInnen über ihr Training, über Erfolge und Schwierigkeiten
   4. entsprechend weiterführendes Training ...
   5. Je nach Bedarf: Wiederholung und Vertiefung einzelner Trainingsbausteine
      (Ausführlich siehe Hitzler, 2001)

➙ **Lernen ist wie Marathonlauf:
anstrengend, schweißtreibend – und bringt Erfolg!**

In einer Schule sitzen einige Mädchen und Jungen in einer Nische des Ganges und arbeiten. Da ich sie nicht stören will, gehe ich vorbei – spreche aber, neugierig geworden, in der Pause einen Jungen an und höre von ihm u. a.: Wir sind es gewohnt, selbstständig zu arbeiten. In der 5. Klasse machten wir einen Lernkurs; Wochenplanarbeit kennen wir schon von der Grundschule – und wir haben eine Bibliothek, einen Computerraum und Lernecken in den Gängen. Materialien gibt's auch genügend. Wenn ein Lehrer nicht da ist oder plötzlich krank wird, dann beschäftigen wir uns mit Dingen, die uns interessieren oder erledigen Aufgaben, die wir bekommen haben. Es machen aber nicht immer alle mit. Manche gehen in den Schulhof oder sonst wohin. Wenn mal keine Lehrer da sind, ist das o. k. Manchmal geht's auch ohne sie ganz gut. Da können wir noch mehr bestimmen, was wir lernen wollen. (Sven, 13 J., Realschule, selbstständiger Lerner)

Lernen kann für SchülerInnen bedeuten:

Auswendiglernen: Vokabeln, Formeln, Jahreszahlen, Fakten, Gedichte …

Verstehenlernen: Verhaltensweisen von Menschen, Texte, bestimmte Vorgänge und Zusammenhänge

Lösungslernen: Fragestellungen (Wieso ist das so und so …?), Probleme (Warum …?) Aufgabenstellungen (Was mache ich, wenn …?)

Handlungslernen: Fertigkeiten, Können (z. B.: am PC arbeiten; sich in einer Bibliothek zurechtfinden; Gruppenergebnisse vor der Klasse präsentieren …)

Besser lernen

Reden Sie mit Ihren SchülerInnen und besprechen Sie mit ihnen, was sie ändern wollten. Folgende Fragen an sie können dabei hilfreich sein:

- ▶ Gebe ich euch genügend Hilfen, wie man gut lernen kann?
- ▶ Was interessiert euch, was weniger, was nicht?
- ▶ Wechsle ich genügend ab oder ist es euch langweilig? (Arbeit in der ganzen Klasse – Alleinarbeit – Partner-/Gruppenarbeit; verschiedene Methoden …)
- ▶ Ist euch der Stoff zu viel? Geht es euch zu schnell? Oder könnt ihr euch ausführlich und im Detail damit beschäftigen?
- ▶ Was müsste sich aus deiner/eurer Sicht noch alles ändern?
- ▶ Wollt ihr einen Lerntypentests machen? (um herauszukriegen, wie ihr überhaupt lernt – und um selbst dann gut zu lehren) – Ich kann euch erklären, wie er aussieht und was ihr machen müsst.
- ▶ Welche Note würdet ihr mir geben?

Und ein Tipp von J. Beuys:

▶▶ **Ich ernähre mich von meinen Fehlern.**

 3

85. Der Lehrer als Moderator

Die Aufgaben von LehrerInnen sind inzwischen nicht nur auf den Unterricht begrenzt. Immer mehr kommen andere Aufgaben hinzu. Eine wichtige besteht in der Moderation, die didaktisch sinnvoll im Unterricht, hilfreich bei Elternabenden und notwendig bei (Fach-)Konferenzen ist. Weil Moderatoren im Fernsehen so wenig professionell arbeiten und sich meist als Showmaster verstehen, sind sie leider keine Vorbilder.
Deshalb gebe ich Ihnen hierzu einige Informationen und Empfehlungen:

Als LehrerIn sind Sie gewohnt, für das Lehren zuständig zu sein und stehen diesbezüglich im Mittelpunkt des Unterrichts. Als Moderator nehmen Sie einen Rollenwechsel vor, agieren „gemäßigt", d. h., sie halten sich inhaltlich auf jeden Fall zurück. Dies bedeutet, dass Sie als Moderator – je nach den Gegebenheiten – zuständig sind für

die Struktur:
- ▶ Zeitplanung
- ▶ Planung des Gesamtverlaufs
- ▶ Planung der einzelnen Phasen
- ▶ Organisation des Rahmens

den Prozess:
- ▶ Unparteilichkeit/Wertschätzung
- ▶ Einfühlung/Offenheit
- ▶ Methodenvielfalt
- ▶ Interventionen
- ▶ Transparenz/Klärung
- ▶ Schutz/Begrenzung

die „Balance":
- ▶ Spannung und Entspannung
- ▶ Bewegung und Ruhe
- ▶ Vermittlung, Schlichtung
- ▶ Regelhinweise

▸▸ **Moderatoren sind nicht zuständig für die Ziele, Inhalte und Ergebnisse!**

Das bedeutet: Überlegen Sie bitte, wann es für Sie überhaupt sinnvoll und funktional „stimmig" ist, zu moderieren. Nicht, wenn Sie an den Zielen, Inhalten und Ergebnisse interessiert oder sogar für sie verantwortlich sind!

„Fallen":
- ▶ die Ziele mitbestimmen oder korrigieren: „Meinen Sie nicht, dass …?"
- ▶ bei den Inhalten mitmischen: „Hier fehlt noch …"
- ▶ die Ergebnisse bewerten: „Das ist grandios." – Oder: „Hier haben Sie eine Niete gezogen."
- ▶ das Verhalten der Einzelnen bewerten: „Sie sind aber engagiert bei der Sache …" – „Sie haben ja noch gar nichts gesagt."

▸▸ **Der Moderator: wahrnehmen, beobachten, beschreiben, rückmelden, steuern, begleiten, zulassen, vermitteln, begrenzen.**

Als Moderator Konferenzen leiten

Keine Kooperationsform ist in der Schule unter LehrerInnen so unbeliebt wie Konferenzen. Gelingen sie, können sie sehr fruchtbar sein und sogar erwünscht und beliebt werden, vorausgesetzt, es handelt sich nicht um trockene Einwegkommunikation (= Monologe der Leitenden), sondern um differenzierte Interaktionen.

Hinweise, verdeutlicht am Beispiel von Fachkonferenzen

Vorbereitung

- ▶ einen Konferenzplan für das ganze Schuljahr, zumindest für ein Halbjahr vorlegen
- ▶ festlegen, wer die einzelnen Konferenzen moderiert
- ▶ für jede Konferenz eine Tischvorlage erstellen und auflegen (Gesamtverlauf mit Zeitangaben, Themen, Ziele, Methoden …)
- ▶ differenzieren: welche Themen werden in der Konferenz angesprochen/bearbeitet – und was kann im Voraus schriftlich mitgeteilt werden
- ▶ Materialien, Medien bereitstellen; Protokollanten wählen/bestimmen

Durchführung (idealtypischer Verlauf)

1. Phase:	Eröffnung im Plenum Begrüßung, Kundgabe des geplanten Verlaufs ggf. Aufnahme von Wünschen, Ergänzungen …
2. Phase:	Informationsvermittlung im Plenum, ggf. Rückfragen, Klärungen Aufgabenstellung für die Gruppen
3. Phase:	Arbeit in den Gruppen Vorbereitung der Präsentation
4. Phase:	Präsentation der Ergebnisse im Plenum Klärung, Aussprache
5. Phase:	ggf. Konfliktklärung: nicht immer geht alles reibungslos, vor allem vor Abstimmungen: Konflikte wahrnehmen – vermitteln – Lösungsvorschläge aufnehmen – zu Lösungen kommen
6. Phase:	Schlussfolgerungen, Abstimmungen Absprachen, Vereinbarungen
7. Phase:	Resümmee, Abschluss

Nachbereitung/Reflexion

- ▶ von Beteiligten Rückmeldung über die Konferenz einholen
- ▶ Auswertung vornehmen (Vergleich: Absichten – Umsetzung)
- ▶ ggf. auf Grund der Ergebnisse Konsequenzen ziehen
- ▶ Rückmeldung einholen, ob die Moderation „sauber" war.

„Hausaufgabe" – zur Übung und Reflexion:

Beobachten Sie im Fernsehen oder in öffentlichen Veranstaltungen die Moderatoren und vergleichen Sie deren Tätigkeiten/Verhalten mit den o. g. Kriterien. Ihre Ergebnisse, Erkenntnisse?

Wie eine Moderatorin einem Gesprächsverlauf Impulse geben kann:

Eine Moderatorin beobachtet die Gespräche und sagt in eine Pause hinein zu einem Beteiligten: „Sie runzeln die Stirn?!" (Keine Bewertung, sondern Rückmeldung) – und der Angesprochene daraufhin: „Ja, ich hab da so meine Bedenken …" – und das Gespräch ging themenzentriert weiter …

 25

86. Breitband-Methodik

Der Hauptgrund, warum Lernende auf *verschiedenen* Wegen zu Zielen gelangen, besteht darin, dass die Gehirne der Lernenden keine „Gleichausrichtung" vertragen. Die vehement geforderte Methodenvielfalt im Unterricht ist deshalb weder pädagogische Spielecke noch didaktischer Firlefanz, sondern die logische Folge der Erkenntnisse der Hirnforschung – und der Respekt vor der vielfältigen Ausprägung menschlicher Gehirne:

> Eine Kollegin und ich sollten die Ergebnisse einer Gruppenarbeit präsentieren; sie entschied sich für die verbale Vermittlung und ich wollte diese durch einige Schaubilder verstärken. „Nein, das brauchen Sie nicht; ich mache das immer nur verbal. Das genügt." – „Für Sie", antwortete ich, „nicht unbedingt aber für die Zuhörer."

Wir brauchen also eine sog. „Breitband-Methodik", um den unterschiedlichen Lernern entsprechend unterschiedliche Aufnahmemöglichkeiten zu geben – in etwa vergleichbar mit Breitbandantibiotika, die ebenfalls breitgestreut „treffen" sollen.

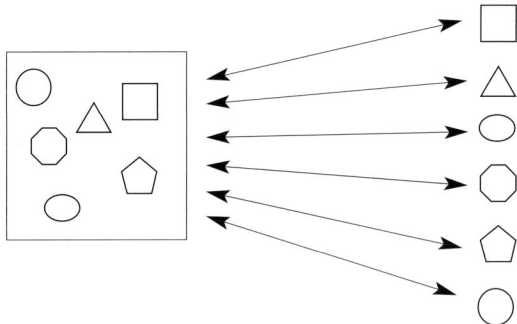

Die methodischen Mehrfachangebote des Lehrers (links: von Viereck bis Kreis) erhöhen die Wahrscheinlichkeit, die Gehirne der Schüler auch zu erreichen: sie fühlen sich angesprochen (ebenfalls von Viereck bis Kreis).

Konkretion im Unterricht
Meyer, 2004, S. 14, nennt Lehr-Lernform-Familien
- ▶ Vortragsformen (u. a. Lehrer-/Schülervortrag, OHP-Arbeit)
- ▶ Gesprächsformen (u. a. Lehrgespräch, Schülerdiskussion, Brainstorming, Interview)
- ▶ Mediengestützte Vortrags- und Gesprächsformen (Tafelarbeit, Textarbeit, Chatten)
- ▶ Simulationsspiele (Rollenspiel, Planspiel, Zukunftswerkstatt)
- ▶ Szenische Arbeitsformen (Stegreifspiel, Pantomime, Soziodrama)
- ▶ Lernspiele
- ▶ Künstlerische Arbeitsformen (Bild, Plakat, Collage)
- ▶ Meditationsformen (Stille- und Konzentratonsübungen, Fantasiereisen)
- ▶ Dokumentations-/Recherchenformen (Bibliotheks-/Lexikonarbeit, Internetrecherche)
- ▶ Kontroll- und Prüfformen (Diktat, Test, Klausur, mündliche Prüfung)

Bei Klippert (2002) finden sich drei Kategorien:
1. Methoden der Informationsbeschaffung und -erfassung:
   - ▶ Förderung des Lesens, Texte markieren, Informationen zusammenfassen, Arbeiten mit Nachschlagewerken, Fragetechniken, Arbeit in Bibliotheken

2. Methoden der Informationsverarbeitung und -aufbereitung
   ▸ Handwerkliche Grundtechniken, Umgang mit Arbeitsmitteln, Gestaltung von Heftbeiträgen, Diagramme und Tabellen entwerfen, Visualisierung, Referate gestalten
3. Methoden der Arbeits-, Zeit- und Lernplanung
   ▸ Gedächtnis, Lernwege, Auswendiglernen, Klassenarbeiten vorbereiten, Hausaufgaben machen, Zeitplanung, Problemlöseprozesse organiseren

Lehr-/Lernaktivitäten, die LehrerInnen bevorzugen (Projekt MARKUS; in Helmke, S. 227): Über 60 %: Arbeit mit kleinen Gruppen; zwischen 40–60 %: fächerübergreifendes Lernen; zwischen 20–40 %: Kleingrupendifferenzierung, Freiarbeit, Peer-Tutoring, Stationen-Lernen; zwischen 20–10 %: Wochenplan; gemeinsam vorbereiteter Unterricht; unter 10 %: Projektlernen, geschlechtshomogene Kleingruppen, gemeinsam durchgeführter Unterricht

Fazit
   ▸ Flexibilität und Anpassungsfähigkeit des Lehrers im Angebot seiner Methoden
   ▸ Flexibilität und Anpassungsfähigkeit der Schüler im Umgang mit den dargebotenen Methoden
▸ Lernen also auf beiden Seiten: Die Beteiligten bewegen sich aufeinander zu; denn das Gehirn, die Lernstrukturen sind plastisch und nicht determiniert. Deshalb:
   ▸ möglichst viele Sinne ansprechen (Kopf, Herz, Hand)
   ▸ Bewegungsmöglichkeiten und Entspanngsübungen anbieten
   ▸ innere Bilder entstehen lassen, Assoziationen wecken, Emotionen zulassen
   ▸ Zusammenhänge, Verbindungen, Verknüpfungen aufzeigen
   ▸ sprachliche Ausführungen durch Körpersprache, Mimik, Gestik verstärken
   ▸ Skizzen, Zeichnungen, Bilder (= viele Medien) einsetzen
   ▸ Das Erleben fördern/anregen (Spiel, Theater, Tanz, Exkursionen)
   ▸ Praktisches Lernen ermöglichen (Erkennen durch Tun)
Dadurch wird der intellektuellen, emotionalen, sozialen und kulturellen Heterogenität der Schülerschaft Rechnung getragen und all die verschiedenen Methoden sind geeignete Wege für sinnvolles und erfolgreiches Lernen.

▸▸ **„Methodisch gibt es keinen Königsweg für gelingendes Lernen."** (H. Gudjons)

Vielleicht fragen Sie sich: „Werden sich die notwendigen Anstrengungen am Ende auch tatsächlich auszahlen? Die Antwort ist aufgrund der bisherigen Erfahrungen ebenso eindeutig wie ermutigend: Die Investition ins Methodenlernen wird sich mit hoher Wahrscheinlichkeit kräftig amortisieren – vorausgesetzt, das besagte Training wird konsequent und intensiv durchgeführt." Die Intensivierung des Methodentrainings hat für die Lehrkräfte „gleich zwei positive Effekte, die für ein entsprechendes Engagement entschädigen: Zum einen mehren sich die Erfolgschancen auf Schülerseite, was den verantwortlichen LehrerInnen vermehrt Bestätigung und positives Feedback einträgt. Zum anderen führt die trainingsbedingte Förderung von Selbstständigkeit und Selbstmanagement auf Schülerseite ganz zwangsläufig dazu, dass die betreffenden Lehrkräfte im Unterricht erheblich entlastet werden." (Klippert, 2002, S. 260)

 2

87. Soziales Lernen

… bedeutet für die SchülerInnen, in verschiedenen sozialen Formen zu *lernen* (Partner-, Gruppen-, Plenumsarbeit) und sich *sozial verhalten* zu können.

… bedeutet für die LehrerInnen, selbst soziale Lernerfahrungen gemacht zu haben und den SchülerInnen beim sozialen Lernen helfen zu können.

Nun unterliegen die Beziehungsfähigkeit und Sozialkompetenz nicht nur unserem Wollen, sondern auch biologischen Komponenten. Deshalb ist die phylogenetische Entwicklung ernst zu nehmen und nicht (z. B. ideologisch) zu verdrängen: „Wir müssen mit dem leben, was wir haben." (W. Singer) und die *Dispositionen*, die die SchülerInnen für soziales Verhalten mitbringen, beachten. Sie bestehen aus vier Grunderfahrungen mit entsprechenden Reaktionen:

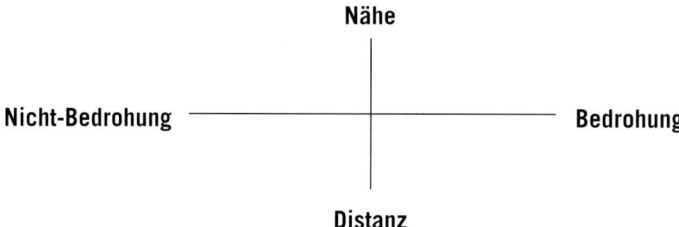

Nähe: auf jemanden zugehen, in Kontakt kommen,
     mit jemandem zusammenarbeiten
Distanz: vorsichtig sein, beäugen, taxieren, abwarten
Nicht-Bedrohung: seiner Wege gehen, für sich sein
Bedrohung: angreifen oder fliehen, Mut oder Angst haben

Selbstreflexion:

Sie betreten ein Wartezimmer, ein Restaurant, ein Zugabteil … Wohin setzen Sie sich (grundsätzlich), wenn Sie die freie Wahl haben (unabhängig von Ihrer Stimmung) = Welcher „Typ" bin ich selbst?

  Nähe: Ich setze mich gleich zu jemandem und beginne ein Gespräch.
  Distanz: Ich setze mich entfernt von jemandem, lese ein Buch oder träume vor
      mich hin
  Nicht-Bedrohung: Ich setze mich irgendwohin, egal wo – und bleibe für mich.
  Bedrohung: Ich setze mich (möglichst mit dem Rücken zur Wand) so, dass ich
      alles im Blick habe. *(Siehe auch Nr. 42: Ängste als Konfliktherd, S. 102/103)*

Für das soziale Lernen bedeutet dies:

Wir haben ein „Revierverhalten" und brauchen zum Schutz und zur Identitätsfindung ein „geschlossenes Gebiet" (Beispiel Lehrerzimmer: „An diesem Platz sitze ich schon seit 23 Jahren."). Wem es zu eng wird, der wird aggressiv.

Wir wollen aber auch beachtet und akzeptiert werden: Wer übersehen wird, läuft Amok, wer sich nicht akzeptiert fühlt, geht „krumme Wege": Distanz *und* Nähe als bedeutsame Komponenten!

Deshalb: Genau hinsehen, welche „Typen" in der Klasse sind: Der Kontaktmensch, der Einzelgänger, das scheue Kind, die Fürsorgliche, der Sachorientierte …

▸▸ **Soziales Lernen: Respekt vor den unterschiedlichen „Typen"**
     und *Einladung* zum Miteinander!

Konsequenzen

- ▶ die SchülerInnen wahrnehmen, beobachten und ihnen Rückmeldung geben
- ▶ kompensatorisch wirken; z. B.:
  - – Jungen sind biologisch benachteiligt, was die Empathiefähigkeit betrifft; deshalb: das Empathie- und Sozialtraining verstärken
  - – Mädchen sind körperlich benachteiligt; deshalb: die Selbstbehauptung und die Selbstverteidigung verstärken
- ▶ Eindrücke, Wirkungen, Gefühle mitteilen und mitteilen lassen
- ▶ Verhaltensweisen beschreiben statt bewerten
- ▶ zwischen den Einzelnen vermitteln, Vorschläge anbieten
- ▶ keine vorschnellen Forderungen stellen hinsichtlich Nähe- und Distanzverhalten
- ▶ die Heterogenität (Nähe und Distanz) akzeptieren
- ▶ das Lernen rhythmisieren und auf den Lern*prozess* achten
- ▶ Möglichkeiten des sozialen Lernens anbieten – und sich dafür *Zeit* nehmen

▸▸ Kinder und Jugendliche brauchen Vorbilder für soziales Verhalten

– Auf dem Weg zum Parkplatz raucht ein Lehrer eine Zigarette und sieht dabei, wie ein Schüler ebenfalls raucht. Der Erwachsene geht auf ihn zu, nimmt ihm die Zigarette aus der Hand, wirft sie zu Boden, tritt sie aus und sagt: „Lass dich damit nie wieder erwischen!"

– Ich sehe wie eine ältere Schülerin eine jüngere in Worten und Gesten tröstet. Später begegne ich ihr und sage, wie sehr mich ihr Verhalten gefreut hat. „Ist schon recht", antwortet sie, „das tut meine Mutter ja auch, wenn ich mal traurig bin."

– Ein Lehrer bittet einen Jungen, die obszönen Bemerkungen zu unterlassen, worauf der Junge achselzuckend sagt: „Warum, das sagt mein Vater jeden Tag zu mir."

– Wie im richtigen Leben, so auch in der Schule: sich mögen und sich doof finden; streiten und sich versöhnen; allein sein und mit anderen sein; miteinander raufen und sich wieder vertragen; beieinander sein und auseinander gehen.

▸▸ Soziales Lernen ist ein wichtiger Teil menschlichen Lernens und demokratischen Verhaltens

Es ist aber ebenso wichtig, realistisch zu sein und die Grenzen des sozialen Lernens zu akzeptieren, sonst laufen wir Gefahr, uns und andere zu überschätzen, zu überfordern und im schlimmsten Fall zu verbiegen:

▸▸ Akzeptieren, anstatt an der Persönlichkeit herumzufeilen

Wenn wir aber an die Grenzen sozialverträglichen Handelns gelangen, dann benötigen wir Abgrenzung und Schutz.

Zur „biologischen Verfasstheit" und zur emotionalen Spontaneität gibt es allerdings, zum Glück, deshalb auch innere Aufpasser und Kontrolleure, die uns kompent machen: Wir lernen, uns selbst zu managen, d. h., dass wir unsere Jäger- und Sammler-Mentalität beachten, aber darin nicht haften bleiben müssen!

88. Themenzentriert arbeiten

Eine sehr geglückte Verbindung der Sozial- und Aktionsformen findet sich im Modell der sog. *Themenzentrierten Interaktion* (TZI), wie sie von R. Cohn propagiert wird (ausführlich in: Cohn/Terfurth, 1995):

1. Die Schüler beschäftigen sich mit einem *Thema, mit einer Sache, mit dem Lernstoff.*
2. Jeder Einzelne ist mit seinen *subjektiven Anliegen* und Bedürfnissen dabei beteiligt.
3. Die Beteiligten sind als Gruppe in *Interaktion.*

Wichtig ist dabei, ein Gleichgewicht, eine „dynamische Balance" zwischen den drei Variablen **ICH – WIR – SACHE** herzustellen:

Zu viel Thema vernachlässigt den einzelnen Schüler und die Interaktionen untereinander.
Zu viel „Nur-Einzelne" vernachlässigen das Thema und die Interaktionen.
Zu viel Interaktionen vernachlässigen das Thema und die Einzelnen.

Die drei Etappen in diesem Buch und das TZI-Modell weisen Parallelen auf. Ich sehe den „guten" Lehrer als Profi ebenfalls in dieser dynamischen Balance:

ICH = Selbstkompetenz – **WIR** = Beziehungskompetenz – **THEMA** = Unterrichtskompetenz.

Auch eine „guter" Unterricht weist diese Struktur auf: Es gibt ein Thema, es gibt den einzelnen Schüler und die Gruppe. Somit ist das TZI-Modell (für mich) der Idealtyp für erfolgreichen Unterricht, sowohl auf der Beziehungs- als auch auf der Sachebene: Die Schüler lernen, sich selbst wahrzunehmen (ohne in Egozentrik zu verfallen), die anderen zu respektieren, zu akzeptieren (ohne in altruistisches Gehabe zu gelangen), die Sachen zu Lösungen zu führen (ohne sich und die anderen aus den Augen zu verlieren) und erfahren das Eingebundensein in die Umwelt. (R. Cohn nennt dies „globe".)

Ziel ist das persönliche Wachstum des Einzelnen in der Gruppe, die *Förderung* der sozialen Kompetenz und die *Lösung von Problemen*. Dem Leiter/Lehrer kommt dabei die Aufgabe zu, dafür zu sorgen, dass alle drei Variablen zur Geltung kommen, also:

Ein Gleichgewicht von

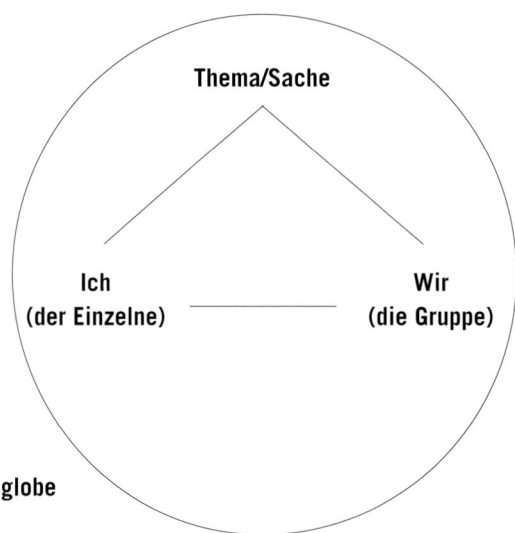

Grundhaltungen

Für den Leiter/Lehrer bedeutet dies: Wahrnehmung jedes einzelnen Schülers, Blick auf die Dynamik in der Gruppe und Arbeit am Thema. Keine leichte Aufgabe, vor allem, weil er ja selbst in seinen Aktionen in der Balance zwischen Schüler, Gruppe und Thema bleiben soll. Dieses Modell beruht auf einer humanistisch-ethischen Grundhaltung:

1. Der Mensch ist eine psycho-biologische Einheit und gleichzeitig Teil des Universums. Er ist deshalb autonom und interdependent. Menschliche Erfahrung, Verhalten und Kommunikation unterliegen interaktionellen und universellen Gesetzen.

2. Ehrfurcht gebührt allem Lebendigen und seinem Wachstum. Respekt vor dem Wachstum bedingt bewertende Entscheidungen. Das Humane ist wertvoll, das Inhumane ist wertbedrohend.

3. Freie Entscheidung geschieht innerhalb bedingender innerer und äußerer Grenzen … Das Bewusstsein unserer universellen Interdependenz ist die Grundlage humaner Verantwortung.

Postulate

Es wird deutlich, dass dieses Modell auch beispielgebend für *demokratisches Lernen und Verhalten* ist, vor allem, wenn man die beiden *Postulate* näher ansieht, die R. Cohn artikuliert:

1. Sei deine eigene Chairperson: Du bist für dich selbst und dein Tun verantwortlich. Nimm dich ernst, sorge für dich – und achte dabei auch auf die anderen.
   Das gilt für die LehrerInnen wie für SchülerInnen, wobei sie sich gegenseitig bei der Verantwortlichkeit unterstützen können und auf Grenzen hinweisen müssen.

2. Störungen haben Vorrang: Sie sind spezifische Botschaften und Ausdruck der verschiedenen Wirklichkeiten von Menschen.

Hier möchte ich einem Missverständnis vorbeugen, das mir immer wieder begegnet, wenn ich themenzentriert mit Gruppen arbeite oder wenn die Frage nach dem Umgang mit „Störungen im Unterricht" auftaucht. „Störungen haben Vorrang" bedeutet nicht, dass jede Störung sofort artikuliert und thematisiert werden muss und kann, sondern:

   a. Derjenige, der eine Störung empfindet, entscheidet, *ob* er sie mitteilt (Bedeutsamkeit, Wichtigkeit, Angemessenheit) und *wann* er sie mitteilt (Zeitpunkt im Gruppenprozess).

   b. Der Gruppenleiter verfährt ebenso: Wenn er eine Störung in der Gruppe wahrnimmt, entscheidet er, *ob* er sie anspricht und zum Thema macht und *wann* er sie artikuliert. Dadurch erübrigt sich die Frage, ob eine Störung eine Bagatelle oder ein gravierendes Problem Einzelner und/oder im Gruppenprozess ist: Entscheidend ist die Bedeutung von Person und Thema.

   c. Die Entscheidung, ob Mitteilung oder nicht, basiert also auf der Wahrnehmung des eigenen Selbst (wie wichtig ist es *mir*), auf der Rücksichtnahme der *Gruppe* gegenüber und der Wichtigkeit des Themas: Ist eine Störungsanmeldung förderlich oder selbst wiederum eine Störung?

> ⇢ **Störungen haben Vorrang, aber nur dann, wenn deren Anmeldung keine Störung, sondern den Einzelnen, dem Prozess und der Arbeit dienlich ist.**

89. „Konzentrier' dich endlich!"

Schön wär's, wenn dieser Appell allemal Wirkung zeigen würde. Aber so einfach ist es nicht und von *außen* nur schwer steuerbar. Es sind drei Komponenten, die die Konzentration (= auf ein Zentrum gerichtet sein) beeinflussen:

Vergangenheit		Persönlichkeit		Zukunft
Erinnerung an …	←	Verhaltensdisposition	←	Denken an …

Ablenkungen

Dispositionen der SchülerInnen:
- spontan
- intuitiv
- sprunghaft
- assoziativ
- wenig strukturiert

(Die *Systematik* entwickelt sich erst im Laufe der Zeit.)

ungünstige Bedingungen (z. B.):
frühes Aufstehen
Gedränge in Zug und Bus
Interessantes auf dem Weg zur Schule
Massenbewegungen in der Schule
6 bis 7 Stunden Unterricht
Fächer, die nicht interessieren
Bewegungsmangel

Beispiel Sprunghaftigkeit:
Ich sitze im Zug und höre einen ca. 8-jährigen Jungen sagen (ohne Pausen): „Schau mal, Mama, da ist ein Storch. Was liest denn der Mann da? Wo fahren wir jetzt hin? Im Sitz ist ein Loch. Ich geh jetzt aufs Klo." …

▶ sprunghaft – ideenreich – kreativ – neugierig …

Erinnerung an …
- ▶ Knatsch mit Freund/Freundin
- ▶ Toll gestern in der Disko
- ▶ Super Fußballspiel: gewonnen!
- ▶ Zoff mit den Eltern
- ▶ Geil der Porno heute früh
- ▶ Schlägerei in der Gruppe

Denken an …
- ▶ Wie lange noch diesen Scheiß …
- ▶ Heute Abend ins Kino
- ▶ Ich hab Hunger
- ▶ Ob ich in der Pause Sabine treffe?
- ▶ Wie's wohl meiner kranken Mutter geht?

⇥ **Zum Glück: Unser Hirn kann umlernen – es ist plastisch, nicht statisch!**

Deshalb:
- ▶ die SchülerInnen wahrnehmen, beobachten und herausfinden, was sie brauchen
- ▶ deren Vielfalt kreativ nutzen und Mehrfaches anbieten: von Stille bis Bewegung, von wenig Aktionen bis viel Aktionen …
- ▶ beachten: Altersstufe, Klassengröße, Fach, Zeit (1. oder 6. Stunde, vormittags oder nachmittags)
- ▶ Unterschiedliches zu unterschiedlichen Zeiten anbieten
- ▶ differenzieren: nicht alle machen das gleiche, sondern die einen dies, die anderen das – und der Lehrer muss nicht immer und überall dabei sein.

Ich kam mit 11 Jahren in ein Internat – und hätte beinahe die 1. Klasse Gymnasium nicht geschafft: schreckliches Heimweh – ständiges Hänseln, weil ich klein war und eine (komische) Brille trug … Flucht in die Karl-May-Romane als meine Welt (in der ich es aushielt – und nicht Latein oder Mathematik).

▶ Was alles Ursache sein kann, abgelenkt zu werden …

    ▸▸ **Schüler kommen aus einer „Multi-Welt".
Konzentration ist für sie eine Riesenleistung.**

Konzentration: Übung oder gleich Ernstfall?
Es gib zwei Möglichkeiten:
    a. Entweder die Konzentration üben (= Der Inhalt wird vernachlässigt) oder
    b. Konzentriert an bestimmten Inhalten/Sachen arbeiten
Entscheidend ist, *wie* Konzentration erreicht wird!
Es ist wie beim Klavierspiel: Soll ich zuerst Czerny-Etüden üben, um später Beethoven-Sonaten spielen zu können – oder übe ich so lange Beethovensonaten selbst, um sie dann zu können? (was zeitlich vielleicht gleich lang dauert.)

Ich empfehle Ihnen folgenden Dreischritt:
Erster Schritt: Aufgaben/Tätigkeiten anbieten, von denen Sie wissen, dass sich die Schüler dabei leicht tun und sich deshalb gut konzentrieren können. Die Erfahrung: Ich *kann* mich konzentrieren, ich *kann* „dranbleiben".
Zweiter Schritt: Aufgaben/Tätigkeiten anbieten, die die Schüler *gern* machen – und sich deshalb leichter konzentrieren können. Die Erfahrung: Ich *kann* mich konzentrieren, wenn/weil mich etwas interessiert.
Dritter Schritt: Aufgaben/Tätigkeiten anbieten, die schwer fallen. Erfahrung: Ich *lerne* mich zu konzentrieren, sonst kann ich die Aufgabe nicht lösen.

Tipps für SchülerInnen
    ▶ Wenn du dich nicht mehr konzentrieren kannst: Pause!
    ▶ Mache in Pausen, was dir Spaß macht.
    ▶ Denke daran: Jetzt habe ich Folgendes vor …
    ▶ Nimm dir eine bestimmte Lernzeit vor – Wecker stellen!
    ▶ Dann: In kleinen Schritten weitermachen …
    ▶ Belohne dich, wenn du es geschafft hast
    ▶ Wenn dich etwas wirklich ablenkt: Tu das, was dich ablenkt, aber zeitlich begrenzt! lesen, fernsehen, spielen, telefonieren, SMS schicken, Musik hören …
    ▶ Wenn du konzentriert arbeiten willst, dann suche dir „Unterstützer" (Musik hören, sitzen, stehen, liegen, hocken …)
    ▶ und zwischendrin: Bewegung, frische Luft, viel trinken, wenig essen
      … und wenns überhaupt nicht geht: lieber aufhören als sich ärgern!
Wenn du herausfinden willst, wie du gut lernen kannst, dann frag deine Lehrer. Die können dir helfen!

90. Störungen: Was sie uns sagen

Während eines Seminars zum Thema „Störung" spielt ein Kollege einen Lehrer, der eine Unterrichtsstunde beginnen will. Die anwesenden Lehrerinnen und Lehrer spielen die Schülerinnen/Schüler und unterhalten sich angeregt, ohne besondere Zwischenfälle oder Streitereien. Der Lehrer versucht, durch zunehmende Lautstärke, sich Gehör zu verschaffen. Vergeblich … In der anschließenden Analyse sagen die „SchülerInnen", sie hätten sich vom Lehrer in ihrer Kommunikation gestört gefühlt.

► Wer stört wen?

Adventszeit, Montag, erste Stunde: Die Klasse sitzt – in besinnlicher Stimmung – mit dem Lehrer im Morgenkreis. Eine Kerze brennt … Plötzlich betritt ein zu spät kommender Schüler das Klassenzimmer, sieht die Kerze, wirft seine Jeansjacke darauf, sodass sie erlöscht und schreit: „So ein Scheiß!" … Später erfahre ich vom Klassenlehrer, dass der Junge nach der Scheidung der Eltern bei der Oma wohnt, die sich kaum um ihn kümmert. Er kommt aus der „Kälte" seines Privatlebens und muss die „Wärme" im Klassenzimmer vernichten, weil er sie nicht aushält.

► Was ist die Botschaft einer Störung?

Die Beispiele zeigen, dass Störungen offene oder verdeckte Botschaften sind. Es gibt keine „objektiven" Störungen; sie sind immer Deutungen von Personen: Für die eine ist z. B. Schwätzen im Unterricht Störung, für den anderen rege Beteiligung; den einen stört Kaugummikauen, die andere toleriert dies; die einen stört der Lärmpegel, während andere ihn als „kreative Unruhe" deuten … (Im Extremfall: Sogar kriminelle Verhaltensweisen sind für die Täter keine Störungen, sondern eben „normal".)

➤ **Ein guter Unterricht ist immer noch die beste Störungsprophylaxe!**

Hinweis: Eine Untersuchung zum Thema Schülerbelastungen („Belastungen in der Schule?", Weinheim 1998) bei Schülerinnen und Schülern (HS, RS, Gym., 6. und 8. Klassen) hat ergeben, dass die beiden Hauptbelastungen „abwertendes Lehrerverhalten" und „langweiliger Unterricht" sind. Die Belastungsverarbeitung geschieht auf vielerlei Art; eine davon ist „stören": dazwischenreden, herumgehen, träumen, nicht aufpassen, schreien, schlagen, verletzen …

„Nicht die Dinge selbst, sondern unser *Denken* über die Dinge entscheidet, ob wir glücklich oder unglücklich werden." (Epiktet) Übertragen auf die Störungen in der Schule heißt dies: In vielen Fällen sind es nicht die konkreten Verhaltensweisen an sich, die uns stören und belasten, sondern unsere Sicht (Einstellungen) über sie. (Damit sollen keineswegs verbale Entgleisungen und körperliche Verletzungen bagatellisiert oder gar entschuldigt werden! – Es geht hier um „Störungen" und nicht um kriminelles Verhalten.) Wenn man Störungen als spezifische Botschaften sehen und (um-)deuten kann, dann heißt das auch (in bestimmten Situationen):

➤ **„Von wem oder was ich mich stören lasse, bestimme ich!"**

Reflexion

a. Wovon müssen Sie sich „verabschieden"; welche Vorstellungen, Ziele, Absichten können Sie nicht mehr aufrechterhalten (ohne das Gefühl des Versagens zu haben!)?

b. Was behalten Sie – trotz aller Umstände – bei, auch mit dem „Risiko", dass Störungen zunehmen?

c. Welche Belastungen/Störungen können Sie aushalten, worauf können Sie sich einstellen?

a. Störungen, durch Wirkungen der Schule
- sechs Stunden Unterricht an einem Vormittag
- zu wenig Abwechslung, Bewegung,
- zu geringe Lebensnähe, zu weit von den Interessen der SchülerInnen entfernt

b. Störungen, durch Wirkungen der Lehrer (= Eigenanteil)
- zu viel Stoffvermittlung, zu hohes Lerntempo
- zu wenig methodische Abwechslung
- abwertendes Verhalten

c. Störungen, die die SchülerInnen produzieren
- Zuspätkommen, Unaufmerksamkeit, Desinteresse, Arbeitsverweigerung
- Dazwischenreden, Ablenken, verbotene Tätigkeiten
- Sachbeschädigungen, körperliche Verletzungen, Beschimpfungen

Anregungen

Es muss feststehen, das Sie – und Ihre KollegInnen – das Ihnen Mögliche getan/versucht haben, um die Störungen zu beseitigen. Es muss deutlich geworden sein, dass das gravierende Störverhalten der betreffenden SchülerInnen im Rahmen eines schulischen Unterrichts – und mit den zur Verfügung stehenden Mitteln (Personal, Räume, pädagogische Massnahmen) – nicht mehr aufzufangen ist. Es muss ersichtlich sein, dass diejenigen, die lernen wollen, wegen der Störungen nicht mehr lernen können. Im Gespräch mit den betroffenen SchülerInnen, den Erziehungsberechtigten, den zuständigen LehrerInnen, der Schulleitung und der Schuladministration werden Maßnahmen außerschulischer Betreuung vereinbart. (Zeitweiser Schulausschluss *ohne* pädagogische Betreuung, Hilfe … ist zwar momentan erleichternd, aber auf Dauer zweck- und wirkungslos!)

Was Sie bei Störungen tun können

1. Verletzendes Verhalten sofort stoppen (Verhinderungs-/Schutzfunktion)
2. Störungen nach dem Belastungsgrad einschätzen
3. Störungen hinterfragen: Was ist die Botschaft der Störenden?
4. Positive Anreger bieten (Methodenwechsel, Bewegung, Eigentätigkeit)
5. Negative Anregungen vermeiden (monotoner Unterricht, abwertendes Verhalten …)
6. Einstellungen verändern, umdeuten
7. Gespräche mit den Beteiligten führen
8. Die Störungssituation entschärfen (beobachten, abwarten, Humor haben, ablenken …)
9. Nur mit denen arbeiten, die lernen wollen
10. Räume für die „Störenfriede" zur Verfügung stellen und Personen, die sie betreuen
11. Ggf. den Unterricht abbrechen (bevor man selbst zusammenbricht!)
12. Ein Verhaltenstraining absolvieren und SchülerInnen anbieten
13. Temporäre Unterrichts-/Schul-*Auszeit* geben, mit Aufenthalt in schulexternen Einrichtungen, mit dem Ziel der Reintegration

 5

91. Auszeit für SchülerInnen

Anlässe

Es kommt immer wieder vor, dass es im Unterricht Störungen zwischen einigen (wenigen) Schülerinnen und Schülern gibt oder dass sie Probleme miteinander haben, die für sie so gravierend und lerneinschränkend sind (Kopf und Herz sind ganz woanders!) dass sie sich nicht mehr konzentrieren und dem Unterrichtsgeschehen folgen können:

▶ Am Vortag gab es Streit zwischen Alexi und Rahel, der noch nicht geklärt ist.

▶ In der vorhergehenden Pause fand eine Schlägerei statt.

▶ Sabine ist der Füller abhanden gekommen. (Hat ihn jemand gestohlen?)

▶ Während der Stunde macht einer eine „blöde" Bemerkung.

▶ Anke muss „unbedingt" noch mit Kerstin reden …

▶ Jens ist sauer auf Pit, weil …

▶ Freunde/Freundinnen aus den Nachbarklassen stehen wie „Presser" vor der Tür und wollen noch was ganz Wichtiges besprechen.

Wenn der Lehrer merkt, dass irgendetwas „im Busch" ist – oder wenn die SchülerInnen von sich aus die Störung oder einen wichtigen Gesprächsbedarf anmelden – dann bietet er ihnen eine sog. „Auszeit" an.

⏩ **Sinn der Auszeit:**
Die Lernblockaden abbauen und den
Kopf freibekommen für den Unterricht

Durchführung

Der Lehrer hat mit den SchülerInnen im Vorfeld vereinbart, dass sie bei gravierenden Störfällen oder für sie großen Problemen das Klassenzimmer verlassen können, um draußen ihren Konflikt/ihr Problem kurz bzw. vorübergehend zu bereinigen. Meist sind es zwei, manchmal drei oder vier SchülerInnen, die Klärung wünschen und das Angebot annehmen. Nach wenigen Minuten kommen sie wieder in das Klassenzimmer zurück und arbeiten – entspannter und konzentrierter als vorher – weiter.

Das Prozedere sieht folgendermaßen aus:

▶ Die Störung wird im Klassenzimmer kurz „angemeldet"; die Betroffenen gehen nach draußen.

▶ Sie können einen Vermittler mitnehmen.

▶ Die Auszeit darf nur wenige Minuten in Anspruch genommen werden.

▶ Die Beteiligten versprechen, draußen (auf dem Gang, im Hof …) störungsfrei zu agieren, damit andere Klassen nicht gestört werden.

▶ Die versäumten Informationen/Lehrinhalte … werden in eigener Verantwortung bei den MitschülerInnen nach der Stunde oder zu einem späteren Zeitpunkt eingeholt bzw. entsprechende Arbeiten nachgemacht. (Es lohnt sich also nicht, sich vor dem Unterricht zu „drücken".)

▶ Länger andauernde Konflikte/Probleme werden nach der Stunde oder nach dem Schulvormittag mit dem Lehrer oder den Streitschlichtern besprochen.

⏩ **Wenn das Hirn von Belastungen entsorgt wird,**
kann es wieder sorgenfrei lernen!

Hinweise

▶ Wichtig ist es, im Vorhinein Sinn, Zweck und Durchführung sehr ausführlich mit den SchülerInnen zu besprechen: Wen große Konflikte und dringliche Probleme beschäftigen, kann nicht aufmerksam sein und gut lernen.

▶ Seitens der Lehrerschaft ist ein Vertrauensvorsprung den SchülerInnen gegenüber nötig (Werden draußen die Probleme und Konflikte auch wirklich ernsthaft besprochen?)

▶ Von den SchülerInnen wird Ehrlichkeit/Aufrichtigkeit verlangt. Zudem wird ihr Verantwortungsbewusstsein gefördert.

▶ Missbrauch der Auszeit wird besprochen und ggf. wird sie für eine gewisse Zeit vom Lehrer nicht mehr angeboten.

▶ Die kurze Konflikt-/Problemlösung ermöglicht es, dass die SchülerInnen mit klarem Kopf (weiter-)lernen können.

▶ Dass SchülerInnen eine Auszeit nehmen können, muss vom ganzen Kollegium bejaht, zumindest aber toleriert werden.

Erfahrungen

▶ Die SchülerInnen sind sehr froh über das Angebot einer Auszeit. Sie fühlen sich ernstgenommen und erfahren, dass die (gelösten) Probleme sie beim Lernen nicht mehr ablenken und behindern.

▶ Nach Einführung der Auszeit (die ja neu für die SchülerInnen ist), ist vorübergehend mit überdurchschnittlicher Anmeldung zu rechnen. (Jeder will die Auszeit ausprobieren.) Nach kurzer Zeit jedoch wird sie zum Normalfall und stört in der Regel *nicht* den Unterrichtsablauf.

▶ Der Lehrer kann den Unterricht störungsfreier durchführen, weil die Problemlösung in die Eigenverantwortung der SchülerInnen gelegt und nach draußen verlagert wird.

▶ Die Betroffenen lernen, dass sie konstruktiv mit Konflikten umgehen können und dabei profitieren.

▶ Die Nichtbeteiligten können in Ruhe und ohne Störungen mit dem Lehrer weiterarbeiten.

Die Auszeit eignet sich nicht, wenn SchülerInnen sie nehmen wollen, deren Sozialverhalten deutliche Mängel aufweist oder sogar destruktiv ist. In diesem Falle muss die Lösung der Probleme mit anderen Maßnahmen gesucht werden.

Bedenken:

Sie fragen vielleicht: Geht das überhaupt? Was kann alles passieren? Nützen die SchülerInnen die Situation aus? Deshalb: Einen Vertrauensvorschuss geben, ausprobieren lassen und dann reagieren:

– Verhalten positiv verstärken, wenn die Auszeit regelkonform durchgeführt wird

– bei Regelverletzung nach den Gründen und Absichten fragen

– Gelegenheit zum Üben und zur Regeleinhaltung geben, ggf. Hilfen anbieten

– Grenzen setzen und Auszeit vorübergehend „aussetzen", wenn sie wiederholt zu anderen Zwecken genutzt wird.

– Bei Häufung von Auszeiten überprüfen, ob die Ursachen bei den SchülerInnen liegen oder ob sie sie als „Flucht aus dem Unterricht" benutzen.

92. Feedback im Unterricht

Feedback (FB) ist eine spezielle Lernform, weil der Lerner durch das FB die Wirkung seiner Aktivitäten erfährt und somit seine eigenen Lernfortschritte besser einschätzen kann: das FB also als „Mini-Evaluation" *(siehe auch Nr. 29: Feedback-Kultur, S. 76/77).*

Feedback heißt, streng übersetzt, „Futter zurück(geben)" – und sinnvoll angewendet bedeutet dies: Ich gebe dir etwas zurück, was für dich „Nahrung" sein kann, wobei du entscheidest, ob du sie und wie viel du davon annehmen willst. Somit ist FB – als Dialog – eine bestimmte Einstellung, die sich in folgenden Verhaltensweisen ausdrückt:

- ▶ gegenseitig die Entwicklung fördern
- ▶ die Beziehungen vertiefen
- ▶ die gemeinsame Arbeit optimieren und beim Lernen helfen
- ▶ interessiert, offen, vertrauens- und respektvoll sein
- ▶ achtsam und rücksichtsvoll miteinander umgehen

Das beste FB ist dann gegeben, wenn der Sender seine Wahrnehmungen fair (und „dosiert") mitteilt und der Empfänger sich im Grunde genommen „beschenkt" fühlt. Die drei Hauptfehler, die ein FB zunichtemachen, sind:

1. ungefragt ein FB geben	Der *Empfänger* entscheidet, ob …
2. undosiert Mitteilungen geben	Der Sender dosiert einfühlsam mit Blick auf die *Aufnahmefähigkeit* des Empfängers.
3. unverblümt die Meinung sagen	Der Sender achtet sensibel auf die *Art und Weise* seiner Mitteilung.

Feedback gibt es als

- **a.** freie Assoziation, ohne Kriterienvorgabe: Der Sender teilt dem Empfänger mit, was sein Verhalten und seine Handlungen bei ihm auslösen, wie sie auf ihn wirken.
- **b.** Echo auf vereinbarte Kriterien: Der Sender teilt mit, was er als Übereinstimmung, Abweichung und Neuland wahrgenommen hat.

Folgende Methoden können verwendet werden:

- ▶ mediale: Video- und Tonbandaufzeichnungen, schriftliche Notizen, Beobachtungsprotokolle, Fragebögen u. Ä.
- ▶ direkte: Blitzlicht (= verbale Momentaufnahme), Fragerunde, Meinungsbild (auch mit Hilfe grafischer Mittel), Stimmungsbarometer …

Zwölf Empfehlungen für LehrerInnen

1. Sich selbst kundig machen über die wesentlichen Merkmale des FB
2. FB üben/geben (z. B. im Kollegenkreis, in Gruppen, bei Sitzungen)
3. Die SchülerInnen über FB informieren
4. Sie vor allem auf die Haltung/Einstellung der FB-Gebenden hinweisen.
5. Die Sach- und Beziehungsebene erläutern
6. Die Unterschiede zu Fehlermeldung, Kritik und Tadel aufzeigen
7. Mit ihnen – auf Grund der Merkmale – Regeln erarbeiten
8. In „Schonraumsituationen" die Regeln einüben
9. In Realsituationen die FB-Phase moderieren
10. Grenzen beachten, bei Grenzüberschreitungen intervenieren
11. Im Anschluss daran über die Feedbacks sprechen (Meta-Ebene)
12. Mit den SchülerInnen Konsequenzen aus dem FB ziehen und ggf. Übungen verstärken

- ▶ Und auf jeden Fall: Das FB *sachlich* verwerten und so das Lernen optimieren.

Zum Zeitrahmen

Die FB-Phase ist – als Abschluss – ein wichtiger (und sensibler) Teil des Lernprozesses.
Es braucht Zeit für

  a. das Geben und Aufnehmen des Feedbacks
  b. die Klärung des FB: angenehm/hilfreich, unangenehm/störend
  c. das „Verdauen": Bei angenehmem FB kein Problem; bei unangenehmer Rückmeldung benötigt es die Hilfe der Lehrerin, des Lehrers, z. B.: Trost, Ermutigung, Unterstützung, Beziehungsklärung zwischen Gebenden und Nehmenden (damit keine „Narben" zurückbleiben)

Acht Regeln für SchülerInnen

1. **Überprüfe deine eigene Haltung/Einstellung:**
   Willst du helfen, Hinweise geben, ermuntern, bestärken … ? „Super!" – „Ich möchte dich erinnern an …" – „Geil, die Zeichnungen." Oder kritisieren, rummäkeln, dem anderen eins auswischen, dich rächen …? „Das kann ich besser als du …" – „So ein Scheiß!"

2. **Teile dich bzw. etwas von dir mit:**
   „*Ich* fand das ganz toll, was du gemacht hast, weil …" – „*Mir* hat gefallen/nicht gefallen, weil …" – *Ich* bin jetzt schlauer als vorhin, weil …"

3. **Sage, wie dein Gegenüber bzw das, was er/sie getan hat, auf dich wirkt:**
   „Auf mich hast du ziemlich nervös gewirkt, z. B. weil du …" – „Ich hatte anfangs den Eindruck, du genierst dich." – „Du hast unheimlich souverän den Text vorgetragen."

4. **Beschreibe und schätze ein, was du wahrgenommen hast:**
   „Deine Schrift an der Tafel war sehr klein geschrieben. Ich konnte den Text deshalb nur schwer lesen." – „Du hast in zehn Minuten sieben Folien aufgelegt. Für mich war das zu viel." – „Den Text, den du vorgelesen hast, konnte ich gut verstehen." – „Deine Bemerkungen fand ich sehr witzig."

5. **Gib konkrete Mitteilungen (und keine Verallgemeinerungen)**
   „Ich konnte dir gut folgen; ich habe kapiert …; ich habe nicht verstanden …" (Statt: Man hätte noch dies und das sagen können …; eigentlich macht man hier Folgendes …)

6. **Äußere Wünsche (wenn du magst)**
   „Ich hätte mir noch mehr Folien gewünscht." – „Bitte sprich beim nächsten Mal lauter." – „Ich kam kaum mit. Bitte erkläre langsamer." – „Mir würde es was nützen, wenn du beim nächsten Mal ein Blatt mit deiner Gliederung austeilen würdest."

7. **Bringe Anerkennung/Respekt zum Ausdruck:**
   „Mich hat beeindruckt, wie du das gemacht hast." – „Wow, eine halbe Stunde Referat. Super!" –   „Ich fand das ganz schön mutig von dir, dass du deine Meinung gesagt hast." – Oder auch nonverbal: Auf die Bank klopfen … u. Ä.

8. **Frage nach, wie dein FB angekommen ist**
   „Wie fandest du meine Rückmeldung?" – Hat dich gekränkt, was ich gesagt habe?" – „Fühltest du dich angegriffen?" – „Was war brauchbar für dich?" – „Hat dich gefreut, dass …?"

▸▸ **Was ich über dich sage, sagt mehr über mich selbst aus, als über dich!**

93. „Nun zu den Hausaufgaben"

Sie sind ein heikles Thema, schon zu Zeiten, als wir selbst noch Schüler waren – und später als LehrerIn, häufig von Konflikten besetzt in Klassenzimmer und Elternhaus. Es gibt Argumente dafür und dagegen (siehe Kohler, 2001, S. 159):

Pro-Argumente	Kontra-Argumente
– In einer Halbtagsschule ist zusätzliches nachmittägliches Arbeiten erforderlich.	– Ein Schulvormittag genügt zum Lernen, sonst bleibt zu wenig Zeit für Entlastung und Spiel.
– häusliche Vorbereitung: individuelles Lernen ist besser möglich.	– Es ist bis heute nicht geklärt, ob Hausaufgaben überhaupt zur Leistungssteigerung beitragen.
– individuelles Lerntempo und eigenständige Zeitorganisation	– Überforderung der leistungsschwachen, Unterforderung der leistungsstarken SchülerInnen
– Lernchance: Pflichten erfüllen und Verantwortung übernehmen	– Benachteiligung der Kinder, die wenig elterliche Unterstützung bekommen
– Eltern haben Einblick in die Arbeit ihrer Kinder.	– Hausaufgaben sind in Familien Konfliktherd und Streitpotenzial.
– sinnvolle Beschäftigung anstelle von zu viel Fernsehen/Computerspiele …	– Bei Alleinerziehenden können Hausaufgaben zu Schwierigkeiten führen.
– Hausaufgaben, die Partner- oder Gruppenarbeit erfordern, ermöglichen Sozialerfahrung.	– Wer Hausaufgaben. nicht anfertigt, läuft Gefahr abzuschreiben, Ausreden zu erfinden oder zu lügen.
– Kinder machen Hausaufgaben. gern, zeigen sie stolz den Eltern, freuen sich am Erfolg.	– Hausaufgaben belasten auch das Verhältnis Lehrer/Schüler und führen zu Konflikten in der Schule.

Wie man es drehen und wenden mag: Für jedes Für gibt es ein Wider; d. h. die Entscheidung fällen Sie als Lehrerin/Lehrer: situativ, sachlich und didaktisch begründet, ein generelles oder temporäres Ja bzw. Nein. Wenn Sie sich jedoch für Hausaufgaben entschieden haben, dann beachten Sie bitte diese vier Bereiche:

Hausaufgaben

sachliche Notwendigkeit
(Zeitgründe, andere Lernorte,
außerschulische Möglichkeiten)

didaktische Begründung   **methodische Begründung**
(Weiterführung, Vertiefung, Übung, Ergänzung)   (Arbeit außerhalb der Schule notwendig, weil …)

Bedeutung für die Schüler
(Interesse, Lernalternativen, Lebensnähe)

Aufgaben außerhalb der Schule müssen nicht immer „Haus"-Aufgaben sein (Lesen, Rechnen, Schreiben, Auswendiglernen), sondern können auch „außerhäusige" Tätigkeiten sein wie Museums-, Bibliotheks-, Werkstätten-, Theaterbesuche; Aktionen, Interviews:

Vor kurzem sprechen mich in der Fußgängerzone zwei Mädchen an, mit Cassettenrecorder und Mikrophon in der Hand, und bitten mich zu einem Interview. Nach kurzer Vorstellung die erste Frage an mich: Was halten Sie von einem sozialen Pflichtjahr? –

Sie kichern etwas, werden im Gespräch mit mir sicherer, trauen sich weiterzufragen ... Ich bin beeindruckt von ihnen, wie ernst sie bei der Sache (und Person) sind ...

▶ Hausaufgaben sogar als Förderung der Persönlichkeitsentwicklung

Hausaufgaben *geben* setzt voraus, dass SchülerInnen Hausaufgaben *machen* können:

> ➠ **Je mehr die SchülerInnen gelernt haben, selbstständig zu arbeiten und methodisch versiert zu sein, desto vielfältiger können auch die Hausaufgaben gestellt werden.**

Problematisches

1. Ist das Thema, die Arbeit, die Aufgabe für den Schüler interessant, hat er einen Bezug dazu, findet er Sinn, dann sind Aufgaben außerhalb der Schule für ihn eine Weiterführung der Arbeit in der Schule.

2. Ist das Thema uninteressant, ohne Bezug zu den SchülerInnen, dann sind Hausaufgaben lästig, eine Pflichterfüllung – und eine Tätigkeit, die sie nur deswegen ausführen, weil sie müssen und weil sie keinen Ärger mit den Eltern und Lehrern bekommen wollen. (Was sagt ihr Hirn zum Lernen durch Zwang?)

   > ... sich die Haare raufen, lustlos am Füller nagen, Süßigkeiten in sich hineinstopfen, schimpfen, um Hilfe rufen ... – alles Begleiterscheinungen beim Erledigen der Hausaufgaben. Das sagt ein vernünftiges Hirn: Mit mir nicht; lass es lieber bleiben. In mein Langzeitgedächtnis gelangt auf diese Weise sowieso nichts!

3. Realistisch betrachtet: Die Ablenkung außerhalb der Schule (Möglichkeiten in der Stadt, Internet, Chatten, Videospiele, Fernsehen, Freizeitangebote, Sport ...) sind – im Gegensatz zu früher – immens groß. Es muss schon sehr viel Interessantes vorliegen, wenn Kinder/Jugendliche diesen Freizeitverlockungen widerstehen können und Hausaufgaben machen

4. Und schließlich: Kontrollieren Sie sich selbst: Gehören Sie zu denen, die gestellte Aufgaben freudig, rasch, pflichtbewusst erfüllen oder die sie hinauszögern, sträflich vernachlässigen oder gar vergessen?

   > Ein klagender Schulleiter im Gespräch mit mir: Wenn ich meine Kolleginnen und Kollegen bitte, bis zum Termin X Aufgaben Y zu erledigen, dann weiß ich, dass etwa ein Viertel sie nicht erledigen – und die Ausreden ähneln denen ihrer Schüler..

Und eine Empfehlung für die SchülerInnen:

Wenn du Hausaufgaben machst, dann mache Hausaufgaben, so gut du kannst.
Wenn du Freizeit hast, dann freue dich und genieße sie.
Wenn du aber während der Hausaufgabenerledigung an die Freizeit und während der Freizeit an die Hausaufgaben denkst – dann hast du von beiden nichts. Also entscheide dich!

> ➠ **Und vielleicht löst sich das leidige Hausaufgabenproblem von selbst: durch die Einführung der Ganztagsschulen.**

94. Benotung: „Pi mal Daumen" oder Chancengleichheit

Sie erinnern sich? Der Lehrer mit seinem Notenbuch in der Hand: Abfragen zu Beginn des Unterrichts („Miller, gut gelernt, Zwei plus." – oder: „Setzen, gerade noch Vier!") Die vielen Tests und Klassenarbeiten, die vielen Noten, mit oder ohne Bemerkungen … und die häuslichen Folgeerscheinungen, von Lobesbezeugungen über Strafexekutionen bis hin zu juristischen Auseinandersetzungen zwischen Elternhaus und Schule.

Sensibilisierung für die Benotungspraxis
1. Was ist messbar und demzufolge entsprechend benotbar?
2. Was ist einschätzbar und demzufolge subjektiv bewertbar?
3. Was ist interpretierbar und relativiert damit Benotungen?
4. Was sind „objektive Kriterien" und was sind „subjektive Annahmen"?

Das größte Manko bisheriger Benotungen besteht darin, dass die unterschiedlichen Lern- und Leistungs*voraussetzungen* der Kinder und Jugendlichen einer Klasse viel zu wenig berücksichtigt werden und die Ungerechtigkeit besteht darin, dass die Notengebung *Vergleichsbewertungen* sind. Die Karikatur von Marie Marx ist zwar sattsam bekannt, hat aber kaum Konsequenzen zur Benotungsveränderung gezeigt:

> Ein Lehrer sitzt vor seinen Schülern, die Tiere darstellen: Pinguin, Elefant, Vogel, Katze, Wurm, Affe … und sagt: Zum Ziele einer gerechten Auslese lautet die Prüfungsaufgabe für Sie alle gleich: Klettern Sie auf den Baum!"

Es geht nicht um die Abschaffung von Beurteilung/Bewertung, Benotung, sondern um das Bewusstsein, dass Beurteilungshandeln *subjektiv* ist *(siehe auch Nr. 37: Über Beurteilungen und Beurteiler, S. 92/93):*

> ‣ **„Alle Beurteilung sagt immer mehr über den Beurteiler aus als über den Beurteilten. Jede Beurteilung ist Selbstbiografie."** Sprenger, 2000, S. 212 f.

Wenn mehrere Personen dasselbe wahrnehmen, einschätzen und gleich beurteilen, dann entsteht keine Objektivität, sondern „verdichtete Subjektivität". Wir sind als Beobachtende und Beurteilende an unsere Persönlichkeitsstruktur, an unsere Art der Wahrnehmung und an unsere Erfahrungen gebunden und konstruieren – als Subjekte – unsere Wirklichkeit deshalb auch unterschiedlich:

> ‣ **„Objektivität ist die Wahnvorstellung eines Subjekts, es könne beobachten ohne sich selbst."**

Um diese Subjektivität zu verdeutlichen, um sich nicht dem Vorwurf der Beliebigkeit auszusetzen und um die Notengebung plausibel zu machen, ist es sinnvoll, die Entscheidung auf mehrere „Säulen" zu stellen:

- ▸ auf Grund bestimmter Kriterien und alleiniger Beobachtung *und*
- ▸ nach Einholung von Informationen bei anderen Personen *und*
- ▸ nach ausführlicher Diskussion mit anderen zusammen *und*
- ▸ nach einem Dialog mit bzw. nach einer Anhörung des Schülers, der Schülerin

Achtsamkeit, Vorsicht und Bescheidenheit seitens der Beurteilenden sind angebracht angesichts der Tatsache, wie sehr über diesselben Vorgänge unterschiedliche Urteile gefällt werden:

– Es ist zur Genüge bekannt, dass bspw. Aufsätze eines Schülers von einer Reihe von Lehrern mit einem Unterschied von zwei bis drei Noten bewertet werden – sogar unter vorheriger Angaben der Benotungskriterien!
– SchülerInnen kommen klagend nach Hause: „Voriges Jahr hatte ich nur Zweien beim Lehrer X; in diesem Jahr bin ich beim Lehrer Y um zwei Noten abgesackt. Das kann doch nicht nur an mir liegen!"

Gerade wegen der großen Spannbreite der Benotungsmöglichkeiten sind deshalb auch viele verschiedene Überprüfungsformen nötig: mündliche Beiträge, Interviews, Klassenarbeiten, Tests, praktische Arbeiten, Team-/Gruppenarbeit, Verhaltensbeobachtungen, Fragebögen – und dazu: Selbsteinschätzung der SchülerInnen (*siehe auch Nr. 29: Feedback-Kultur, S. 76/77. Näheres dazu in Weinert, 2001*).

Ein Beispiel, wie Schüler „notenfixiert" sind, bzw. dazu gemacht werden:
Lehr-/Lernvereinbarung: Schüler/in:_____ Lernberater:_____
Ziel: Mein Ziel ist es, im ersten Halbjahr der Klasse 10 im Fach Geschichte die Note 2 zu erhalten. Dafür werde ich folgenden Einsatz bringen …
▶ Es steht also die *Note* im Vordergrund – und nicht die Leistung!)

Alternativen zur „Benotungsbelohnung": Freude am Tun und am Erfolg, Nutzbarkeit des Produkts, Stärkung des Selbstbewusstseins (= „Was ich alles kann."), Beachtung anderer durch positive Rückmeldung (…), Bestätigung, Ermutigung.

Wie die Ziffernnotenpraxis sogar bis ins Privatleben hinein wirksam sein kann:
Ich machte mich vor einiger Zeit daran, meiner Frau Ziffernnoten zu geben. Früher hatte ich sie in höchsten Tönen beim Mittagessen etwa in dieser Weise gelobt: „Das hast du heute aber wieder liebevoll zubereitet" und/oder „Die Gewürze sind fein aufeinander abgestimmt." Und/oder: „Das war aber reichlich und ich bin sogar satt geworden." Heute sage ich ihr knapp und bündig: „Für das heutige Essen bekommst du eine 1." Natürlich habe ich weitere Beurteilungsfelder gefunden, z. B. die liebevolle Zuwendung, den sparsamen Umgang mit dem ihr zugeteilten Haushaltsgeld und die Erziehung unserer Kinder (alles „Hauptfächer"); dann das Staubsaugen und -wischen, die Blumenpflege und das Silberputzen (alles „Nebenfächer"). Um nicht Gefahr zu laufen, meine Frau wegen meiner ihr gegenüber bestehenden Liebe und Zuneigung zu milde zu beurteilen, habe ich meine Beurteilungskriterien objektiviert. Ich tat es, indem ich zum Vergleich die Leistungen der Frauen aus der Nachbarschaft und die meiner Mutter heranzog. Zwischen dieser und meiner Frau ist es deshalb seit einiger Zeit zu mir nicht ganz verständlichen Spannungen gekommen.
Morgen bekommt meine Frau ihr Zeugnis. Ihre Durchschnittsnote ist 2, so dass von diesem hohen Leistungsstand her für sie nicht die Gefahr besteht, dass sie mein Haus verlassen muss.
Im Prinzip bin ich strikt dagegen; aber wenn meine Frau – nur so zum Spaß – mich auch beurteilen dürfte, bekäme ich als Ehemann bestimmt eine 1 – meinen Sie das nicht auch?
(Aus: „Humane Schule", Mai 1989, S. 23)

95. Wetten, dass ...?

Einleitung:

Ich behaupte, dass SchülerInnen wesentlich wirksamer lernen könnten, wenn sie

- ▸ besser als bisher wüssten, wie man überhaupt gut lernt (= Das Lernen lernen!)
- ▸ mehr Möglichkeiten bekämen, ihr Wissen in das Langzeitgedächtnis zu bringen (= Zeit für methodenreiches Wiederholen, Vermeidung von Interferenzen!)
- ▸ wesentlich stärker als bisher selbst Akteure ihres Lernen sein dürften (= weniger Lehranteile, mehr *Lern*anteile im Unterricht)

Hauptteil:

- **a.** Denken Sie an ein Fach und an eine bestimmte Klasse, in der Sie unterrichten.
- **b.** Erstellen Sie für diese Klasse einen Test, in dem Sie die 10 wichtigsten Inhalte des vergangenen Schuljahres thematisieren:
  - ▸ nur Schwerpunkte, keine Einzel- und Besonderheiten er-/abfragen
  - ▸ Stoff von den Monaten September (Schulbeginn) bis ca. Juni/Juli (Schulende)
  - ▸ keine Vorankündigung; Arbeitszeit etwa 20–40 Minuten (je nach Klassenstufe)

Schluss:

- **a.** Raten Sie im Voraus: Wie viel Prozent des Stoffes/an Wissen wird wohl von den SchülerInnen behalten werden? Wie wird der Test ausfallen? (Benotung)
- **b.** Vergleichen Sie Ihre Vermutungen dann mit dem tatsächlichen Resultat.
  - **1.** P. S.: Ich habe viele Lehrerinnen und Lehrer nach ihren Vermutungen und Erfahrungen befragt. Die Antworten: von unter zehn Prozent bis (in ganz wenigen Fällen) maximal 40 Prozent (je nach Schulart).
  - **2.** P. S.: Bei 100 % Input – nur sooo wenig Output? Da stimmt doch etwas nicht!
- ▸ Wetten, dass sich der Output wesentlich erhöhen lässt, wenn ... (siehe oben)

Optimierung des Lernens

Dazu ist ein Blick auf die Mängel notwendig. (Beim Auto: Wo sind die offenen und versteckten Roststellen?):

1. Die Ziele und Inhalte entspringen nicht immer der Erlebnis- und Erfahrungswelt der Kinder und Jugendlichen. Die Kluft zwischen der Lernwelt der Schule und der Lebenswelt der SchülerInnen klafft inzwischen weit auseinander.

> Ein Junge (3. Klasse GS), in äußerst schwierigen Familienverhältnissen lebend, wird am Ende einer Unterrichtseinheit von der Lehrerin gefragt, wie viele Beine denn die Heuschrecke habe. Der Junge überlegt, grübelt, stottert und sagt plötzlich zu ihr: „Frau X., Ihre Probleme möchte ich haben."

2. Lehren und Lernen sind oft unwirksam.

Beispiel I: bundesdeutscher Normalunterricht

- ▸ *eine* Lehrkraft für 25–30 verschieden Lernende
- ▸ *ein* Thema für 25–30 unterschiedlich Interessierte
- ▸ *ein* Ziel für 25–30 in verschiedene Richtung Gehende
- ▸ *eine* Methode für 25–30 verschiedene Lerntypen
- ▸ *ein* Lerntempo für 25–30 Schnelle und Langsame zugleich
- ▸ *ein* Lernprozess für 25–30 „Lernwelten" ...

▸ „didaktische Monokultur" und Vereinheitlichung: die Besten werden „zurechtgestutzt", die Schlechten „gezogen", zurück bleibt Mittelmaß!

Beispiel II: Frontalunterricht; (Unterrichtsbeobachtung Gymnasium, 11. Klasse, Geschichte): 32 Minuten Lehrerinformationen und Lehrerfragen (125 an der Zahl), 82 Schülerantworten, 4 Minuten Stillarbeit (lesen); Lehrersprechzeit 26 Minuten, Sprechzeit pro Schüler: 20 Sekunden; keine Schülerfragen, kein Eingehen auf Ansichten und Meinungen, keine Interaktionen der SchülerInnen untereinander …

▶ der Lehrer als Informationsquelle/Abfrager, die Schüler als Antwortgeber

Beispiel III: Aktionismus (Unterrichtsbeobachtung 6. Klasse, Biologieunterricht): Alle drei Minuten Aktionswechsel; häufige Lehrerimpulse: „Passt genau auf … schaut mal näher hin … auf, auf, hopp, hopp …; komm, nicht so langsam …" (fast nur Appelle!)

▶ der Lehrer als Informator, Antreiber und Pauker, die SchülerInnen als Befehlsempfänger und Lern-Marionetten

3. „Stunden"-Pläne verhindern häufig sinnvolles Lernen *(siehe auch Nr. 79: Von Stunden-Plänen zu Lern-Plänen, S. 180/181)*

Beispiel IV: Mittelstufe Gymnasium, einstündiger Physikunterricht (Donnerstag!):

1. Mai: Feiertag
8. Mai: Unterricht
15. Mai: Schullandheimaufenthalt
22. Mai. Unterricht
29. Mai: Christi Himmelfahrt (Feiertag)
5. Juni: Pfingstferien
12. Juni: Pfingstferien
19. Juni: Fronleichnam (Feiertag)
26. Mai: Unterricht
3. Juli: Prüfung
10. Juli: Unterricht
17. Juli: Sportfest
sechseinhalb Wochen Ferien
11. Sept.: Lehrer erkrankt
18. Sept. Unterricht

▶ in viereinhalb Monaten 5 x 45 Minuten Physik-Unterricht!

4. Ungünstige Rahmenbedingungen sind ebenfalls ein Anlass für Unbehagen und Uneffektivität: Schulhäuser, von außen aussehend wie Kasernen; innen kahle Gänge und Wände; keine Lernnischen und Ausweichmöglichkeiten für Gruppenarbeit; Räume ohne Ausgestaltung, lediglich Tische (zu niedrig), Stühle (unbequem und zu klein); Lehrerzimmer: oft eine Zumutung für die Lehrkräfte (mehr Platz für Regale und Bücher als für Personen!); Schulhöfe, erinnernd an Gefängnishöfe; zu große Klassen (schon 30 Kinder in einer ersten Klasse!); Lehr- und Lernzeiten in einen Vormittag gepresst (Schulbeginn und Ende eine Zumutung für SchülerInnen wie LehrerInnen); überfüllte Busse („auf dem *Weg* zur Schule!"); keine Aufenthaltsräume …

Die „Sitzgesellschaft" (von der morgendlichen Auto-/Zugfahrt über den Sitzplatz am PC bis zum stundenlangen Fernsehen) hat ihr Abbild in der Schule. Kinder und Jugendliche: (Fast) nur sitzen, zuhören, hinschauen, (ab-)schreiben, (auch die Hausaufgaben bestehen fast nur aus Schreiben/Lesen); kaum sich bewegen, berühren, schmecken, riechen … Bei dieser Sinnenverkümmerung verkümmert auch das gesamte Lernen!

96. Fortbildung als Pflicht und Kür

Die heutige Zeit ist vor allem gekennzeichnet durch die Beschleunigung von Veränderungen. Dies hat zur Folge, dass das in der Ausbildung gewonnene Wissen und die einmal erlangten Kompetenzen nicht mehr ausreichen, den Beruf auf Dauer qualifiziert auszuüben: Fortbildung als Notwendigkeit. In den Klassenzimmern sitzen keine „Einheitstypen", sondern höchst unterschiedliche LernerInnen, die ein Recht auf ihnen gemäße, differenzierte Lehr- und Lernmethoden haben – und damit auf LehrerInnen, die sachlich und fachlich auf dem Laufenden sind: *Fortbildung als Verpflichtung.*

Für LehrerInnen heißt dies: Über die Verpflichtung hinaus hat Fortbildung nur Sinn und wird akzeptiert, wenn sie gut ist, wenn sie „etwas bringt" und wenn sich der Aufwand lohnt: *Fortbildung als Gewinn, Lust und Kür.*

    ▸▸ **Wissen ist Macht, Können gibt Sicherheit.**

Für die Fortbildung gibt es, im schulischen Rahmen,

1. **die schulexterne, überregionale Fortbildung,** meist in Form von Lehrgängen und Kursen (stark fachorientiert);
2. **die regionale Fortbildung** in Form von Tages- oder Nachmittagsveranstaltungen
3. **die schulinterne Fortbildung:**
   - ▸ Pädagogische Konferenzen: Erörterung pädagogischer Fragen und Probleme, Gesprächsrunden in Gruppen und Plenum
   - ▸ Pädagogische Tage: ein- oder zweitägige Veranstaltungen eines ganzen Kollegiums zu pädagogischen Themen nach Wahl
   - ▸ Intervallseminare: eine Reihe von Pädagogischen Konferenzen oder Pädagogischen Tagen mit einer bestimmten Themenfolge
   - ▸ Fachkonferenzen: Arbeit fachspezifischer Gruppen eines Kollegiums
   - ▸ Trainingsgruppen: Darstellung, Reflexion und Änderung von Verhaltensweisen mittels verschiedener Trainingsangebote
   - ▸ Supervision: Darstellung, Reflexion und Klärung ausgewählter Ausschnitte der beruflichen Arbeit
   - ▸ Schulerkundung: Recherchen und Befragungen innerhalb einer Schule unter bestimmten Aspekten
   - ▸ Exkursion: „Blick über den Zaun" und Erleben anderer Schulwirklichkeiten
   - ▸ Unterrichtshospitation: Beobachtung, Reflexion, Auswertung und Einschätzung von Unterricht durch eine oder mehrere KollegInnen (ausführlich siehe S. 216/217)

    ▸▸ **Der Lehrer nicht nur als Lehrender, sondern auch als Lernender!**

Um ein angstfreies Lernklima zu erreichen und um mögliche Bedenken und Widerstände hinsichtlich der Fortbildung zu minimieren, sind folgende Einstellungen/Verhaltensweisen förderlich:

- ▸ die unterschiedlichen Lernvoraussetzungen und Fähigkeiten der Beteiligten akzeptieren
- ▸ Lernen als Entwicklung und Prozess sehen, der Irrtum und Fehler einschließt
- ▸ präzise beobachten und klare Rückmeldungen geben (Feedback*kultur*!)
- ▸ konstruktiv miteinander arbeiten und Vielfalt zulassen

Am Beispiel der Fortbildung im Computerbereich zeigt sich derzeit am deutlichsten, wie Lehrerinnen und Lehrer zu ihrem eigenen Lernen und zu Fortbildungsmaßnahmen stehen. Ich nehme eine ganze Palette von Reaktionen wahr (und vergleiche sie mit den SchülerInnen):

Reaktionen von LehrerInnen

Gruppe A: Die grundsätzlich Interessierten und technisch „Begabten" sind gleich Feuer und Flamme.

Gruppe B: Sie lassen sich Zeit, warten erst mal ab und beginnen dann zu lernen.

Gruppe C: Erst nach längerem Zaudern und mehrmaliger Einladung beginnen sie mit der Fortbildung.

Gruppe D: Abwehr, Ablehnung, Verweigerung – mit echten und „unechten" Begründungen.

Vergleiche mit SchülerInnen

A: Wie froh sind wir über die „grundsätzlich Interessierten" und lernwilligen SchülerInnen.

B: Gott sei Dank, dass ein Großteil der anderen nun endlich auch mitmacht.

C: Immer wieder das lästige Mahnen, die Aufforderungen zum Mitmachen.

D: Wohin mit den Desinteressierten und Renitenten?

Fünf Empfehlungen zur Erweiterung der Kompetenzen durch Fortbildung

1. Holen Sie Fortbildungsexperten von außen in Ihre Schule! (u. a. auch Eltern!)
2. Ermuntern Sie Ihre KollegInnen, als Experten in der Schule ihr Wissen und ihre Erfahrungen einzubringen! (eigene „Bordmittel")
3. Bitten Sie Ihre KollegInnen, nach schulexternen Fortbildungen ihre Erkenntnisse dem Kollegium bzw. den Fachgruppen zu vermitteln, bzw. zur Verfügung zu stellen
4. Ermöglichen Sie es, dass in der Schule immer mehr Gruppen für Unterrichtshospitationen entstehen (Näheres siehe Nr. 97, S. 216/217)
    ▶ KollegInnen treffen sich – nach Absprache und entsprechender Organisation – um gegenseitig im Unterricht zu hospitieren.
    ▶ Sie beobachten das Unterrrichtsgeschehen unter bestimmten, vorher vereinbarten Kriterien.
    ▶ Sie besprechen und reflektieren nach dem Unterricht gemeinsam ihre Beobachtungen und geben sich Hilfen für Änderungsmaßnahmen
5. Seien Sie selbst sowohl Fortbildungsexperte als auch Fortbildungsbeispiel!

(M)ein Schlusswort zum Thema Fortbildung

Personen kommen durch Selbstwahrnehmung, durch Fremdbeobachtung, Feedback und Empfehlungen anderer Menschen zur Einsicht, dass sie für ihre persönliche Entwicklung und für die Ausübung ihres Berufes bestimmte Lernangebote brauchen, und dass dies in Form von Fortbildung geschehen kann.

Sie ist kein Mittel, um Menschen von außen zu verändern, sondern sie ist Hilfe zur Selbstentfaltung auf dem Boden von Vorhandenem. Die Lernenden gewinnen durch ihre Fortbildungstätigkeiten zusätzliches Wissen, neue Erkenntnisse und erfahren eine Erweiterung ihrer Kompetenzen. Drei Fragen begleiten sie dabei in ihrem Lernprozess:

    ▶ Was kann ich bereits? (Diagnose)
    ▶ Was möchte ich dazulernen? (Zielbestimmung)
    ▶ Was kommt für mich nicht infrage? (Begrenzung)
    Und hinterher: Was habe ich gelernt? (Evaluation)

97. Stiefkind Unterrichtshospitation

Die gegenseitigen Unterrichtsbesuche haben ihren Ursprung in der Lehrer*aus*bildung, in der unter Leitung von Fachprofessoren der Unterricht gemeinsam von einer Studierendengruppe beobachtet, analysiert und aus deren Ergebnissen didaktische und methodische Konsequenzen gezogen werden.

▶ Leider hat sich die Unterrichtshospitation in der Lehrer*fortbildung* kaum fortgesetzt, geschweige denn etabliert. Die Gründe dafür sind

    a. auf der Sachebene: Zeitmangel, Organisationsschwierigkeiten, Fach …

    b. auf der Beziehungsebene: Bedenken, Scheu, Ängste („Man" will sich – als Einzelkämpfer – nicht in die Karten schauen lassen.)

Realisierung
Ziel:

Die Verbesserung des unterrichtlichen Handelns durch bewusste Wahrnehmung, präzise Beschreibung, vertiefte Reflexion und Auswertung des Unterrichtsgeschehens – auf *Grund des Feedbacks der anwesenden Personen.*

Inhalt:

Im Mittelpunkt steht jede unterrichtliche Tätigkeit von LehrerInnen, von einer Einzelstunde über Lehrer-Team-Unterricht bis hin zu fächerübergreifenden Projekten.

Umsetzung:

Sie vollzieht sich in drei Phasen:

a) Die Vorbereitungsphase: Die Gruppe einigt sich auf die lehrende Person, auf Ort, Stunde, Fach/Projekt … Im gesamten Prozess von Beobachtung bis Auswertung ist ein förderliches Lernklima, basierend auf Vertrauen, Offenheit und gegenseitiger Achtung, besonders wichtig. Es geht nicht um Fehlersuche, sondern darum, die Beobachtungen auszutauschen und Entwicklungsmöglichkeiten auszuloten. Es ist müßig, über einen „objektiv guten Unterricht" zu streiten; zu vielfältig sind die Ansichten, Parameter und didaktichen Kriterien.

Vielmehr ist es sinnvoll, jedem Unterrichtenden (s)eine „subjektive Didaktik" zuzugestehen, die entsprechenden didaktisch-methodischen Schritte nach ihrer Wirksamkeit zu beleuchten und zu sehen, ob und wie die Gestaltung des Unterrichts gelungen ist. Dies setzt die Suche nach *didaktischen Gemeinsamkeiten* voraus, die durch Vereinbarungen zustande kommen. Ferner wird im Vorfeld entschieden, worauf sich der Blick richten soll, z. B. auf die Lehrperson, auf die Lehrer-Schüler-Interaktion, auf die Vermittlung des Stoffes/die Sache oder auf die Unterrichtsorganisation: Je präziser die Beobachtungsaufgaben gestellt werden (weniger ist mehr!), desto genauer und wirksamer gelingen Beobachtung und Auswertung.

b) Die Durchführungsphase: Die Unterrichtsbeobachtungen werden beschreibend und nicht bewertend notiert: Statt „Es ist ziemlich viel Chaos in der Klasse." konkret: „Einige hören zu; zwei reden miteinander, einer verlässt den Raum, zwei lesen in einem Buch …" Ergänzend können bereits Vermutungen, Wirkungen, Zusammenhänge, Interpretationen … notiert werden, z. B.: Lehrer macht einen ruhigen Eindruck, weil … Die Schüler wirken desinteressiert, denn sie … Ich empfinde … – Es ist also zu unterscheiden zwischen subjektiver Wahrnehmung des Beobachters, Wirkung auf ihn und seine Interpretation.

c) **Die Auswertungsphase:** Ein Vorgehen in fünf Schritten hat sich als hilfreich erwiesen: In einem ersten Schritt äußert sich die Lehrkraft über ihren Unterricht (Eindrücke, Begründungen, Änderungsvorhaben) und bekommt Rückmeldungen der beobachtenden Personen: „Ich habe notiert ... mir fiel auf ... " In einem zweiten Schritt werden die Ausführungen aller reflektiert und auf dem Hintergrund der didaktischen Vereinbarungen, Ziele und Absichten eingeschätzt. In einem dritten Schritt überprüft die beobachtete Person alle Aussagen und zieht Schlüsse im Sinne einer Selbstbewertung (Lerngewinn, Erkenntnisse, Veränderungsabsichten). Im vierten Schritt teilen alle Gruppenmitglieder ihre Schlussfolgerungen mit und probieren – vor allem in Form von nachgespielten Unterrichtssequenzen – Alternativen aus. Im fünften Schritt begeben sich alle Teilnehmenden auf die Ebene der Metakommunikation und beleuchten ihre gemeinsame Auswertungsarbeit.

Einschätzung und Wirkung

Die LehrerInnen erleben sich nicht als Einzelkämpfer, sondern als lernende Gruppe, die durch den *gemeinsamen* Blick auf die Sache „Unterricht" dadurch auch ihre Beziehungen zueinander fördern. Es erhöht sich die Wahrnehmungsfähigkeit, was sich wiederum auf die Selbstwahrnehmung im eigenen Unterricht positiv auswirkt. Die vielfältigen Rückmeldungen der Beobachtenden verhelfen zum Perspektivenwechsel und zu Einsichten und erleichtern Veränderungen von eingeschliffenen Verhaltensweisen. Es entsteht ein Klima des Vertrauens und der Solidarität und anstelle von Konkurrenz Kooperation.

> „Anfangs erlebte ich die Unterrichtshospitation als Prüfungssituation; im Laufe der Zeit wurde ich immer lockerer und empfand die Rückmeldungen meiner Kollegen als sehr hilfreich." (Lehrer, GHS)

Diese „Prüfungssituation", die für viele aus früheren Zeiten unangenehm bis traumatisch besetzt ist, wirkt hinein bis in die Gegenwart. Nicht immer reagieren LehrerInnen so wie oben geschildert. Zudem sind sie es gewohnt, auf der „Korrigiererseite" zu stehen. Sie erleben die Rückmeldungen von KollegInnen als Korrigiertwerden und dies verursacht ihnen Probleme. Deshalb geschieht die eigentliche Veränderung im Kopf: Die Unterrichtshospitation als Unterstützung und Hilfe zu sehen, und zwar durch kritische *Freunde* und nicht durch Kritikaster!

> Ich leite seit über 30 Jahren Gruppen aller Art. Bereits während meiner Ausbildung sagten meine Trainer zu uns allen: Ihr steht vorne und leitet. Vergesst bitte nicht, auch wieder auf die „andere Seite" zu gehen, d. h., nicht nur Lehrende, sondern auch Lernende zu sein.
> Ich lerne dazu, wenn ich selbst Teilnehmer in Gruppen bin; wenn ich unterrichte und dabei beobachtet werde; wenn ich selbst beobachte und in die Rolle des Schülers schlüpfe; wenn ich nicht nur gebe, sondern auch nehme.

➧ **Die Unterrichtshospitation: eine der effektivsten Lernformen in der Lehrerfortbildung**

 6

98. Mitten im Leben: die Schule

▸▸ „Jetzt beginnt der Ernst des Lebens!"

Wer kennt ihn nicht, diesen Standardsatz aus den feierlichen Reden zum Schulabschluss. Ich habe mich immer geärgert, wenn dieser Satz fiel, weil ich nie einsah – schon als Schüler nicht – dass erst nach der Schule der Ernst des Lebens beginnen würde. Für mich war und ist Schule Lebenswirklichkeit. Und die ist ernst genug!

> 1949: Ich kam mit sechs Jahren in die Volksschule; zuhause: ein Radio mit zwei Sendern; auf dem Weg zur Schule weder Litfasssäulen noch Plakatwände; im Ort: kein Theater, kein Kino (aber sechs Kirchen und und noch mehr Gasthäuser); in der Schule eröffnete sich die Welt für mich: lesen, schreiben, rechnen, Landkarten, Schaubilder, Filme (schwarz-weiß), ausgestopfte Tiere ... Ich kann mich an keinen Tag erinnern, an dem ich nicht gern in die Schule gegangen wäre!

▸ Meine Welt: die Kleinstadt, die ich erst mit 11 Jahren verließ ...

Weltoffenheit

55 Jahre später, 2004: eine Welt mit gesellschaftlicher Vielfalt, Offenheit, Flexibilität, Multi-Mobilität, virtueller Wirklichkeit, Medienherrschaft, Globalisierung ... und mitten drin die Schule. Sie ist kein hermetisch abgeriegelter Bezirk, sondern eine Institution der und in der Gesellschaft: Kognitives, emotionales, soziales, kukturelles Lernen geschieht inner- und außerhalb der Schule, beide Lebensbereiche stehen in Wechselwirkung zu einander, durchdringen und ergänzen sich: Schulexterne sind Partner (Experten, Personen aus Wirtschaft, Industrie, Kunst, Institutionen, Vereine ...). Schulinterne sind in Kontakt mit der Bevölkerung durch Aktionen und Veranstaltungen aller Art mit Einzelnen und Gruppen (Projekte wie z. B. „Wirtschaft – Verwalten – Recht", „Arbeit und Wirtschaft", Sozialpraktika, Berufsorientierung).

> Ph. Grammes, freier Journalist und vor fünf Jahren Abiturient, schreibt: „Woran es mir liegt, ist Möglichkeiten zu finden, dass Schüler unter möglichst realitätsgetreuen Bedingungen permanent sinnvolle Produkte erstellen, in diesem Sinne unternehmerisch tätig sind ... Am Allerbesten wäre es, wenn diese Produkte dann unter realen Bedingungen bestehen müssten – eine Radiosendung würde wirklich auf Sendung gehen können, die Präsentation von der örtlichen Handelskammer abgenommen, das Modell von einem Architekten oder Künstler begutachtet ... Dass das „Unternehmen Schule" viel öfter Menschen aus anderen Berufskontexten zur Unterstützung der Lehrer heranzieht, versteht sich von selbst. (Grammes, 2004, S. 41)

Die Schule heute ist kein Ort mehr, an dem die Welt für die Kinder und Jugendlichen eröffnet wird. Zu vielfältig sind deren Erfahrungen, Wissen und Fähigkeiten, die sie *außerhalb* der Schule machen bzw. sich aneignen und in die Schule mitbringen. Deren Aufgabe ist es, mehr denn je, diese Heterogenität nicht einzuengen und in Gleichrichtung zu bringen, sondern sie aufzugreifen und zu nutzen, durch Wissen und Erfahrungen zu ergänzen, zu bündeln, zu systematisieren, zu reflektieren und zu vertiefen:

▸ Schule als ein Ort, an dem die Welt nicht eröffnet, wohl aber für die Lernenden vielfältig verfügbar gemacht wird.

Dies bedeutet für die Lehrenden:

Abschied von bisher Gewohntem (der Lehrer in *seiner* Schulstube), Offenheit, Flexibilität, Unterricht im Klassenzimmer *und* Lernen außerhalb der Schule (der Lehrer verlässt sein Revier), die Lehrerrolle vielfältig auszugestalten zwischen den Polen Wissensvermittler und Lernorganisator:

⇥ **Die größte Leistung von LehrerInnen ist es, die Heterogenität als Potenzial didaktisch für die SchülerInnen so zu nutzen, dass sie eigenständig und verantwortungsvoll ihr Leben in Gegenwart und Zukunft gestalten können.**

Drinnen und Draußen

Eine Gruppe von SchülerInnen der Laborschule Bielefeld hat – im Rahmen eines Projekts – zusammengestellt, was ihrer Meinung nach 15Jährige lernen/können sollten (PÄDAGOGIK 2003/7–8, S. 65). Die 55 Nennungen zeigen beeindruckend, wie sehr sich die Grenzen zwischen dem Lernen innerhalb und außerhalb der Schule auflösen. Bemerkenswert dabei ist, welche Gewichtung die Jugendlichen vornahmen (wobei es einige Überlappungen gab):

Bereich I: Persönlichkeit, persönliches Lernen, Selbstwert: etwa 30 Nennungen, z. B.:

▸ ein Bewusstsein von Gut und Böse, von Recht und Unrecht haben

▸ Selbstwahrnehmung: seinen Charakter beschreiben können

▸ seine Gefühle zulassen und zeigen können

▸ Bewusstsein für die eigene Körperpflege haben

▸ sich langsam von seinen Eltern lösen und selbstständig werden …

Bereich II: zwischenmenschliche Beziehungen: etwa 15 Nennungen, z. B.:

▸ ein soziales Verhalten gelernt haben: anderen helfen, Respekt zeigen, friedlich Konflikte lösen können

▸ eine Beziehung zu Natur und Umwelt hergestellt haben

▸ Menschen haben, bei denen man sich wohl und geliebt fühlt

▸ sich mit dem anderen Geschlecht auseinander gesetzt haben

▸ Toleranz und Akzeptanz erlernt haben (z. B. durch den Umgang mit anderen sozialen und gesellschaftlichen Gruppen) …

Bereich III: Wissen, Fertigkeiten: etwa 20 bis 25 Nennungen, z. B.:

▸ mindestens einmal im Ausland gewesen sein und sich in einer fremden Sprache verständigt haben

▸ im Groben seine Rechte und die Gesetzgebung seines eigenen Landes kennen

▸ eine Schulausbildung machen/haben (grundlegendes Wissen in Mathematik, einer Fremdsprache, Rechtschreibung …)

▸ sich im Haushalt auskennen und wichtige Tätigkeiten selbst ausgeführt haben

▸ Bücher gelesen haben, ein Museum besucht haben …

Ich übe mit meinen Schülern „faires Verhalten" und bekomme von einem Vater einen Brief mit der Aufforderung, dies zu unterlassen, weil es „draußen ganz anders zuginge" und ich die Schüler darauf vorbereiten müsse … Ich habe trotzdem weitergemacht und die SchülerInnen auf das „ganz Andere" vorbereitet!

▸ Wer verändert wen?

 9 /28

99. Grenzen der Schule

Das Grundproblem

SchülerInnen etwas beibringen/vermitteln, von dem man selbst überzeugt ist und für wichtig erachtet – und diese wollen einfach nicht …

Immer wieder die aufreibenden, nervtötenden Fragen, vor dem Einschlafen, während der Fahrt zur Schule, im Unterricht: Was mache ich als LehrerIn, damit die SchülerInnen

- ▸ überhaupt „aufwachen", interessiert sind, mitmachen,
- ▸ von einer Sache beeindruckt, begeistert sind (so wie ich),
- ▸ ihre Hausaufgaben machen und gute Leistungen erbringen,
- ▸ das Klassenziel erreichen …

Also immer von den Schülern etwas wollen, was diese wollen sollen – aber nicht wirklich wollen. Auf der einen Seite: Schule als *gesellschaftliche* Institution mit dem Auftrag, für Erziehung (in Kooperation mit den Eltern) und Bildung zu sorgen. Die Ziele: Selbstständigkeit der Kinder und Jugendlichen und Erfüllung der gesellschaftlichen Ansprüche (Generationenvertrag!) Die Erwachsenen bestimmen, was die Schülerinnen und Schüler zu lernen haben.

Auf der anderen Seite: Die Kinder und Jugendlichen mit ihren eigenen Ideen, Vorstellungen, Wünschen, Möglichkeiten und Grenzen … Kompatibilität oder (unüberbrückbare?) Kluft von Sollen und Wollen? In günstigen Fällen gibt es gemeinsame Interessen und Übereinstimmungen und dadurch erfolgreiches Lehren und Lernen; im schlimmsten Fall gibt es Desinteresse und Null-Motivation, Renitenz und Widerstand seitens der SchülerInnen, die dann auf verschiedene Weise den „Kampfplatz" verlassen. LehrerInnen wiederum resignieren, weil sie keine Kraft mehr haben, aus dem Sollen bei den SchülerInnen ein Wollen zu produzieren (= zu erbitten, zu erzwingen, zu erpressen …).

Ruth Cohn, selbst einmal Lehrerin, spricht klare Worte zu einem lernunwilligen Schüler:

1. Du musst dir überlegen, ob du lernen willst oder nicht. Ich kann dich nicht zwingen. Ich kann nicht für dich lernen. Das musst du selbst tun. Ich kann nur lehren.
2. Ich freue mich, wenn du mir hilfst, gut zu lehren. Das kann ich am besten, wenn du mir sagst, wie du selbst am leichtesten lernst.
3. Wenn du also lernen willst, so kann ich dir dabei helfen. Wenn du aber nicht lernen willst, dann sag mir bitte, warum nicht – und ob du es wirklich ernst damit meinst.
4. Und wenn du nun wirklich nicht lernen willst, und das auch wirklich so meinst – und ich dir wirklich nicht helfen kann – dann kann ich dir auch nichts bieten.
5. Aber dann möchte ich dich wirklich ehrlich bitten, mich – uns, die Klasse – nicht weiter zu stören, sondern in Ruhe zu lassen.

> Schüler zu Lehrer: Ich will Zuhälter werden und schicke Autos fahren – was soll ich mit Englisch. Fuck you versteht jeder.

▸ Nicht lernen wollen zwischen Momentanfrust und Lebenslust!?

> Ein Junge wird von der Mutter zum Psychologen gebracht mit der Bitte, ihn zum Lernen zu bewegen, denn er weigert sich beharrlich, schreiben zu lernen – obwohl er völlig normal lesen kann. Im Gespräch mit Mutter und Kind erfährt er Folgendes: Der Vater ist arbeitslos – und die Mutter muss jede Menge Formulare für ihren Mann ausfüllen. Unter der Last der für sie schweren Aufgabe sagt sie wiederholt zu dem Jungen: Warte nur, wenn du schreiben kannst, dann machst du das alles!

▶ Der Junge merkte sich: Nur nicht schreiben lernen, denn das ist harte Arbeit! (Siehe auch Miller, 2004)

Reintegration

SchülerInnen verweigern auch das Lernen, indem sie flüchten, schwänzen. Für die Schule geht es dann darum, SchülerInnen Wege zu ebnen und sie wieder in die Schule zu führen, auch wenn dies unbequem und mühevoll ist. Angemessene Maßnahmen können dabei sein:

- Nürnberger Modell: Polizei als Kontrolleure und „Zubringer" in die Schule wegen Pflichtverletzung; diesem ersten Schritt müssen dann unbedingt weitere *pädagogische* Schritte in der Schule erfolgen;
- Arizona-Modell: individuelle Betreuung in der Schule durch pädagogische und didaktische Sondermaßnahmen mit dem Ziel der *Rückführung* in den Klassenverband;
- klare Hinweise auf die rechtlichen Grundlagen der Schulpflicht, auf Regeln und Folgen von Regelverstößen (zusammen mit den Erziehungsberechtigten);
- präventive Unterstützungen und außerschulische Tätigkeiten mit anschließender Wiedereingliederung (Bypass-Maßnahmen);
- Beteiligung der Schüler bei der Unterrichtsplanung; Erweiterung des Lernangebots (Handwerk, Sport, externe Veranstaltungen); alternative Lernangebote;
- Alternativbeschulung und kombinierte Angebote: Schule-Ausbildung-Freizeit;
- Ausbau von Schulen zu Ganztagsschulen mit dem Ziel verstärkter Betreuung und Förderung;
- Einsatz von zusätzlichem Schulpersonal und Schulsozialarbeitern; Zusammenarbeit mit der Jugendhilfe und anderen Institutionen; verstärkte Elternarbeit;
- Auch LehrerInnen brauchen begehbare Wege (anstatt schier unüberwindbare Hürden): Solidarität im Kollegium; ein breites Fortbildungsangebot zur Verbesserung der Selbst-, Sozial-, Fach- und Methodenkompetenz; begleitende Unterstützungssysteme; günstige Rahmenbedingungen durch die Schuladministration; Respekt, Anerkennung und Rückhalt durch die gesamte Bevölkerung …

Grenzen

Es gibt aber auch *Grenzen für die Schule*, wenn sie SchülerInnen nicht mehr aufnehmen können, weil diese *von sich aus wirklich nicht lernen können oder wollen* und sich so *verhalten* (aus welchen Gründen auch immer), dass sie den schulischen Lernrahmen sprengen. Auch Integration hat ihre Grenzen; z. B: extreme ADS-Kinder, kriminell Aktive, SchülerInnen, die traumatische Erlebnisse gehabt haben und dauerhaft therapeutisch behandelt werden, Verwahrloste …

Dann ist *temporäre Schul-Auszeit* (statt Schul*ausschluss*) ein gangbarer Weg:

a. Keine Diskriminierung und Ausgrenzung, sondern Suche nach Orten, in denen für diese Kinder und Jugendlichen ein anderer Aufenthalts- und Lernort *angemessener* ist – immer mit dem *Ziel der Wiedereingliederung in die Regelschule.*

b. Entlastung und Energieersparnis für die LehrerInnen: man kann sich anderen intensiver zuwenden; Konzentration auf die eigenen Kompetenzen; Verantwortung für das eigene Tun (Wahrnehmung, Offenheit, Flexibilität, klare Unterrichtsplanung/-durchführung), Zeit und Raum für diejenigen SchülerInnen, die lernen und erfolgreich sein wollen.

Literaturempfehlungen

Edelmann, W.: Lernpsychologie. Weinheim [6]2000
Diese völlig überarbeitete Neuauflage des – didaktisch hervorragend aufbereiteten – Standardwerkes ist als Kompendium aus Sicht der Lernpsychologie eine schier unerschöpfliche. Fundgrube für diejenigen, die Fachleute des Lehrens und Lernens sind bzw. werden wollen.

Gudjons, H: Frontalunterricht – neu entdeckt. Bad Heilbrunn 2003
Der Autor entstaubt den FU völlig, gibt ihm den pädagogisch verdienten guten Ruf zurück und zeigt, wie erfolgreich – wenn gekonnt durchgeführt – er sein kann.

Helmke, A.: Unterrichtsqualität. Seelze 2003
Dieses Buch thematisiert breitgefächert und fundiert „gute" Schule und ist ein hervorragendes Lehrbuch für Studierende und Lehrkräfte, geschrieben aus der Sicht der Pädagogischen Psychologie und der empirischen Unterrichtsforschung.

Keller, G.: Lehrer helfen lernen. Donauwörth [5]1999
Der Autor informiert – anhand sehr anschaulicher Beispiele – Lehrende, wie sie Schülerinnen und Schüler anleiten können, das Lernen zu lernen. Ein vorzüglicher Praxisbegleiter!

Klippert, H.: Methodentraining, Weinheim [13]2002
Der Renner seit Jahren: Es hieße Eulen nach Athen tragen, Näheres dazu zu sagen. In jeder Lehrerbücherei ein Muss!

Meyer, H.: Schulpädagogik. 2 Bde. Frankfurt/M. 1997
Ich kenne keine anderen Bücher, die so umfangreich und intensiv, dazu praktisch hervorragend aufbereitet, sämtliche wichtigen Themen von Schule und Unterricht dem Leser nahebringen.

Meyer, H.: Unterrichts-Methoden. 2 Bde. Frankfurt/M. [10]2001
Seit der Erstveröffentlichung (1987) *das* Methoden-Lehrbuch schlechthin.

Miller, R.: Lern-Wanderung. Weinheim 2001
Ein Studienbuch mit Basiswissen, Reflexionen und Trainingselementen zum Thema Lernen und Lehren.

Schratz, M. u. a.: Serena, oder: Wie Menschen ihre Schule verändern. Innsbruck 2002
Eine Lese- und Lernbuch, durch das der Leser von Anfang an in einen spannenden Evaluationsprozess hineingenommen wird.

Voß, R. (Hrsg,.): Die Schule neu erfinden. Neuwied [2]1997
Der Untertitel des Sammelbandes weist auf die Absichten von Herausgeber und Autoren hin: „Systemisch-konstruktivistische Annäherungen an Schule und Pädagogik" – und ich füge hinzu: mit bedeutsamen und weit reichenden Konsequenzen für das Lehren und Lernen in der Schule.

Schluss: Im Ziel angekommen

Nach einer längeren, schweren Erkrankung fühlte ich mich wieder einigermaßen stabil und sagte zu meiner Frau: „Du, ich glaube, ich bin jetzt da wieder angekommen, wo ich früher war." In ihrer klaren und zugleich anteilnehmenden Art fragte sie mich: „Und was machst du jetzt?"

Wir kommen nie an: Die Schule ist ein lebenslanges Lernfeld:

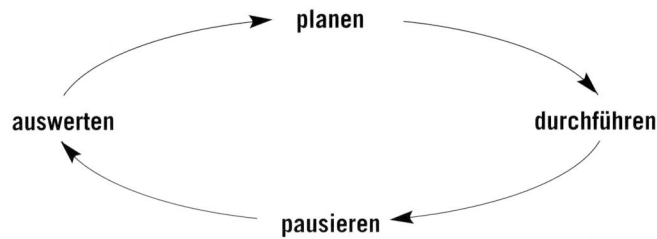

Das Wesentliche tun,

nämlich Anstrengungen unternehmen, um neue – oft unbekannte – und (auch) risikoreiche Richtungen einzuschlagen und Wege begehen, die manchmal abenteuerlich sein mögen, sich aber lohnen und *auf Dauer* entlastend sind. Der Gewinn: Ein *lebendiges* und sich *weiterentwickelndes* System, in dem die Lehrerinnen und Lehrer das Wachstum der Kinder und Jugendlichen – im schulischen Kontext – fördern und begleiten – schlechthin *der* eigentliche verantwortungsvolle Auftrag der Lehrerinnen und Lehrer.

Um diesen zu erfüllen, heißt das für sie:

a. zu überlegen, was sie selbst tun und welchen „Veränderungsaufwand" sie leisten können (nicht als Nebentätigkeit *zum* Unterricht, sondern als Haupttätigkeit *während der beruflichen Arbeit*!) Und deshalb auch: Überforderungen und Grenzen beachten!

b. zu akzeptieren, dass nicht alles auf einmal und manches überhaupt nicht zu (ver-)ändern ist

c. zu vereinbaren, welche Schritte in welcher Reihenfolge getan werden sollen

d. weiterzumachen, und zwar

> ▸▸ **Schritt für Schritt**

Würde *ich* heute noch einmal von vorne beginnen können – mit den Erfahrungen, dem Wissen und den Einsichten aus 55 Jahren Schule – dann würde ich

▸ nach wie vor die Kinder und Jugendlichen mögen, auch wenn manche manchmal „unausstehlich" – im Grunde in ihrer Einzigartigkeit jedoch alle liebenswert sind

▸ ihnen wie bisher vertrauen, aber weniger Angst um sie haben

▸ sie beim Lernen begleiten, sie intensiver wahrnehmen und beobachten, öfters loslassen und lassen

▸ ihnen noch mehr Gelegenheiten geben zu suchen, zu entdecken und auszuprobieren

▸ mich selbst mehr zurücknehmen, die Lehranteile verringern, die Lernanteile erweitern und insgesamt mit meinen Kräften besser haushalten

► mich schließlich moderat dafür einsetzen, dass aus dem schwer steuerbaren Schulschiff ein flotter Segler würde, auf dem man auch träumen kann, und zwar von einer Schule

- in der alle willkommen sind, Lehrende und Lernende
- in der jeder und jede etwas Besonderes und Einmaliges ist …
- in der Zeit gegeben wird zum Verweilen und Wachsen
- in der Beziehungen konstruktuiv aufgebaut und gelebt werden
- in der Rücksichtnahme, Respekt und persönliche Wertschätzung erlebt werden
- deren Räume einladen zum Bleiben, dessen Angebote neugierig machen, zum Lernen herausfordern und eine selbstständige Auseinandersetzung ermöglichen
- in der Umwege und Fehler erlaubt und Bewertungen hilfreiches Feedback sind
- in der Konflikte zur Entwicklung gehören
- in der Dynamik statt Statik und Fort-Schritt statt Still-Stand erlebt werden
- in der die Erfahrung gemacht wird, dass es gut ist, wenn einem jemand hilft und wenn man jemandem helfen kann
- in der nicht gegeneinander, sondern miteinander gearbeitet wird; wo Konkurrenz und Kooperation fruchtbar sind und Teamgeist beflügelt
- in der Freude am eigenen Wachsen und durch eigene Leistung entsteht
- in der alle Lernende sind (siehe Lott, 2001, S. 48, leicht gekürzt und ergänzt).

▸▸ **Die Schule:**
Weil wir sie haben, sind wir ihrer manchmal überdrüssig.
Hätten wir sie nicht, würde sie uns fehlen!

29

Literaturverzeichnis

Bachmair, S. u. a.: Beraten will gelernt sein. Weinheim [5]2001

Bastian, J./Combe, A./Langer, R.: Feedback-Methoden. Erprobte Konzepte, evaluierte Erfahrungen. Weinheim 2003

Behr, M./Walterscheid-Kramer, J.: Einfühlendes Erzieherverhalten Weinheim [4]1995

Berne, E.: Spiele der Erwachsenen. München 1975

Bertram, H.: Demografische Entwicklung, regionale Disparitäten und Bildungschance. Vortrag vom 9. 10. 2003 in Darmstadt. Manuskript

BILDUNGSSTANDARDS, In: Lernende Schule 2003, Heft 24

Bötcher, W.: Starke Standards. In: Lernende Schule 2003, Heft 24, S. 4–9

Cohn, R./Terfurth, C.: Lebendiges Lernen und Lehren. Stuttgart 1995

Eberwein, H.: Systemisch-ganzheitliche Diagnostik in der Schule. In: Voß, G.: Die Schule neu erfinden. Neuwied [2]1997, S. 223–230

Eberwein, H./Knauer, S.: Lernprozesse verstehen. Weinheim [2]2003

Edelmann, W.: Lernpsychologie. Weinheim [6]2000

ELTERN, in: Lernende Schule, 2000, Heft 10

Geissler, K. H.: Vom Tempo der Welt. Am Ende der Uhrzeit. Freiburg 1999

GEWALTig, in: Lernende Schule, 2001, Heft 13

Glasl, F.: Konfliktmanagement. Ein Handbuch für Führungskräfte, Beraterinnen und Berater. Bern/Stuttgart [7]2002

Grammes, Ph.: „Sich selbst gebraucht machen" Das Unternehmen Schule – eine Vision. In: Lernende Schule 2004, Heft 25, S. 40–41

Gruen, A.: Der Verrat am Selbst. München [10]1996

Gudjons, H.: Frontalunterricht – neu entdeckt. Bad Heilbrunn 2003

Helmke, A.: Unterrichtsqualität. Seelze 2003

Henning, C./Ehinger, W.: Das Elterngespräch in der Schule. Weinheim 1999

Hitzler, W.: Das Lernen lehren und und lernen. In: Miller, R.: Lern-Wanderung. Weinheim 2001, S. 35–47

Keller, G.: Konfliktmanagement. Seelze 2001

Keller, G.: Lehrer helfen lernen. Donauwörth [5]1999

Klippert, H.: Methodentraining. Weinheim [13]2002

Kohler, B.: Hausaufgaben. In: Miller, R.: Lern-Wanderung, 2001, S. 157–170

Löw, G.: Selbstgesteuertes Lernen als Schulprinzip. In: Pädagogik 2003, Heft 5, S. 31–36

Krumm, V.: Wie Lehrer Schüler disziplinieren. In: Pädagogik 2003, Heft 12, S. 30–34

Langmaack, B./Braune-Krickau, M.: Wie die Gruppe laufen lernt. Weinheim [5]1995

Linke, D.: Das Gehirn. München 1999

Lott, F.: Religionsunterricht als themenzentrierte Interaktion. Ostfildern 2001

Meyer, H.: Schulpädagogik. 2 Bde. Frankfurt/M. 1997

Meyer, H.: Unterrichts-Methoden. 2 Bde. Frankfurt/M. [10]2001

Meyer, H.: Was sind Unterrichtsmethoden. In: Pädagogik 2004, Heft 1, S. 12–15

Meyer, H.: Zehn Merkmale guten Unterrichts. In: Pädagogik 2003, Heft 10 S. 36–43

Miller, R.. Beziehungsdidaktik, Weinheim [3]1999

Miller, R.: Bock auf Schule. Ein Schülerarbeitsheft. Weinheim 2004

Miller, R.: „Das ist ja wieder typisch!" – Kommunikation in der Schule. 25 Trainingsbausteine. Weinheim; neubearbeitet 2004

Miller, R.: „Du dumme Sau!". Von der Beschimpfung zum fairen Gespräch. Ein Schülerarbeitsheft. Lichtenau 1998

Miller, R.: Lern-Wanderung. Weinheim 2001

Miller, R.: Schul-Labyrinth. Hilfen im Umgang mit Veränderungen. Weinheim 1993

Miller, R.: Sich in der Schule wohlfühlen. Weinheim 2000

Miller, R.: „Sie Vollidiot." Von der Beschimpfung zum konstruktiven Gespräch. Lichtenau 2001

Philipp, E.: Gute Schulen verwirklichen. Weinheim ^{4}1996

Philipp, E. Teamentwicklung in der Schule. Weinheim ^{3}2000

Portele, G.: Autonomie, Macht, Liebe. Frankfurt/M. 1989

Preuss-Lausitz, U.: Die offene Gesellschaft und ihre Schule. In: Heterogenität. Friedrich-Jahresheft 2004, S. 14–17

Riemann, F.: Grundformen der Angst. München ^{34}2004

Rogers, C.: Entwicklung der Persönlichkeit. Stuttgart ^{13}2000

Rolff, H. G.: Merkpunkte für Zielvereinbarungen. In: Lernende Schule 2001, Heft 16, S. 35–37

Roth, G.: Das Gehirn und seine Wirklichkeit. Frankfurt/M. 2001

Scheufele, U. (Hrsg.): Weil sie wirklich lernen wollen. Weinheim 1999

Schratz, M.: Gemeinsam Schule lebendig gestalten. Anregungen zur Schulentwicklung und didaktischen Erneuerung. Weinheim 1996

Schratz, M.: Qualität sichern. Seelze 2003

Schratz, M. u. a.: Serena, oder: Wie Menschen ihre Schule verändern. Innsbruck 2002

Schratz, M./Steiner-Löffler, U.: Die Lernende Schule. Weinheim 1998

Schulz von Thun, F.: Miteinander reden. Störungen und Klärungen. Reinbek:

Bd. I (^{38}2003), Bd. II (^{23}2003), Bd. III (^{11}2003)

Seiwert, J.: Das 1x1 des Zeitmanagements. Speyer ^{22}1999

Singer, W.: Der Beobachter im Gehirn. Frankfurt/M. 2003

Spitzer, M.: Lernen – Gehirnforschung und die Schule des Lebens. Heidelberg 2002

Sprenger, R. K.: Das Prinzip Selbstverantwortung. Frankfurt/M. ^{10}2000

Sprenger, R. K.: Mythos Motivation. Frankfurt/M., ^{17}2002

Tausch, R.: Hilfen bei Stress und Belastung. Lebenschritte. Reinbek 2000

Vester, F.: Denken, lernen, vergessen. München ^{22}1996

Voß, R.: Die Schule neu erfinden. Neuwied ^{2}1997

Weigert, H. u. E.: Schülerbeobachtung. Weinheim 1996

Weinert, E.: Leistungsmessung in der Schule. Weinheim 2001